westermann

Horizonte

Gymnasium

Herausgegeben von
Ulrich Baumgärtner
Klaus Fieberg
Jelko Peters
Klaus Scherberich
Frank Schweppenstette

Erarbeitet von
Daniela Arnold
Ulrich Baumgärtner
Matthias Bode
Christian Bunnenberg
Verena Espach
Klaus Fieberg
Klaus-Michael Guse
Jelko Peters
Frank Schweppenstette

Mit Beiträgen von
Rainer Brieske
Linda Brüggemann
Ralph Erbar
Iris Hausberger
Johanna Kant
Uwe Lagatz
Gregor Meilchen
Gregor Mundt
Jochen Pahl
Wolfgang Piereth
Erik Richter
Herbert Rogger
Ina Schenk
Wolf Weigand
Wolfgang Woelk

Dies ist das Zeichen für einen Webcode. Webcodes enthalten zusätzliche Unterrichtsmaterialien, die der Verlag in eigener Verantwortung zur Verfügung stellt. Um Webcodes zu nutzen, muss im Internet auf der Seite des Verlages (www.westermann.de/webcode) der entsprechende Mediencode in das Suchfenster eingegeben werden, z. B. WES-115614-101. Auf diese Weise gelangt man zu interessanten Angeboten wie Filmclips oder Hörszenen.

westermann GRUPPE

Druck A[1] / Jahr 2022
Alle Drucke der Serie A sind im Unterricht parallel verwendbar.

Redaktion: Christoph Meyer
Druck und Bindung: Westermann Druck GmbH, Georg-Westermann-Allee 66, 38104 Braunschweig

ISBN 978-3-14-**115614**-0

TRAININGSSEITEN IM ÜBERBLICK

VERTIEFUNGEN IM ÜBERBLICK

OPERATORENTRAINING IM ÜBERBLICK

01

FRANZÖSISCHE REVOLUTION UND NAPOLEON

M 1 **Sturm auf die Bastille am 14. Juli 1789,** Aquarell nach Angaben des an der Erstürmung beteiligten Leutnants Cholat, 1789

M 2 **Hinrichtung des französischen Königs 1793,** zeitgenössischer kolorierter Stich

M 3 **Ein Freiheitsbaum wird gepflanzt,** ein Symbol für den Sieg über die absolutistische Herrschaft, zeitgenössische Darstellung, um 1792

M 4 **Weihe des Kaisers Napoleon I. und Krönung der Kaiserin Josephine in der Kathedrale Notre-Dame in Paris am 2. Dezember 1804,** Gemälde von Jacques-Louis David, 1805–1807

M 5 **Rückzug der Grande Armée aus Russland 1812,** Gemälde (Ausschnitt) von Peter Heinrich Lambert von Hess, 1812

Der Ausbruch der Revolution

Der 14. Juli ist der französische Nationalfeiertag. In Paris findet eine große Militärparade statt und im ganzen Land werden Feste gefeiert. Was geschah an diesem Tag im Jahr 1789? Das folgende Bild stellt ein bedeutsames Ereignis dar, an das alljährlich erinnert wird.

M 1 „Die Erstürmung der Bastille zu Paris am 14. Juli 1789“
Kolorierter Kupferstich (Ausschnitt), von Paul Jakob Laminit (1773–1831). Die Bastille diente als Staatsgefängnis.

Aufgaben

1. Revolution in Frankreich

a) Beschreibe das Bild möglichst genau.

b) Kläre, aus welcher Perspektive (Blickwinkel) das Bild gemalt wurde.

c) Formuliere Vermutungen über das dargestellte Ereignis.

d) Informiere dich im Text über das Ereignis und überprüfe deine Vermutungen. Suche gegebenenfalls weitere Informationen zum Thema „Bastille“.
M1, Text auf Seite 9, Lexikon

Der Sturm auf die Bastille

Am 14. Juli 1789 belagern Pariser Bürger das „Bastille“ genannte Staatsgefängnis. Da der hilflose Kommandant nur geringe Kräfte zur Verteidigung zur Verfügung hat, lässt er in die Menge schießen. Etwa 80 Menschen sterben, dann kapituliert die Besatzung: Man öffnet die Tore, die sieben Insassen des Gefängnisses werden befreit, der Kommandant wird gefangen genommen und gelyncht.

Heute existiert das Gebäude schon lange nicht mehr, nur eine U-Bahn-Station erinnert noch an seinen Standort. Die Erstürmung der Bastille gilt als Beginn der Französischen Revolution, welche sich rasch über ganz Frankreich ausbreitete und zum Ende des Absolutismus führte. Bis heute gilt die Französische Revolution als eines der wichtigsten Ereignisse der Weltgeschichte.

Vorgeschichte und Anlass

Dem Sturm auf die Bastille waren längere Entwicklungen vorausgegangen: Für den Mai 1789 hatte der französische König die Generalstände einberufen, die seit 1614 nicht mehr getagt hatten. Hierbei handelte es sich um eine Versammlung der Vertreter des Klerus (Erster Stand), des Adels (Zweiter Stand) und des Dritten Standes, zu dem nominell alle freien Bürger und Bauern gehörten. Da der französische Staat hoch verschuldet war, sollten die Steuern erhöht werden, was die Zustimmung der Generalstände erforderte.

Nach der feierlichen Eröffnung der Versammlung kam es jedoch zum Streit: Die Vertreter des Dritten Standes beanspruchten, für das ganze französische Volk zu sprechen, und erklärten sich im Juni 1789 zur Nationalversammlung. Als der König sie daraufhin aussperren wollte, zogen sie in ein Ballspielhaus und schworen, erst dann wieder auseinanderzugehen, wenn eine Verfassung verabschiedet sei. Dieser „Ballhausschwur“ war eine wichtige Station in der weiteren Entwicklung. Der Versuch des Königs, die finanziellen Schwierigkeiten seiner Herrschaft mithilfe der Generalstände zu bewältigen, war gescheitert. Die Krise hatte sich sogar verschärft.

WES-115614-101
Hörszene zum Ballhausschwur

Das Ergebnis

War bis dahin Versailles der Schauplatz der Ereignisse, so wurde es nun Paris. Aus Angst vor einem militärischen Eingreifen des Königs bildete sich in der Stadt eine Bürgerwehr, die sich bewaffnete und am 14. Juli 1789 die Bastille stürmte. Drei Tage später kam der König nach Paris und gestand den Revolutionären zu, eine Verfassung zu beraten. Aufgrund dieser Ereignisse flohen die ersten Adligen ins Ausland. Die Revolution verbreitete sich in ganz Frankreich.

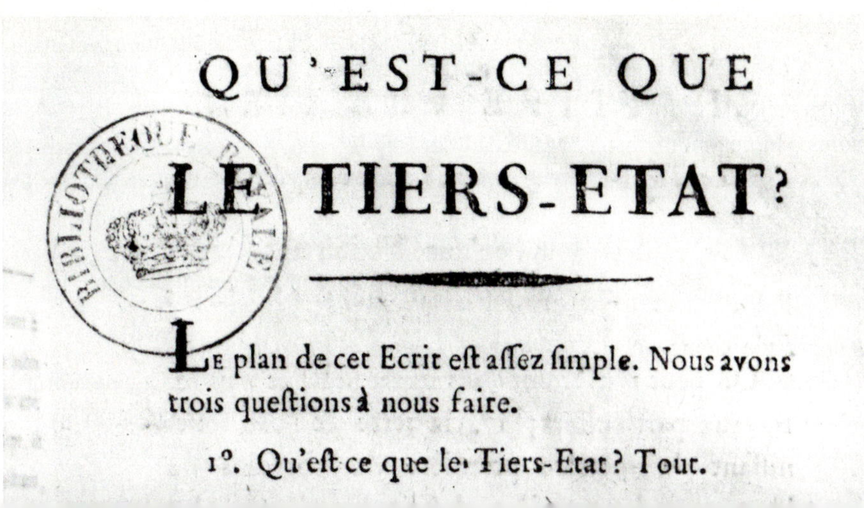
QU'EST-CE QUE
LE TIERS-ETAT?

Le plan de cet Ecrit eſt aſſez ſimple. Nous avons trois queſtions à nous faire.

1°. Qu'eſt-ce que le Tiers-Etat? Tout.

M 2 **„Was ist der Dritte Stand?“**
Erste Seite (Ausschnitt) der berühmten Schrift von Emmanuel Joseph Sieyès aus dem Jahr 1789

Der Ausbruch der Revolution – Umgang mit schriftlichen Quellen

M 3 „Was ist der Dritte Stand?"

Emmanuel Joseph Sieyès (1748–1836), ein Geistlicher aus Chartres, beeinflusste mit seiner im Januar 1789 veröffentlichten Flugschrift „Qu'est-ce que le Tiers Etat?" („Was ist der Dritte Stand?") die öffentliche Meinung nachhaltig und spielte eine wichtige Rolle in der Nationalversammlung:

Was ist der Dritte Stand?
Der Plan dieser Schrift ist sehr einfach. Wir müssen uns drei Fragen stellen.
1. Was ist der Dritte Stand? – ALLES.
2. Was ist er bis jetzt in der politischen Ordnung gewesen? – NICHTS.
3. Was verlangt er? – ETWAS ZU SEIN.

Wer wagt also zu behaupten, dass der Dritte Stand nicht alles in sich hat, was erforderlich ist, um eine vollständige Nation zu ergeben? Er ist der starke und kräftige Mann, dessen einer Arm noch angekettet ist. Wenn man den privilegierten Stand wegnähme, wäre die Nation nicht etwas weniger, sondern etwas mehr. Also, was ist der Dritte Stand? Alles, aber ein gefesseltes und unterdrücktes Alles. Was wäre er ohne den privilegierten Stand? Alles, aber ein freies und blühendes Alles. Nichts geht ohne ihn; alles ginge unendlich viel besser ohne die anderen. [...]

Erste Forderung:
Die Vertreter des Dritten Standes sollen nur aus den Bürgern gewählt werden, die wirklich zum Dritten Stand gehören.
Zweite Forderung:
Seine Abgeordneten sollen an der Zahl denen der beiden privilegierten Stände entsprechen.
Dritte und letzte Forderung des Dritten Standes:
Die Generalstände sollen nicht nach Ständen, sondern nach Köpfen abstimmen.

Zit. n.: Chris E. Paschold/Albert Gier (Hg./Übers.), Die französische Revolution. Ein Lesebuch mit zeitgenössischen Berichten und Dokumenten, Stuttgart: Reclam 1989, S. 49, 51.

M 4 Emmanuel Joseph Sieyès (1748–1836)
Gemälde von Jacques-Louis David (1748–1825), Öl auf Leinwand, 1817

Training

Umgang mit schriftlichen Quellen

Schriftliche Quellen geben uns Auskunft über frühere Geschehnisse und Zusammenhänge. Beim Umgang mit den Quellen kommt es darauf an, die Informationen, die sie enthalten, durch sinnvolle Fragen zu erschließen. Einige Fragen an schriftliche Quellen sind dabei immer gleich.

Kläre diese Frage mithilfe der Angaben in M3.
Ziehe dazu auch ein Lexikon oder das Internet heran.

1. Autor der Quelle
Informiere dich über Emmanuel Joseph Sieyès.

2. Inhalt der Quelle
Gib die zentralen Forderungen wieder, die Emmanuel Joseph Sieyès in seiner Flugschrift erhebt.

3. Gattung des Textes
Untersuche die Quelle und weise mithilfe von Textbeispielen die Art des Textes nach.

4. Entstehungszeit der Quelle
Benenne das Datum und erläutere die Situation in Frankreich zu dieser Zeit.

5. Adressat der Quelle
Stelle eine Liste mit möglichen Interessenten auf.

6. Intention des Autors
Erkläre, warum Sieyès diesen Text geschrieben hat.

7. Beurteilung der Quelle aus heutiger Sicht
Erörtere folgende Behauptung: „Der Text ist eine Aufruf zum gewaltsamen Umsturz." Begründe deine Meinung.

Der Ballhausschwur – Eine Bildquelle analysieren

M 5 Der Ballhausschwur am 20. Juni 1789

Farbige Gemäldefassung, vermutlich von Jean-Pierre-Marie Jazet im Jahr 1825 gemalt, nach einer Zeichnung von Jacques-Louis David aus dem Jahr 1791

Aufgaben

1. **Der Ausbruch der Revolution – Umgang mit schriftlichen Quellen**
   Erschließe die Textquelle „Was ist der Dritte Stand?" von Emmanuel Joseph Sieyès (M3). Verwende dafür den Trainingskasten.
   → M3, Trainingskasten auf Seite 10
2. **Der „Ballhausschwur" – Eine Bildquelle analysieren**
   a) Erkläre mithilfe des Textes auf Seite 9 den Begriff „Ballhausschwur".
   b) Medienbildung: Recherchiere im Internet die ursprüngliche Nutzung des Ballhauses. Benutze dafür die Suchbegriffe „Ballhaus" und „Versailles".
   c) Erläutere die Gründe für den Auszug der Abgeordneten.
   d) Analysiere die Darstellung der dramatischen Situation auf dem Gemälde. Achte auf den Bildaufbau, die Farbgebung und die Bewegungen der Figuren.
   → M5, Text auf Seite 9, Internet

Die Ursachen der Französischen Revolution

Die Frage nach den Ursachen von Revolutionen ist bis heute aktuell. In der historischen Forschung hat sich die Meinung herausgebildet, dass ein Zusammenwirken vieler Gründe für den Ausbruch und den Verlauf der Französischen Revolution verantwortlich war. Bei der Suche nach den Ursachen geschichtlicher Ereignisse erforschen die Historiker insbesondere zeitgenössische Quellen. Welche Antwort gibt die Karikatur aus dem Jahr 1789?

M 1 **„Taille, Impôts et Corvées“**

„Kopfsteuer (Taille), Steuern (Impôts) und Fronarbeiten (Corvées)“, französische Karikatur von 1789

Aufgaben

1. Revolution in Frankreich

a) Beschreibe die Personen, die in der Karikatur M1 von 1789 dargestellt sind. Achte dabei auf ihre Kleidung.

b) Erläutere das Verhältnis, in dem die Personen zueinander stehen.

c) Erläutere den Standpunkt des Zeichners.

d) Diesem Bild lässt sich eine Erklärung für den Ausbruch der Revolution entnehmen. Fasse diese in einem Satz zusammen: „Wenn man das Bild betrachtet, dann liegt eine der Ursachen für die Revolution ...“

→ M1

2. Ursachen der Französischen Revolution

a) Erläutere die im Text auf Seite 13–14 genannten Gründe mit eigenen Worten.

b) Erstelle aus den genannten Gründen eine Übersicht, z. B. in Form einer Tabelle.

c) Unterscheide zwischen Anlass und längerfristigen Ursachen der Französischen Revolution.

d) Erläutere die Schwierigkeiten für Historikerinnen und Historiker, die Ursachen der Revolution zu erklären.

→ Text auf den Seiten 9 und 13–14

Schwierigkeiten historischer Erklärungen

Bei der Französischen Revolution handelt es sich nicht um ein einzelnes, relativ leicht überschaubares Ereignis wie z. B. den Sturm auf die Bastille am 14. Juli 1789, sondern um eine Fülle unterschiedlicher Entwicklungen und Vorgänge, die sich über mehrere Jahre erstreckten. Dabei gab es eine große Bandbreite von Beteiligten und Beobachtern: vom König in Versailles bis zum Revolutionsführer in Paris; vom Bäuerinnen und Bauern in Südfrankreich bis zum interessierten Zeitgenossen im Ausland. Von derartigen Zeitzeugen ist eine Vielzahl an Quellen überliefert, u. a. in Form von Zeitungsartikeln, Reden, Briefen, Gesetzen, Liedern oder Bildern.

Die Französische Revolution war von Anfang an heftig umstritten – es gab sowohl glühende Verfechter als auch erbitterte Feinde. Jahrzehntelange Forschungen haben zu dem Ergebnis geführt, dass Ausbruch und Verlauf der Revolution nur durch ein Zusammenwirken verschiedenster Gründe zu erklären sind. Diese Gründe werden im Folgenden systematisch dargestellt.

Wirtschaftliche Gründe

Unmittelbar vor Beginn der Revolution herrschte in Frankreich eine große Hungersnot, was nahelegt, das Elend der Bevölkerung als wichtigste Revolutionsursache anzusehen. Forschungen haben jedoch ergeben, dass die Hungersnot keineswegs ganz Frankreich und auch nicht alle Gruppen der Bevölkerung gleichermaßen betroffen hatte. Überdies beteiligten sich neben sehr armen Bevölkerungsgruppen wie der Unterschicht von Paris auch andere Schichten an der Revolution, insbesondere das aufstrebende Bürgertum.

Insgesamt gesehen war die wirtschaftliche Situation Frankreichs im Vergleich zu anderen europäischen Staaten gar nicht so schlecht. Im Verlauf des 18. Jahrhunderts vollzogen sich in Frankreich jedoch einschneidende Veränderungen: Die Bevölkerung stieg kontinuierlich auf etwa 25 Millionen Menschen an. Diese mussten ernährt werden, was die Bauern bald nicht mehr leisten konnten. Textilimporte aus England gefährdeten zudem die Arbeitsplätze der französischen Spinner und Weber. Schlechte Ernten führten schließlich zur Knappheit von Brot und ließen die Preise explodieren. So kam es zu Hungersnöten.

M 2 Ein Bauer zahlt Abgaben
Stich, Mitte 17. Jahrhundert

Soziale Gründe

Die traditionelle Einteilung der Gesellschaft in drei Stände verstellt gelegentlich den Blick auf die zum Teil gravierenden Unterschiede innerhalb dieser Stände selbst.

- Der Erste Stand war der Klerus als Gemeinschaft der kirchlichen Würdenträger. Mit etwa 130 000 Personen umfasste er etwa 0,5 Prozent der Bevölkerung. Die hohen Kirchenämter übten Adlige aus. Sie verfügten als Kardinäle, Bischöfe und Äbte über beträchtlichen Besitz, waren von der Steuer befreit und hatten großen politischen Einfluss. Zur Kirche gehörten aber auch einfache Pfarrer, die aus dem Bürgertum stammten.
- Der Zweite Stand war der Adel, welcher mit etwa 370 000 Personen ca. 1,5 Prozent der Bevölkerung umfasste. Der Adel war zwar politisch die bestimmende Schicht, jedoch in sich nicht einheitlich. Er bestand aus dem „alten Adel“, der seine herausgehobene Stellung noch dem früheren Kriegsdienst verdankte, und dem „neuen Adel“, der durch die Übertragung staatlicher Aufgaben sozial aufgestiegen war. Es gab reiche und arme, mächtige und unbedeutende Familien; solche, die von ihrem großen Grundbesitz lebten oder ihr Geld auch

in der Wirtschaft investierten, und solche, die auf die Gunst des Königs angewiesen waren.

- Der Dritte Stand umfasste das Bürgertum und die Bauern. Ihm gehörten etwa 24,5 Millionen Menschen an, was 98 Prozent der Bevölkerung entsprach. Zum Dritten Stand zählten ganz unterschiedliche Gruppen: An oberster Stelle standen Beamte, Grundbesitzer und Unternehmer sowie freiberufliche Rechtsanwälte und Ärzte. Manche von ihnen strebten nach einem sozialen Aufstieg in den Adel. Unter den Bauern verfügten einige über eigenen Grundbesitz, viele waren jedoch von einem Grundherrn abhängig.
- Unterhalb des Dritten Standes gab es noch die sogenannte Unterschicht, vor allem in Paris und in den anderen großen Städten. Zur Unterschicht zählten u. a. Tagelöhner, Bettler und verschiedene wenig angesehene Berufsgruppen.

Im 18. Jahrhundert verhärtete sich diese Ständegesellschaft: Viele Adlige versuchten, ihre Stellung zu stärken, um die wirtschaftlichen Veränderungen auszugleichen und sich vom aufstrebenden Bürgertum abzugrenzen. Die verschärfte Ausbeutung der Landbevölkerung brachte diese in Opposition zu ihren meist adligen Grundherren. Der Dritte Stand nahm Anstoß an den Vorrechten des Adels und der Kirche und kritisierte die Ungerechtigkeit etwa bei den Steuern. Die allgemeine Unzufriedenheit wuchs.

M 3 Ein Salon in Paris

Ein Schriftsteller liest um 1775 aus seinem Roman im Salon der Madame Necker, Holzstich (Ausschnitt), 19. Jh.

Politische Gründe

Dem König blieb diese Situation natürlich nicht verborgen. Warum gelang es ihm nicht, diese Entwicklungen zu kontrollieren? Im Absolutismus beanspruchte der König zwar die alleinige Macht, jedoch war er zur Durchsetzung und Überwachung seiner Politik auf andere angewiesen. Die entsprechenden Ämter konnten gekauft werden, was dem König zwar Geld einbrachte, aber eine wirksame Kontrolle erschwerte. So gelang es den französischen Königen und ihren Ministern immer weniger, ihre Entscheidungen durchzusetzen; Adel und Kirche hingegen konnten ihre Vorrechte immer wieder bewahren. Hinzu kam, dass sich der Staat zunehmend verschuldete, da er mehr ausgab als einnahm. Schließlich stand der Staat kurz vor einem Bankrott und seine Unfähigkeit zu Reformen stieß auf immer lautere Kritik.

Kulturelle Gründe

Im 18. Jahrhundert entwickelte sich in Frankreich wie auch in anderen europäischen Ländern die geistige Bewegung der Aufklärung. Ihr Ziel war es, den Menschen aus der „Unmündigkeit“ zu befreien und die gesamte Welt auf der Grundlage der Vernunft neu zu denken. Gesellschaftliche Verhältnisse, die diesem Programm widersprachen, wurden infrage gestellt. Dies führte zu Kritik an der Ständegesellschaft und insbesondere an der Stellung der Kirche im damaligen Frankreich.

Die neuen Gedanken der Aufklärung wurden zunächst von Einzelnen formuliert und von nur wenigen gelesen. Mit der Zeit entstanden jedoch verschiedene Zusammenschlüsse, die die Überlegungen der Aufklärer aufgriffen, diskutierten und verbreiteten: In den Salons (franz.: Empfangszimmer) wohlhabender Bürgerhäuser wurden regelmäßige Zusammenkünfte veranstaltet. Man traf sich zumeist auf Einladung und unter der Schirmherrschaft der „Dame des Hauses“, um über Kunst, Wissenschaft und Politik zu diskutieren.

Beschwerden des Dritten Standes – Mit einer Textquelle arbeiten

M 4 Beschwerdehefte

Im Frühjahr 1789 wurden die Vertreter der Generalstände gewählt. Die Stimmberechtigten stellten als Grundlage für die Beratungen sogenannte Beschwerdehefte (Cahiers de doléances) zusammen, die die Probleme im jeweiligen Gebiet auflisteten. Diese Beschwerdehefte wurden in vielen Gemeinden erstellt und es sind über 40 000 derartiger Dokumente überliefert. Aus dem Cahier der Gemeinde Etrépagny (Département Eure) vom 22./25. März 1789:

Das Kriminalgerichtsverfahren soll reformiert werden, der Angeklagte soll einen Rechtsbeistand und das Protokoll seines Verhörs bekommen und nach der Verhandlung volle Akteneinsicht nehmen können, und vor der Vollstreckung des Urteils soll ihm ein Aufschub gewährt werden. [...]

Alle Richterämter sollen nicht mehr käuflich sein; sie sollen nach Verdienst verliehen werden, nach der Entscheidung der Bürger, die dadurch das Recht bekommen, die Richter des Gebiets zu wählen, in dem sie leben. [...]

Alle finanziellen Privilegien des geistlichen Standes und des Adels sollen abgeschafft werden, sodass alle Franzosen durch eine Geldabgabe und Kopfsteuer den Satz entrichten, der für den Grund und Boden festgesetzt wird, und somit jede Steuer für die drei Stände von Bürgern gleich ist. [...]

Kein Bürger im Alter zwischen zwanzig und dreißig Jahren soll davon befreit sein, am Losentscheid über die Einberufung zur Miliz teilzunehmen, es sei denn, er hat eine wichtige Stellung in der Gesellschaft oder ist verheiratet. [...]

Im Abstand von je vier Meilen sollen Balkenwaagen errichtet werden, um die Wagen mit ihrer Ladung zu wiegen, damit sie das festzusetzende Gewicht nicht überschreiten. [...]

Es soll verboten sein, Kaninchen anders als in mit Mauern umgebenen Gehegen zu halten, und die wilden Kaninchen in den Wäldern des Königs sollen ausgerottet werden.

Frankreich soll nur ein einziges Recht, ein Gesetz, die gleichen Maße und Gewichte und eine einheitliche Eichabgabe haben.

Die Generalstände sollen das Recht haben, alle zwanzig Jahre zu tagen, um Missstände zu beseitigen und dem Herrscher ihre Vorstellungen zu unterbreiten.

In allen Provinzen sollen alle drei Jahre Abgeordnete bestimmt werden, um die Generalstände in kleinerem Rahmen zu repräsentieren; sie sollen sich an dem Ort versammeln, den der Herrscher ihnen zuweist, und jeder Bürger soll diesen Abgeordneten seine Ansichten und Beschwerden vortragen können.

Diesen Abgeordneten soll das Recht zugestanden werden, alle Pensionen zu bewilligen oder abzulehnen, die vom Herrscher erbeten werden.

Übers. zit. n.: Chris E. Paschold/Albert Gier (Hg./Übers.), Die französische Revolution. Ein Lesebuch mit zeitgenössischen Berichten und Dokumenten, Stuttgart: Reclam 1989, S. 53 ff.

Aufgaben

1. Beschwerden des Dritten Standes

a) Erstelle eine Tabelle mit zwei Spalten: Trage in die linke Spalte die in dem Beschwerdeheft (M4) erhobenen Forderungen, in die rechte die damit zusammenhängenden Missstände ein.

b) Überlege, wie in einer Gemeinde so eine Liste erstellt werden konnte: Wer trifft sich? Wer schreibt es auf? Überlege mögliche Folgen für das Land, wenn in vielen Gemeinden solche Texte erstellt werden.
M4, Text auf den Seiten 13–14

Der Sieg der Revolution

Dass alle Menschen frei sind und die gleichen Rechte haben, erscheint uns selbstverständlich. Die längste Zeit der Geschichte war dies jedoch nicht so, und auch heute noch ist dies in zahlreichen Ländern nicht gesichert. Die Französische Revolution hat grundlegende Menschenrechte verkündet. Was sind das für Rechte?

M 1 Erklärung der Menschen- und Bürgerrechte

Gemälde von Jean-Jacques-François Le Barbier, 1790

M 2 Erklärung der Menschen- und Bürgerrechte

Die am 26. August 1789 verabschiedete Erklärung hat folgenden Wortlaut:

Daher erkennt und erklärt die Nationalversammlung, in Gegenwart und unter dem Schutz des Höchsten Wesens, folgende Menschen- und Bürgerrechte:

Artikel 1. Die Menschen werden frei und gleich an Rechten geboren und bleiben es für immer. Standesunterschiede [hier: siziale Unterschiede] dürfen nur im allgemeinen Nutzen begründet sein.

Art. 2. Das Ziel jeder politischen Vereinigung ist die Erhaltung der natürlichen und unveräußerlichen Rechte des Menschen. Diese Rechte sind Freiheit, Eigentum, Sicherheit und Widerstand gegen Unterdrückung.

Art. 3. Der Ursprung jeder Souveränität liegt wesentlich in der Nation. Keine Körperschaft, kein Individuum kann eine Gewalt ausüben, die nicht ausdrücklich von ihr ausgeht.

Art. 4. Die Freiheit besteht darin, alles tun zu können, was einem anderen nicht schadet. So haben die natürlichen Rechte jedes Menschen keine anderen Grenzen als die, die den anderen Mitgliedern der Gesellschaft den Genuss der gleichen Rechte sichern. Diese Grenzen können nur durch das Gesetz bestimmt werden. [...]

Art. 6. Das Gesetz ist der Ausdruck des allgemeinen Willens. Alle Bürger haben das Recht, persönlich oder durch ihre Vertreter an seiner Formulierung Anteil zu nehmen. Es soll für alle gleich sein, sowohl wenn es beschützt, als auch wenn es bestraft. Da alle Bürger in seinen Augen gleich sind, sind sie gleichermaßen zu allen Würden, Posten und öffentlichen Ämtern nach ihren Fähigkeiten zugelassen, ohne andere Unterschiede als die, die sich aus ihren Tugenden und Talenten ergeben. [...]

Art. 9. Da jeder Mensch so lange für unschuldig gehalten wird, bis er schuldig gesprochen worden ist, soll, wenn seine Verhaftung als unumgänglich betrachtet wird, jede Härte, die nicht unabdingbar ist, um sich seiner Person zu versichern, durch das Gesetz streng unterdrückt werden.

Art. 10. Niemand darf wegen seiner Meinungen, selbst in religiösen Fragen, behelligt werden, solange ihre Äußerung nicht die durch das Gesetz festgelegte öffentliche Ordnung stört.

Art. 11. Der freie Austausch der Gedanken und Meinungen ist eines der kostbarsten Menschenrechte. Jeder Bürger kann also frei reden, schreiben, drucken, mit der Einschränkung, dass er die Verantwortung für den Missbrauch dieser Freiheit in den durch das Gesetz bestimmten Fällen übernehmen muss.

Art. 16. In einer Gesellschaft, in der die Rechte nicht verbürgt [= garantiert] sind und die Gewaltenteilung nicht gewährleistet ist, gibt es keine Verfassung.

Art. 17. Da das Eigentum ein unverletzliches und heiliges Recht ist, kann es niemandem weggenommen werden, wenn es nicht die nach dem Gesetz festgestellte, öffentliche Notwendigkeit offensichtlich erfordert, und auch dann nur unter der Bedingung einer gerechten Entschädigung im Voraus.

Zit. n.: Chris E. Paschold/Albert Gier (Hg./Übers.), Die französische Revolution. Ein Lesebuch mit zeitgenössischen Berichten und Dokumenten, Stuttgart: Reclam 1989, S. 96 ff.

Aufgaben

1. Die Erklärung der Menschenrechte

a) Formuliere für jeden Artikel der Erklärung der Menschen- und Bürgerrechte (M2) einen passenden Oberbegriff.

b) Überprüfe, ob die Menschenrechte mit dem Prinzip der Ständegesellschaft vereinbar sind. Begründe dein Ergebnis.

c) Arbeite die Artikel heraus, in denen die Kategorien „Freiheit" und „Gleichheit" besonders berücksichtigt werden. Begründe dein Ergebnis.

d) Interpretiere die bildliche Darstellung der Menschenrechtserklärung (M1). Informiere dich insbesondere über die symbolische Bedeutung des Dreiecks, des Auges, der Steintafel, der roten Mütze und des Rutenbündels.

e) Diskutiert die Bedeutung der Menschenrechte für unsere Gegenwart und bewertet deren Gültigkeit.
→ M1, M2, Internet

M 3 Freiheit, Gleichheit, Brüderlichkeit
2-Euro-Münze, Frankreich, 2002

Neue politische Kräfte

„Liberté, Égalité, Fraternité – Freiheit, Gleichheit, Brüderlichkeit!", so lautete die Parole der Französischen Revolution. Auf diese allgemeinen Ziele konnten sich alle Revolutionäre einigen. Allerdings zeigte die weitere Entwicklung, dass die konkreten politischen Vorstellungen dann doch weit auseinandergingen.

Zunächst gab es nur zwei Richtungen, Befürworter und Gegner der Revolution, was sich auch in der Nationalversammlung widerspiegelte. Im Unterschied zu heute existierten damals noch keine Parteien, sondern verschiedene Gruppen mit eigenen Zielen, die sich immer wieder veränderten. Um die politischen Richtungen genauer zu bezeichnen, orientierte man sich an der Sitzordnung im Versammlungssaal: Auf der rechten Seite des Vorsitzenden saßen die Gegner der Revolution, die entweder die alte Ordnung wiederherstellen oder nur einzelne Reformen durchführen wollten. Auf der linken Seite saßen die Anhänger der Revolution, die sich mit der Zeit in verschiedenen Gruppen zusammenfanden, die unterschiedliche politische Ziele verfolgten. Die Befürworter der Revolution hatten die Mehrheit, und sie setzten wichtige Entscheidungen durch.

Das Ende des Absolutismus

Nachdem Pariser Bürger am 14. Juli 1789 die Bastille gestürmt hatten, brach die absolutistische Herrschaft Stück für Stück zusammen. Zunächst schaffte die Nationalversammlung die Vorrechte des Adels auf dem Lande ab und befreite so die Bauern. Kurz darauf verabschiedete die Nationalversammlung mit der „Erklärung der Menschen- und Bürgerrechte" ein epochales Dokument, das die Präambel der amerikanischen Unabhängigkeitserklärung von 1776 aufnahm und dessen Wirkung bis zur „Allgemeinen Erklärung der Menschenrechte" der Vereinten Nationen von 1948 reicht.

Doch die Nationalversammlung fasste noch weitere grundlegende Beschlüsse: Die Einführung der Gewerbefreiheit bedeutete, dass jeder Beruf ergriffen und jedes Gewerbe ausgeübt werden durfte. Auch die Kirche wurde entmachtet; ihr Besitz wurde dem Staat zugesprochen und die kirchlichen Würdenträger verloren ihre Vorrechte. Schließlich wurde Frankreich neu gegliedert und in Departements eingeteilt.

Eine Verfassung für Frankreich

Den Abschluss dieser Reformen bildete die Verfassung vom 3. September 1791. Sie beruhte auf dem Prinzip der Gewaltenteilung, an das auch der König gebunden war, und machte Frankreich zur konstitutionellen Monarchie. Wahlberechtigt waren jedoch nur etwa vier Millionen Bürger mit hohem Steueraufkommen, sogenannte Aktivbürger. Ohne Stimmrecht blieben drei Millionen Passivbürger, alle Frauen sowie junge Männer unter 25 Jahren. Die Wahlordnung schloss damit über zwei Drittel der Bevölkerung von politischer Mitwirkung aus.

Aufgaben

1. Die Französische Revolution bis 1791

a) Erläutere grundlegende Veränderungen in Frankreich bis 1791 im Hinblick auf Politik, Wirtschaft und Soziales.

b) Erschließe das Verfassungsschema M4.

c) Beurteile, ob die Einteilung in Aktiv- und Passivbürger mit den Menschen- und Bürgerrechten (vgl. mit Art. 1 und 6, Seite 17) vereinbar ist. Diskutiert mögliche Gründe für diese Einteilung.

d) Erläutere die zentralen Forderungen von Olympe de Gouges (M5) und vergleiche diese mit der „Erklärung der Menschen- und Bürgerrechte" von 1789.

→ Text auf Seite 18, M4, M2, M5, M6

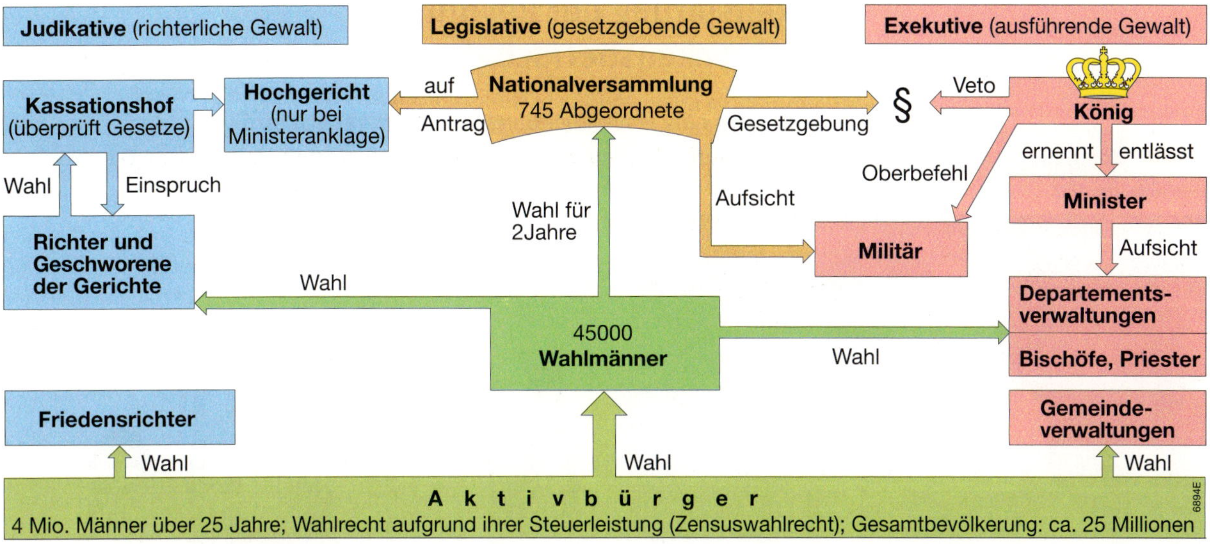

M 4 Die Verfassung von 1791

M 5 Über die Rechte der Frau und Bürgerin

Die Schriftstellerin Olympe de Gouges (1748–1793) verfasste während der Revolution zahlreiche Flugschriften. Die „Erklärung der Rechte der Frau und Bürgerin“ wurde im September 1791 veröffentlicht:

I. Die Frau ist frei geboren und bleibt dem Manne gleich an Rechten. Soziale Unterschiede können nur auf den gemeinen Nutzen gegründet sein.

II. Der Endzweck jeder politischen Vereinigung ist die Erhaltung der natürlichen und unveräußerlichen Rechte der Frau und des Mannes. Diese Rechte sind Freiheit, Eigentum, Sicherheit und vor allem Widerstand gegen Unterdrückung.

III. Der Ursprung jeder Souveränität ruht seinem Wesen nach in der Nation, die nichts anderes ist als die Vereinigung von Mann und Frau: keine Körperschaft, kein Individuum kann eine Autorität ausüben, die nicht ausdrücklich von ihr ausgeht.

IV. Freiheit und Gerechtigkeit bestehen darin, alles zurückzugeben, was einem anderen gehört; die Ausübung der natürlichen Rechte der Frau hat mithin keine Grenzen außer in der ständigen Tyrannei, die der Mann ihr entgegensetzt. Diese Grenzen müssen durch die Gesetze der Natur und der Vernunft reformiert werden. […]

VI. Das Gesetz muss der Ausdruck des Gemeinwillens sein; alle Bürgerinnen und Bürger müssen persönlich oder durch ihre Vertreter an seiner Bildung mitwirken. Es muss für alle das gleiche sein: Alle Bürgerinnen und alle Bürger müssen, da sie vor den Augen des Gesetzes gleich sind, gleichermaßen zu allen Würden, Stellungen und öffentlichen Ämtern zugelassen werden, entsprechend ihrer Fähigkeit und ohne andere Unterschiede als die ihrer Tugenden und ihrer Talente. […]

XVII. Eigentum steht beiden Geschlechtern zu, ob gemeinsam oder getrennt. Jedes von ihnen hat darauf ein unverletzliches und heiliges Anrecht. […]

Olympe de Gouges: Die Rechte der Frau (übers. v. Gisela Bock), zit. n.: Themenportal Europäische Geschichte, Themenschwerpunkt „Europäische Geschichte – Geschlechtergeschichte“ (2009), Clio-online – Historisches Fachinformationssystem e.V., http://www.europa.clio-online.de/2009/Article=411 [letzter Zugriff: 17.03.2022].

M 6 Olympe de Gouges (1748–1793)

Zeitgenössisches Porträt. Obwohl Frauen als Akteurinnen während der gesamten Revolutionszeit eine wichtige Rolle spielten, wurden ihnen keine Menschen- und Bürgerrechte zugestanden. Gleichwohl gab es einige wenige Männer und Frauen, die den Naturrechtsgedanken auch auf die Frau übertrugen. Am bekanntesten ist heute die Schriftstellerin Olympe de Gouges, die 1791 eine Erklärung der Frauen- und Bürgerinnenrechte veröffentlichte, in der sie forderte, die Frauen den Männern politisch und rechtlich gleichzustellen.

Radikalisierung der Revolution: Die Schreckensherrschaft

War der König 1789 noch Alleinherrscher in Frankreich, so wurde seine Macht 1791 bereits konstitutionell begrenzt. Wie ging die Revolution weiter?

M 1 **König Ludwig XVI.**
Gemälde, um 1777

M 2 **Der König im Käfig der Verfassung**
Karikatur, um 1791

M 3 **Die Hinrichtung Ludwigs XVI. am 21. Januar 1793**
Kolorierter Kupferstich, 1793

Aufgaben

1. **Eine Geschichte erzählen**
Stelle anhand der Bilder M1–M3 die Veränderung der Stellung Ludwigs XVI. dar. Gehe dabei wie folgt vor:
   a) Beschreibe die Darstellung Ludwigs XVI. auf den einzelnen Bildern.
   b) Vergleiche die Bilder untereinander. Achte auf die jeweilige Art der Darstellung.
   c) Erschließe die Aussageabsichten der Urheber der Bilder.
   d) Ziehe schließlich den Text heran.
   → M1–M3, Text auf den Seiten 21–22

Fortgang der Revolution

Nach der Verabschiedung der Verfassung von 1791 war die Revolution keineswegs beendet. Den größten Einfluss in der neu gewählten Nationalversammlung hatten die sogenannten Jakobiner: eine bedeutende Gruppe von Anhängern der Revolution, die sich regelmäßig im ehemaligen Pariser Kloster St. Jakob trafen, um aktuelle Ereignisse zu besprechen und das weitere Vorgehen zu diskutieren. Sie waren der Meinung, dass die Revolution weitergehen müsse.

Krieg in Europa und das Ende der Monarchie in Frankreich

Eine wichtige Frage war: Kommt es zum Krieg? Die Revolutionäre befürchteten nämlich ein militärisches Eingreifen ausländischer Mächte. Die europäischen Monarchen betrachteten die Entwicklung in Frankreich mit großer Sorge, denn sie sahen nicht nur die Herrschaft des französischen Königs gefährdet, sondern auch ihre eigene. Der französische König Ludwig erhoffte sich von einem Krieg das Ende der Revolution. Aber auch viele Revolutionäre stimmten für einen Angriffskrieg, weil sie die Bedrohung von außen abwehren wollten und eine Ausbreitung der Revolution in Europa erhofften. Im April 1792 erklärte Frankreich Österreich den Krieg, da man dort das Zentrum der Revolutionsgegner sah.

Die zweite wichtige Frage lautete: Was geschieht mit der Monarchie? Seine anfängliche Zusammenarbeit mit gemäßigten Revolutionären hatte der König bald wieder aufgegeben; ein fehlgeschlagener Fluchtversuch im Sommer 1791 und vermutete Kontakte zu Frankreichs Feinden hatten dem Ansehen des Herrschers immens geschadet. Zwar stand Ludwig noch immer formal an der Spitze des Staates, jedoch lehnte er die neue politische Ordnung grundsätzlich ab. Die Kritik am König und an seiner aus Österreich stammenden Frau Marie Antoinette wuchs beständig an, bis sich das Misstrauen der Bevölkerung am 10. August 1792 entlud: Eine aufgebrachte Menge stürmte das Pariser Stadtschloss, die Tuilerien. Es gab viele Tote und Verletzte, die königliche Familie wurde gefangen genommen, die Monarchie kurz darauf abgeschafft. Frankreich war nun eine Republik.

Die Herrschaft des Konvents

Nach der Gefangennahme des Königs wurde die Nationalversammlung aufgelöst und ein neues Parlament, der Nationalkonvent, gewählt, in dem keine Anhänger der Monarchie mehr vertreten waren. Der Konvent begann mit der Ausarbeitung einer neuen Verfassung.

Unter den Anhängern der Revolution hatten sich inzwischen verschiedene politische Gruppen herausgebildet:

- Die gemäßigten Jakobiner wurden nach der Herkunft ihrer Anführer aus der Gironde, einer Landschaft in Südwestfrankreich, „Girondisten" genannt. Sie waren für den Krieg und betrachteten die Revolution mit der Abschaffung der Monarchie als beendet.
- Die radikalen Jakobiner wurden nach ihren Plätzen im oberen Teil des Versammlungssaals als „Montagnards" oder „Bergpartei" bezeichnet. Sie wollten die Revolution fortsetzen. Führende Vertreter waren Danton, Marat und Robespierre, die in der Folgezeit eine entscheidende Rolle spielten.
- Überdies gab es eine Gruppe nicht organisierter Abgeordneter.

M 4 Maximilien de Robespierre (1758 – 1794)

Die neue Verfassung von 1793, die auf dem Grundsatz der Volkssouveränität beruhte, wurde zwar vom Nationalkonvent verabschiedet und per Volksabstimmung

M 5 **Sansculotten**

Die radikalen Revolutionäre aus den Unterschichten, zeitgenössische Zeichnung

WES-115614-102
Film über die französische Königin Marie Antoinette

M 6 **Opfer der Terrorherrschaft**

Abtransport von Hingerichteten, Aquarell (Ausschnitt) von 1793

angenommen, trat jedoch aufgrund des Krieges nie in Kraft. Es wurde deshalb auch keine Regierung gebildet, sondern einzelne Ausschüsse des Konvents übten die Macht aus. Vor allem der sogenannte „Wohlfahrtsausschuss" hatte großen Einfluss.

Krieg, Bürgerkrieg und die Schreckensherrschaft

Nach der Gefangennahme des Königs und der Abschaffung der Monarchie stellte sich die Frage, was mit Ludwig XVI. geschehen solle. Schließlich kam es zu einem Prozess: Der König wurde im Dezember 1792 angeklagt, verurteilt und am 21. Januar 1793 hingerichtet. Die europäischen Herrscher empfanden die Tötung des Monarchen als persönliche Bedrohung und bildeten eine Koalition gegen Frankreich. Zugleich wuchsen die Unruhen im Inneren. Aufstände in den Departements und Machtkämpfe in Paris nahmen die Form eines Bürgerkrieges an. Die Revolutionsregierung war Mitte 1793 sowohl von innen als auch von außen massiv bedroht.

Hinzu kam, dass relevante Teile der Pariser Bevölkerung immer radikalere Maßnahmen forderten und den Konvent unter Druck setzten. Treibende Kraft waren die sogenannten Sansculotten, deren Bezeichnung („sans culottes – ohne Kniebundhosen") sich an der typischen Beinkleidung der Pariser Arbeiter, Handwerker und Kleinbürger orientierte. Die Sansculotten waren kompromisslose Anhänger der Revolution, die vor allem soziale Umwälzungen zur Verbesserung ihrer wirtschaftlichen Lage forderten. Sie unterstützten die nun entstehende „Schreckensherrschaft".

In dieser Situation griff die Revolutionsregierung zum Mittel des Terrors und richtete das Revolutionstribunal ein. Dieses Gericht verfolgte tatsächliche und vermeintliche Gegner der Revolution. Tausende wurden hingerichtet, Die Todesurteile vollstreckte die Guillotine, ein vom Arzt Guillotin erfundenes Fallbeil.

Zwischen den verschiedenen Revolutionsparteien brach in dieser angespannten Situation ein mörderischer Machtkampf aus. Zuerst wurden die Girondisten verfolgt und größtenteils hingerichtet, danach Danton mit seinen Anhängern sowie weitere Gruppen, sodass schließlich der Kreis um Robespierre die alleinige Macht besaß.

Die angestrebte gesellschaftliche Umwälzung schloss einen Kampf gegen die christliche Religion mit ein. An ihre Stelle sollte eine aufgeklärte Zivilreligion treten, welche ein „Höchstes Wesen" feierte, das die menschliche Vernunft verkörperte. Mit dem Sturz und der Hinrichtung Robespierres im Juli 1794 endete sowohl der kurzlebige Kult des höchsten Wesens als auch die „Terreur".

Die Bewertung der Schreckensherrschaft war stets umstritten. Gegner der Revolution sahen in ihr eine logische Fortsetzung der Entwicklung seit 1789, Anhänger hingegen erblickten darin einen Verrat an den ursprünglichen Idealen.

Die Herrschaft des Direktoriums

Nach der Schreckensherrschaft kehrte allmählich Ruhe ein. Die Verhältnisse normalisierten sich. 1795 bekam Frankreich eine neue Verfassung, die wieder eine Gewaltenteilung vorsah. Sie machte das Wahlrecht der Bürger aber erneut vom Einkommen abhängig und beschränkte den Einfluss ärmerer Bevölkerungsschichten. Somit profitierten vor allem reiche Bürger vom Sturz des Terrorregimes. An der Spitze des Staates stand nun ein fünfköpfiges Direktorium. Nach dem Ende der radikalen revolutionären Phase wurde das Bürgertum zur bestimmenden politischen Kraft.

M 7 „The Zenith of French Glory“

Auf dem Banner über der Guillotine steht: „Es lebe die Gleichheit“. Die Schrift am unteren Bildrand heißt übersetzt: „Die Blütezeit französischer Herrlichkeit – Der Gipfel der Freiheit. Religion, Gerechtigkeit, Loyalität und all die Schrecken unaufgeklärter Geister, lebt wohl!“ Englische Karikatur von James Gillray, 17. Februar 1793.

Aufgaben

1. Die Revolution ufert aus

a) Erläutere die Ursachen dafür, dass große Teile des französischen Volkes mit den erreichten Ergebnissen der Revolution nicht zufrieden waren.

b) Beurteile, ob Krieg und Bürgerkrieg zwangsläufig zur Schreckensherrschaft Robespierres führen mussten.

→ Text auf den Seiten 21–22

2. Die Französische Revolution bis 1795

a) Fertige eine kleine Zeitleiste mit wichtigen Stationen der Französischen Revolution von 1791 bis 1795 an.

b) Erläutere die Rolle des Königs in diesem Prozess.

c) Informiere dich über die wichtigsten Revolutionäre und erstelle dazu kurze Steckbriefe.

→ M1–M6, Lexikon, Internet

3. Eine Karikatur interpretieren

a) Beschreibe die einzelnen Elemente der Karikatur M7.

b) Erläutere die Bedeutung der einzelnen Elemente.

c) Ordne die Karikatur in den Verlauf der Revolution ein.

d) Erkläre den Titel der Karikatur und arbeite die Grundaussage des englischen Karikaturisten heraus.

e) Beurteile die Kritik des Karikaturisten an den Revolutionären unter Berücksichtigung der Kategorien Freiheit und Gleichheit.

→ M7, Text auf den Seiten 21–22

Die Mainzer Republik – Das erste deutsche Demokratie-Experiment

M 1 Georg Forster (1754–1794)
Gemälde von 1787

M 2 Siegel des Jakobinerklubs aus Mainz von 1792
Nachzeichnung

Die Informationen über die Revolution in Frankreich lösten auch in Deutschland Diskussionen zwischen Gegnern und Befürwortern der revolutionären Ideen aus. In den meisten deutschen Territorien herrschte die Regierungsform des Absolutismus. So auch in Mainz, das als Sitz des wichtigsten Kurfürsten und als größte Erzdiözese des Reiches von besonderer Bedeutung war.

Im Oktober 1792 gründeten Mainzer Bürger die „Gelehrte Lesegesellschaft", um sich in Büchern und Zeitungen zu informieren und über die revolutionären Grundsätze „Freiheit", Gleichheit" und „Brüderlichkeit" zu diskutieren. Ein Mitglied war der Bibliothekar der Mainzer Universität Georg Forster.

Nachdem die Stadt am 21. Oktober 1792 von französischen Truppen erobert worden und der Kurfürst geflohen war, eröffneten sich plötzlich neue politische Perspektiven: Der kommandierende französische General Custine stellte die Bevölkerung vor die Wahl, ihre alte Verfassung zu behalten, eine neue auszuarbeiten oder gleich die französische zu übernehmen. Eine am 23. Oktober 1792 von Professoren, Studenten, Beamten und Kaufleuten gegründete „Gesellschaft der Freunde der Freiheit und Gleichheit" warb für die Revolution; die Mehrheit der Bevölkerung verhielt sich jedoch unpolitisch oder blieb konservativ. Die Anhänger des alten Systems verwiesen auf den Wohlstand, den Kurfürst und Adel der Stadt gebracht hatten. Zwar strebten die Händler und Kaufleute nach mehr politischer Mitsprache und Steuergerechtigkeit, jedoch wollten sie weder die Monarchie noch das Kurfürstentum abschaffen. So entschieden sich viele Gemeinden, die alte Ordnung beizubehalten, und erklärten, sie hätten keine neue Verfassung nötig.

In dieser Situation wurde von Mainz aus die Wahl zum Rheinisch-Deutschen Nationalkonvent vorbereitet, die im Februar 1793 stattfand. Wegen der ablehnenden Haltung großer Teile der Bevölkerung waren Georg Forster und andere Jakobiner überzeugt, dass der Weg zu einer Nation notfalls auch über Zwang und Gewalt erreicht werden musste. Zur Wahl zugelassen wurden daher nur Personen, die zuvor einen Eid auf die demokratischen Grundsätze Freiheit, Gleichheit und Volkssouveränität leisteten. Wer den Eid verweigerte, wurde als „Feind Frankreichs" mit Haft, Enteignung und Ausweisung bedroht. Dieses Vorgehen trug nicht zur Werbung für die Idee der Republik bei. So war die Wahlbeteiligung an vielen Orten gering, in Mainz lag sie bei nur acht Prozent.

Am 17. März 1793 traten im Mainzer Deutschhaus 130 Vertreter aus 125 Orten im Rheinisch-Deutschen Nationalkonvent zusammen, dem ersten modernen Parlament auf deutschem Boden. Der Konvent rief einen vom Reich unabhängigen „Rheinisch-Deutschen Freistaat" aus, der das Gebiet von Landau über Mainz bis Bingen umfasste, und beschloss am 21. März 1793 dessen Vereinigung mit Frankreich. Georg Forster überbrachte das Mainzer Angebot dem französischen Nationalkonvent in Paris, der es annahm.

Noch während Forster in Paris weilte, wurde Mainz allerdings von preußischen und österreichischen Truppen eingeschlossen, woraufhin die französischen Truppen im Juli 1793 kapitulierten. Nach dem Abzug der französischen Soldaten kam es in der Stadt zu Übergriffen auf die verbliebenen Mainzer Jakobiner, die verfolgt, verletzt und inhaftiert wurden. Georg Forster blieb in Paris, wo er 1794 starb. Auch wenn die Mainzer Republik nur für eine sehr kurze Zeitspanne existierte, ist sie doch als erstes deutsches Demokratie-Experiment in die Geschichte eingegangen.

M 3 Die Erklärung der Mainzer Zünfte

Am 31. Oktober 1792 gaben die Mainzer Zünfte bekannt:

Der Herr Bürger General [Custine] der französischen Republik hat uns in seiner Proklamation an die Bürgerschaft der Stadt Mainz die freye Wahl gelassen, ob wir in der alten Verfassung bleiben oder eine neue Verfassung errichten oder aber die französische Constitution annehmen wollten. Da der Herr General so gerecht und billig war, uns in dieser so wichtigen Sache die freye Wahl zu lassen, so erkennen wir diese Grosmuth des französischen Generals mit innigstem Dankgefühl und erklären in Zuversicht auf die Gerechtigkeit und Billigkeit des Herrn Generals, [...] dass wir sowohl die Zunftverfassungen als auch die übrigen Verfassungen, welche zu dem gemeinen Wohle nützlich sind, beybehalten werden. [...]
Wir glauben auch ferner umso mehr gütige Willfahrung unserer Bitte hoffen zu können, dass das Benehmen des Herrn Generals stets durch Gerechtigkeit und Menschenliebe geleitet wird.
Die Bürgerzünfte der Stadt Mainz

Zit. n.: Helmut Klapheck/Franz Dumont/Bernd Blisch (Hg.), Als die Revolution an den Rhein kam: die Mainzer Republik 1792/93. Jakobiner, Franzosen, Cisrhenanen. Beiträge und Materialien für den Unterricht, Alzey: Verlag der Rheinhessischen Dr.-Werkstätte 1994, S. 74.

M 5 Freiheitsbaum
Anonymer kolorierter Kupferstich von dem am 3. November 1792 in Mainz vor dem Gerichtsgebäude errichteten Freiheitsbaum

M 4 Die Bedeutung der Mainzer Republik

Die Bewertung der Mainzer Republik in der Forschung ist umstritten. Der Mainzer Historiker Franz Dumont (geb. 1945) sieht die Wahlen vom Februar/März 1793 so:

Ein rein formales Demokratieverständnis, das bloß auf den Wahlakt Wert legt, wird alle Mainzer Abgeordneten von 1793 als legitime Volksvertreter ansehen. Wer aber fordert, „demokratische" Wahlen müssten auch freie Wahlen sein, der wird vielen Deputierten [Abgeordneten] die „demokratische Legitimation" absprechen müssen. Denn entscheidend war und ist doch, ob der Wähler sich [...] zwischen mindestens zwei (inhaltlichen) Alternativen frei entscheiden konnte und eben nicht durch Androhung oder gar Anwendung von Gewalt auf eine einzige festgelegt wurde. [...]
Von beiden Prämissen wich die Munizipalisierung jedoch ab: Schon durch den Eidzwang, denn mit dem vor der Wahl zu leistenden Schwur legten sich Wähler und Gewählte auf Prinzipien fest, die eigentlich erst die verfassungsgebende Versammlung hätte aufstellen können. Doch auch sie war in ihren Entscheidungen nicht frei, sondern im vorhinein auf „Freiheit und Gleichheit" verpflichtet. Bei der Wahl von Munizipalitäten und Abgeordneten konnten allenfalls verschiedene Personen, nicht aber verschiedene Richtungen gewählt werden; es gab also keine Entscheidungsfreiheit zwischen echten Alternativen.

Franz Dumont, in: Doris M. Peckhaus/Michael-Peter Werlein (Hg.), Die Mainzer Republik, hrsg. v. Landtag Rheinland-Pfalz, Mainz: von Hase und Koehler 1993, S. 115 ff.

Aufgaben

1. **Die Mainzer Republik – Das erste deutsche Demokratieexperiment**
   a) Fertige auch mithilfe einer Internetrecherche (s. u.) einen Zeitstrahl zur Geschichte der Mainzer Republik an.
   b) Fasse die Erklärung der Mainzer Zünfte (M3) in eigenen Worten zusammen.
   c) Erkläre, wie die Zünfte ihr Ziel erreichen wollten.
   d) Sammelt in der Klasse Argumente für oder gegen ein Denkmal zur Mainzer Republik in Mainz.
   e) Skizziert, wie ein Denkmal zur Erinnerung an den ersten deutschen Demokratieversuch eurer Meinung nach aussehen könnte.
   f) Fasse die Argumente von Franz Dumont (M4) in eigenen Worten zusammen.
   g) Diskutiert die Position des Historikers Franz Dumont (M4) auf der Basis eures Sachwissens.

→ Text auf Seite 24, M1–M4,
Internet-Recherche unter:
https://www.mainz.de/kultur-und-wissenschaft/stadtgeschichte/mainzer-republik.php

Die Bedeutung der Französischen Revolution

Die Französische Revolution gilt als eines der wichtigsten Ereignisse der Weltgeschichte, sie war aber immer auch heftig umstritten. Wie ist sie zu beurteilen?

M 1 Beurteilungen der Revolution

a) Der englische Politiker Thomas Paine (1737–1809) hatte sich für die amerikanische Unabhängigkeit eingesetzt und äußerte sich zur Französischen Revolution (1791):

In der Einleitung, welche der Erklärung der [Menschen-]Rechte vorhergeht, sehen wir den feierlichen und majestätischen Anblick einer Nation, die ihre Vollmacht, eine Regierung zu gründen, unter dem Schutz ihres Schöpfers eröffnet. Dieses Schauspiel ist so neu, und so durchaus ohne Beispiel in der europäischen Welt, dass es mehr als eine Revolution, dass es eine Regeneration [Wiederherstellung] des Menschen genannt zu werden verdient.

Übers. zit. n.: Thomas Paine, Die Rechte des Menschen. Eine Antwort auf Herrn Burke's Angriff auf die Französische Revolution (übers. v. Meta Forkel-Liebeskind), Berlin: Vossische Buchhandlung 1792, S. 137 [bearbeitet].

b) Der französische Politiker Joseph de Maistre (1753–1821) emigrierte 1792 nach London und schrieb dort:

Was die Französische Revolution kennzeichnet und zu einem einzigartigen Ereignis in der Geschichte macht, ist, dass sie durch und durch böse ist; nicht eine Spur von Gutem mag den Schmerz des Betrachters zu mildern; sie hat den höchsten Grad der Verderbtheit erreicht, sie ist reinster Schmutz. Auf welcher Seite der Geschichte findet man eine derartige Fülle von Lastern verzeichnet, die sich auf dem gleichen Schauplatz austoben? Welch grauenvolle Ansammlung von Gemeinheit und von Grausamkeit! Welch äußerste Sittenlosigkeit!

Übers. zit. n.: Joseph Marie de Maistre, Betrachtungen über Frankreich. Über den schöpferischen Urgrund der Staatsverfassungen (übers. v. Friedrich v. Oppeln-Bronikowski u. Peter Richard Rohden), Berlin: Reimar Hobbing 1924, Kap. IV [bearbeitet].

c) Der deutsche Schriftsteller Ernst Moritz Arndt (1769–1860) äußerte sich zur Französischen Revolution (1806):

Ich lasse es mir daher nicht nehmen, dass die ersten Jahre der Revolution wirklich ein höherer und enthusiastischer [= schwärmerischer, göttlich begeisterter] Geist im Volke war, dass viele entschlossen waren und hofften, es werde und solle eine besondere und glückliche Verfassung aus dem Chaos der Verwirrung und dem Kampf so mancher Ideen hervorgehen. [...]

Der Geist des Bösen, der so reichlich in allen Revolutionen ist und aus so wenigen wirklich das Gute und Große kommen lässt, begann nach einigen Jahren zu herrschen und herrschte bis 1795 wütend. Er fuhr in das große Volk und versteckte sich hinter einer Masse von Millionen. Nachdem Thron, Adel und Priestertum und der Bau der ersten losen Verfassung mit allem Alten gestürzt und vernichtet war, da machte die Revolution den Pöbel zum Herrn, jenes Ungeheuer, [...] das zuweilen mit hunderttausend Armen alles umwirft, zuweilen mit hunderttausend Füßen nur kriecht. Es ist unmöglich, aus jener abscheulichen Zeit Licht und Klarheit zu finden und Schuld und Unschuld auseinander zu flechten und zu enträtseln.

Ernst Moritz Arndt, Geist der Zeit Bd. 1, Berlin: Königliche Realschulbuchhandlung 1806, S. 172 ff.

Verfassung als Vorbild

Neben der epochalen „Erklärung der Menschen- und Bürgerrechte" von 1789 war die Französische Revolution auch im Hinblick auf die Verfassung von außerordentlicher Bedeutung: Insbesondere die Verfassung von 1791, welche die Königsherrschaft als „konstitutionelle Monarchie" regelte und begrenzte, wurde oft zum Vorbild für nachfolgende Verfassungen genommen. Überdies übte die Revolution einen großen Einfluss auf die Entwicklung des Wahlrechts und die Teilnahme des Volkes an der Politik aus, auch wenn es im Verlauf des 19. Jahrhunderts zu ganz unterschiedlichen Entwicklungen kam.

Politische Strömungen

Die Ereignisse in Frankreich ab 1789 haben nicht nur die Zeitgenossen aufs Heftigste bewegt. Bis heute rufen sie viele Fragen hervor: Ist eine Revolution ein geeignetes Mittel, um Veränderungen herbeizuführen? Darf im Namen von Freiheit und Gleichheit auch Gewalt angewendet werden? Die unterschiedlichen Antworten auf derartige Fragen haben politische Strömungen und später Parteien entstehen lassen, welche das 19. und 20. Jahrhundert bestimmten:

- Die Konservativen waren Gegner der Revolution und überzeugte Anhänger einer starken Monarchie. Für sie waren Veränderungen, wenn überhaupt, nur im Rahmen der bestehenden Verhältnisse auf reformerischem Weg zulässig. Die zunehmende Religionsfeindlichkeit im Zuge der Revolution wurde als Verrat an der abendländischen Identität gewertet.
- Die Liberalen bekannten sich zu den Zielen der Anfangsphase der Revolution. Für sie war eine konstitutionelle Monarchie, wie sie die Verfassung von 1791 vorsah, das Ideal. Die Menschen- und Bürgerrechte sollten dem Einzelnen vor allem politische, wirtschaftliche und individuelle Freiheiten sichern.
- Die Sozialisten wollten nicht nur politische Freiheit, sondern auch soziale Gleichheit erreichen. Ihrer Meinung nach hätte in der Französischen Revolution für die Masse der Menschen viel mehr erreicht und gesichert werden müssen. Zur Durchsetzung dieser Ziele wurde von einem Teil der Sozialisten auch die Anwendung revolutionärer Gewalt befürwortet. Hier verwies man auf die radikale Phase der Revolution.

Nation als Wert

Neben umfassenden kulturellen Veränderungen (aufgeklärte und politisierte Öffentlichkeit, Presse, neue Kleidersitten, Bedeutung von Symbolen und Liedern etc.) gewannen die Begriffe „Vaterland" und „Nation" an Bedeutung. Waren in Zeiten des Absolutismus alle Menschen in erster Linie Untertanen des Königs, so setzte sich im Gefolge der Revolution immer stärker die Meinung durch, dass die Menschen einer Nation angehören.

M 2 Nationalfeiertag in Paris

Foto von der Militärparade am 14. Juli 2003

Aufgaben

1. Beurteilung der Revolution

a) Ordne die drei Autoren (M1) in einer Tabelle den folgenden Positionen zur Französischen Revolution zu: ablehnend, befürwortend, abwägend. Belege mit Zitaten aus den Texten (mit Zeilenangabe).

b) Stelle die wichtigsten Folgen der Französischen Revolution in einem Schaubild zusammen.

c) Beurteile die Bedeutung der Französischen Revolution aus heutiger Sicht. Verwende dafür auch den Trainingskasten auf Seite 203.

M1, Text auf der Seite 27, Trainingskasten auf der Seite 203

Napoleon – Vom Landadligen zum Kaiser

Was bedeutet dieses Bild? Wer sind die Personen, was ist das für ein Bauwerk? – Die Bildquelle enthält zahlreiche Informationen zu einer der bedeutendsten Persönlichkeiten der Geschichte: Napoleon Bonaparte.

M 1 Aufstieg und Fall Napoleons

Radierung von Johann Michael Voltz, 1814.
Die Bezeichnungen der einzelnen Stufen (von links nach rechts) lauten: Knabe auf Korsika, Schüler zu Brienne (Militärschule), Lieutnant zu Toulon, Bürger General zu Arcola, Erster Konsul der Republik, Kaiser des großen Reiches, Abschied von Spanien, Heimkehr aus Russland, Flucht aus Deutschland, Sturz in Frankreich,
Napoleon auf der Insel Elba hat die Inschrift: Sic transit gloria mundi (= So vergeht der Ruhm der Welt); er spielt mit den Seifenblasen der Bezeichnungen der ehemalig von ihm regierten Länder.

Aufgaben

1. Ein Bild erschließen

a) Beschreibe anhand des Bildes M1 die einzelnen Stufen beim Aufstieg und Fall Napoleons.

b) Ergänze Informationen aus dem Text auf den Seiten 29–30 sowie aus dem Teiklapitel „Das Ende Napoleons" auf den Seiten 36–37.

c) Erschließe die Aussageabsicht des Künstlers.

→ M1, Text auf den Seiten 29–30 und 36–37

Aufstieg Napoleons zur Zeit der Revolution

Napoleon Bonaparte wurde 1769 auf Korsika geboren. Seine Familie gehörte zum Kleinadel. Im Alter von zehn Jahren erhielt er ein Stipendium für eine Militärschule in Brienne, anschließend besuchte er die Militärakademie in Paris. Im Zuge der Französischen Revolution erhielt Napoleon ein militärisches Kommando und eroberte die Hafenstadt Toulon von den Royalisten, also von den Anhängern der Monarchie, zurück. Aufgrund seiner militärischen Leistungen beförderte ihn Robespierre 1794 – also mit 25 Jahren – zum General.

Militärische Erfolge

Da auch das Direktorium fähige Offiziere brauchte, erhielt Napoleon 1796 den Oberbefehl über die Italienarmee. Nachdem der von seinen Truppen verehrte, charismatische General die österreichischen Truppen aus Norditalien verdrängt hatte, schloss er ohne Rücksprache mit dem Direktorium 1797 Frieden und errichtete in Oberitalien Republiken. Dieser Sieg und die ihm treu ergebene Italienarmee bildeten die Grundlage von Napoleons Macht.

1798 begab sich Napoleon auf einen Feldzug nach Ägypten, um Englands Handel mit Indien zu unterbinden. Zum Gefolge seiner Armee zählten auch zahlreiche Wissenschaftler zur Erforschung der altägyptischen Kultur.

Napoleon wird Konsul

Inzwischen geriet Frankreich jedoch wieder in Bedrängnis: Während österreichische und russische Truppen Erfolge erzielten, war das Innere des Landes von Aufständen und einer Wirtschaftskrise erschüttert. Die äußeren und inneren Probleme ließen eine Machtübernahme der Royalisten befürchten – ein Szenario, dem man mit einem Staatsstreich zuvorkam: Am 9. November 1799 traten drei Direktoriumsmitglieder zurück, zwei wurden verhaftet. Die Nationalversammlung wurde evakuiert und Napoleon übernahm als „Erster Konsul“ die praktische Alleinherrschaft, da er das Ernennungsrecht für Minister und Mitkonsuln sowie

M 2 Napoleon als General

Auf der Brücke von Arcole, 1796, Gemälde (Ausschnitt) von Antoine-Jean Gros, 1796

CODE CIVIL
DES
FRANÇAIS.

ÉDITION ORIGINALE ET SEULE OFFICIELLE.

GRAND JUGE ET MINISTRE DE LA JUSTICE.

À PARIS,
DE L'IMPRIMERIE DE LA RÉPUBLIQUE.
AN XII. 1804.

M 3 **„Code civil“**
Ausgabe von 1804

ein Vorschlagsrecht für Gesetze erhielt. In der Bevölkerung regte sich kaum Widerstand gegen die Machtübernahme. Das wohlhabende Bürgertum („Bourgeoisie“) war an einer starken Regierung interessiert, die den Schutz des Eigentums garantierte.

Eine Politik des Ausgleichs

Durch verschiedene Maßnahmen gelang es Napoleon, sowohl Befürworter als auch Gegner der Revolution für sich zu gewinnen:

- Mit dem „Code civil“ (Code Napoleon) entstand ein fortschrittliches Gesetzbuch, das revolutionäre Errungenschaften wie Freiheitsrechte des Einzelnen und Rechtsgleichheit sicherte.
- Das Verbot von Arbeitervereinigungen, die Wiedereinführung der Sklaverei in den Kolonien, die Einführung von Schutzzöllen sowie günstige Kredite für Betriebe erfüllten die Forderungen der wohlhabenden Bürger.
- Ein Konkordat (Vertrag) mit dem Papst führte zum Ausgleich mit der Kirche: Der katholische Glaube wurde als offizielle Staatsreligion anerkannt, aber der Staat behielt die Kontrolle über die Kirche. Die Geistlichen mussten einen Eid auf die Verfassung leisten und die Bischöfe wurden von Napoleon eingesetzt.
- Geflohene Adlige erhielten das Rückkehrrecht.
- Staatliche Arbeitsbeschaffungsmaßnahmen z. B. im Straßenbau linderten die wirtschaftliche Not vieler Franzosen.

Napoleon wird Kaiser

Schließlich ließ sich Napoleon 1804 zum „Kaiser der Franzosen von Gottes Gnaden und aufgrund der Konstitution der Republik“ krönen. Mit dieser Formel kam er den Anhängern einer Republik entgegen. Um seine Macht zu sichern, erhob er verdiente Personen wie Minister, Militärs und Bischöfe in den Adelsstand.

Napoleon nutzte die Umbruchsituation der Französischen Revolution für seinen persönlichen politischen Aufstieg. Dies gelang ihm, weil er militärisch außerordentlich erfolgreich war und durch politische Maßnahmen einen Ausgleich herbeiführte. Als Kaiser wollte Napoleon seine Macht weiter steigern, die Vorrangstellung Frankreichs in Europa ausbauen und die Errungenschaften der Revolution verbreiten.

Aufgaben

1. Der Aufstieg Napoleons
a) Nenne die Gründe für den Aufstieg Napoleons.
b) Erläutere die Probleme, die Napoleon vor seiner Kaiserkrönung lösen musste.
→ M1, Text auf den Seiten 29–30

2. Die Politik Napoleons
a) Vergleiche die von Napoleon durchgeführten Maßnahmen mit den Idealen der Aufklärung und nimm dazu Stellung.
b) Beurteile, ob Napoleon Vollender oder Zerstörer der Französischen Revolution war.
→ Text auf den Seiten 29–30

3. Ein Gemälde analysieren
a) Erläutere die Motive und Ziele Napoleons, die er mit der Kaiserwürde verfolgte.
b) Suche in M4 die einzelnen Personen und erläutere die Bedeutung ihrer Anwesenheit für die Zeremonie.
c) Erläutere den Titel des Gemäldes „Weihe des Kaisers Napoleon I. und Krönung der Kaiserin Josephine in der Kathedrale Notre-Dame in Paris am 2. Dezember 1804“.
d) Erläutere zusammenfassend das Bild der Kaiserkrönung, das durch das Gemälde vermittelt werden sollte.
→ Text auf den Seiten 29–30, M4

Die Kaiserkrönung Napoleons – Ein Gemälde analysieren

M 4 Weihe des Kaisers Napoleon I. und Krönung der Kaiserin Josephine in der Kathedrale Notre-Dame in Paris am 2. Dezember 1804

Gemälde von Jacques-Louis David (1748–1825), Öl auf Leinwand (621 x 979 cm), entstanden 1805–1807, Musée du Louvre, Paris

Am 2. Dezember 1804 hat Napoleon sich in Anwesenheit des Papstes zunächst selbst und dann seine Ehefrau Josephine gekrönt. Diese Szene wurde von Jacques-Louis David, der Augenzeuge der Feierlichkeiten war, festgehalten. Zuvor hatte er wichtige Szenen der Französischen Revolution gemalt und war zum Lieblingsmaler Napoleons aufgestiegen. Die Krönung fand in der Kirche Notre-Dame statt. Dieses Gebäude ist Maria – deshalb der Name „unserer (lieben) Frau" – geweiht. Es gilt und galt als eine der wichtigsten Kirchen Frankreichs, da in ihr viele französische Könige beigesetzt wurden.

Auf dem Bild sind verschiedene Personengruppen zu erkennen:

Links sind die beiden Brüder Napoleons, Louis und Joseph, daran anschließend seine drei Schwestern Caroline, Pauline und Elisa zu sehen. Dann folgen Hortense, die Frau von Louis mit ihrem Sohn Napoleon-Charles, und Marie-Julie, die Frau Josephs, also Napoleons Schwägerinnen.

Auf dem Stuhl in der Bildmitte sitzt der Erzbischof von Paris. In der Loge ist die Mutter Napoleons mit ihrem Gefolge zu erkennen, die allerdings bei der Zeremonie nicht anwesend war. Oberhalb hat sich David mit einem Skizzenblock selbst gemalt. Unterhalb der Loge tragen Bedienstete die Ehrenzeichen der neu gekrönten Kaiserin.

Vor dem Altar sitzt Papst Pius VII., umgeben von Geistlichen. Dahinter stehen die Gesandten anderer Staaten.

Rechts im Vordergrund halten drei Würdenträger die Insignien des neuen Kaisers: den Reichsapfel, die Schwurhand und das Zepter. Dabei wurde versucht, bis zu Karl dem Großen zurückzugehen. Die Symbole waren aber Nachbildungen. Da Lilien das Zeichen für die Könige Frankreichs waren, wählte Napoleon goldene Bienen und stellte sich in die Tradition der Merowinger, der Königsfamilie, die im frühen Mittelalter geherrscht hatte.

Napoleon herrscht über Europa

Als Kaiser beanspruchte Napoleon weit mehr als nur die Herrschaft über Frankreich: Er wollte die Machtverhältnisse in ganz Europa umgestalten. Gelang es ihm, seine Pläne umzusetzen?

M 1 **Europa zur Zeit Napoleons 1812**

Training

Erschließung von Geschichtskarten

Geschichtskarten stellen Räume dar. Diese werden verkleinert abgebildet, worüber die Maßstabsleiste Aufschluss gibt. Sie stellt das Verhältnis zwischen den Entfernungen in der Realität und der Darstellung auf der Karte dar. Aus Geschichtskarten lassen sich, je nach Gestaltung, verschiedene Informationen entnehmen, z. B. politische, wirtschaftliche, soziale oder kulturelle.

Eine Karte besteht aus verschiedenen Elementen:

- dem Kartenausschnitt, der den Raum darstellt,
- dem Titel, der das Thema der Karte nennt,
- der Legende, die die Symbole erklärt und Angaben zum Maßstab enthält.

Bei der Erschließung von Karten kann man so vorgehen:

1. Das Thema der Karte erschließen.
Erkläre mithilfe des Titels den inhaltlichen Schwerpunkt der Karte.

2. Die auf der Karte dargestellten Räume beschreiben.
Beschreibe die einzelnen Elemente der Karte (Flüsse, Gebirge, Orte usw.).

3. Die Legende der Karte entschlüsseln.
Erkläre die in der Legende verwendeten Symbole, Linien und Farben.

4. Die in der Karte dargestellte Situation bzw. die Situationen zeitlich einordnen.
Bestimme die dargestellten Zeitpunkte bzw. Zeiträume der Karte.

5. Die Informationen, die die Karte enthält, zusammenfassend erklären.

Die Umgestaltung Deutschlands – Geschichtskarten erschließen

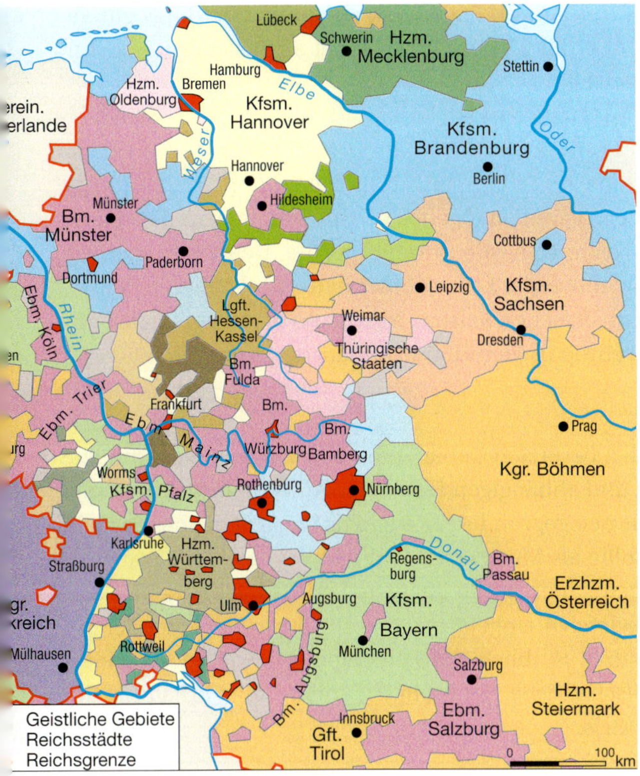

M 2 **Deutschland 1789**

M 3 **Deutschland 1807**

Aufgaben

1. Napoleon herrscht über Europa
Erschließe die Karte M1 mithilfe des Trainingskastens. Beachte dabei besonders folgende Aspekte:

a) Informiere dich über die angegebenen Schlachten: beteiligte Akteure, Sieger, Verlierer.
b) Benenne die heutigen Länder, die Napoleon bzw. seine Verwandten damals beherrschten.
c) Arbeite aus der Karte die Mächte heraus, die Napoleon noch Widerstand leisten konnten.
d) Begründe anhand der Karte, dass Napoleon eine Hegemonie (Vorherrschaft) über Europa ausübte.
e) Erörtere die Probleme, die mit einer solchen Hegemonie verbunden waren.

→ M1, Trainingskasten auf Seite 32

2. Die Umgestaltung Deutschlands – Geschichtskarten erschließen
Erschließe die Karten M2 und M3 mithilfe des Trainingskastens. Beachte dabei besonders folgende Aspekte:

a) Beschreibe die staatliche Ordnung Deutschlands im Jahr 1789.
b) Erläutere die grundsätzliche Wandlung der Situation in Deutschland um 1807. Gehe dabei vom Gesamteindruck der beiden Karten aus.
c) Benenne die wichtigsten deutschen Staaten nach 1807.
d) Die dargestellten Veränderungen gehen auf Napoleon zurück. Erläutere die Vorteile, die die neue Ordnung für Napoleon brachte.

→ M2, M3, Trainingskasten auf Seite 32

M 4 Jerôme Bonaparte (1785–1860)

König von Westfalen, jüngster Bruder Napoleons, Gemälde von François Baron Gérard, 1811

Europa verändert sein Gesicht

Im Laufe weniger Jahre gelang es Napoleon durch Feldzüge, Verträge und Bündnisse, Frankreich zur führenden Macht auf dem europäischen Kontinent zu machen. Viele Staaten Europas wurden von Frankreich abhängig, allerdings musste Napoleon seine Herrschaft über dieses gewaltige Gebiet auch sichern, was ihm nur bedingt und zeitweilig gelang.

Heiratspolitik

Um seine Herrschaft in Europa zu sichern, griff Napoleon auf ein traditionelles Mittel zurück: Er verheiratete Familienangehörige mit Mitgliedern führender Fürstenhäuser. Da er selbst eine Dynastie gründen wollte, trennte er sich von seiner ersten Frau Josephine, mit der er keine Kinder hatte, und heiratete Marie-Luise, eine Tochter des österreichischen Kaisers. Nun stand er mit einem der vornehmsten und mächtigsten europäischen Herrscherhäuser auf gleicher Stufe.

Reformpolitik

Um die Bevölkerungen in den besetzten Gebieten für sich zu gewinnen, drängte Napoleon die verbündeten und abhängigen Herrscher zur Einführung des Code civil sowie zu Reformen. Das neu gegründete Königreich Westfalen, über das sein Bruder Jerôme herrschte, sollte als Musterstaat von den Vorzügen der Französischen Revolution überzeugen – hier wurde die erste Verfassung auf deutschem Boden erlassen und der Code civil eingeführt. Allerdings war der Adel bei der Machtausübung unverzichtbar. So blieb die Reformpolitik Napoleons widersprüchlich: einerseits gesellschaftliche Neuerungen, andererseits Erhaltung der privilegierten Stellung des Adels.

Wirtschaftskrieg gegen England

England blieb Napoleons großer Gegner. Da nach der vernichtenden Niederlage der französischen Flotte in der Seeschlacht von Trafalgar 1805 ein militärisches Vorgehen ausschied, wurde der Kampf auf wirtschaftlichem Gebiet geführt: Napoleon verhängte eine Wirtschaftsblockade gegen England, die Kontinentalsperre. Die französische Wirtschaft sollte davon profitieren, dass die Verbündeten nun verstärkt französische Waren kaufen mussten, was allerdings durch einen regen Schmuggel mit englischen Waren unterlaufen wurde. Zugleich schirmte Napoleon die heimische Wirtschaft vor der Konkurrenz verbündeter Staaten durch Schutz-

M 5 Verbrennung geschmuggelter Waren in Frankfurt am Main 1810

Geschmuggelt wurden neben Erzeugnissen aus englischen Kolonien (Kaffee, Zucker, Tee, Rum, Arrak, Tabak oder Seide) englische Tuche und hochwertige Stahlerzeugnisse wie zum Beispiel Rasiermesser. Aquarell (Ausschnitt), 1810.

zölle ab. Seine Politik zielte darauf, die Kriegsbelastung der Franzosen zu verringern und die Bündnispartner wirtschaftlich abhängig zu machen.

Aufstände in den besetzten Staaten

Vor allem in den besetzten Staaten regte sich Widerstand gegen Napoleon. Ein Zentrum bildete Spanien, in dessen Unabhängigkeitskampf der Begriff „Guerillakrieg" entstand. In Tirol führte Andreas Hofer einen Aufstand gegen die französische Herrschaft an, wofür ihn Napoleon 1810 hinrichten ließ.

Neuordnung Deutschlands

Das Heilige Römische Reich deutscher Nation bestand aus einer Vielzahl von Herrschaften. Österreich war die bedeutendste Macht. Um diese Situation zu verändern und Österreich zu schwächen, suchte Napoleon nach Verbündeten in Deutschland.

Alle Gebiete links des Rheins wurden Frankreich eingegliedert. Diejenigen Fürsten des Reiches, die dabei Gebiete verloren, wurden durch Ländereien rechts des Rheins entschädigt. Eine Kommission des Reichstags, eine sogenannte Reichsdeputation, setzte die entsprechenden Vorgaben Napoleons um und beschloss 1803 eine grundlegende Neuordnung Deutschlands. Von den mehr als 300 eigenständigen Herrschaften blieben nur noch 40 übrig. Baden, Württemberg und Bayern wurden beträchtlich vergrößert, um künftig ein Gegengewicht zu Österreich und Preußen zu bilden. Die genannten drei Staaten waren von Napoleon abhängig, denn sie verdankten ihm ihren Machtzuwachs. Die Umgestaltung erfolgte durch zwei parallele Prozesse:

- Die Auflösung kirchlicher Herrschaften, in denen ein Bischof oder Abt die politische Macht ausübte, wird Säkularisation genannt. Dabei wurde kirchlicher Besitz enteignet.
- Die Beseitigung kleinerer weltlicher Herrschaften wie zum Beispiel der Reichsstädte wird als Mediatisierung bezeichnet. Die betroffenen Gebiete wurden größeren Herrschaften zugeschlagen.

M 6 Der Rheinbund
Silbermedaille von 1806

Das Ende des Heiligen Römischen Reiches

1806 sagte sich eine Reihe von Staaten, die unter dem Einfluss Napoleons standen, vom Reich los, um einen Bündnisvertrag mit Frankreich zu schließen: den Rheinbund. Dies war das Ende des Heiligen Römischen Reiches. Kaiser Franz II. legte die deutsche Kaiserkrone nieder und nahm als Franz I. den Kaisertitel für Österreich an, um Napoleon ebenbürtig zu bleiben.

Aufgaben

1. Napoleon herrscht über Europa

a) Erkläre die Ursachen für die napoleonische Eroberungspolitik.

b) Erläutere die Gründe für den Wirtschaftskrieg Napoleons gegen England.

→ Text auf den Seiten 34–35

2. Die Neuordnung Deutschlands

a) Erkläre mit eigenen Worten die Begriffe Säkularisation, Mediatisierung und Rheinbund.

b) Stelle kurz dar, wie es zur Neuordnung Deutschlands kam.

c) Erörtere die Chancen und Probleme, die mit der Auflösung des Heiligen Römischen Reiches verbunden waren.

→ Text auf den Seiten 34–35

M 1 Das Massaker von Madrid
Am 3. Mai 1808 wurden 800 spanische Freiheitskämpfer von französischen Soldaten erschossen, zeitgenössisches Gemälde von Francisco José de Goya.

Das Ende Napoleons

Guerillakrieg in Spanien

Der heute oft benutzte Begriff „Guerilla“, das heißt wörtlich „kleiner Krieg“, geht auf die Zeit Napoleons zurück. Als Napoleon 1808 Spanien besetzte, um die Kontinentalsperre gegen England besser überwachen zu können, zwang er den spanischen König zum Rücktritt und setzte an dessen Stelle seinen Bruder Joseph Bonaparte auf den Thron. Die Unzufriedenheit der Spanier entlud sich in einem Aufstand, den britische Truppen unter dem Herzog von Wellington unterstützten.

Trotz brutaler Unterdrückung gelang es den Aufständischen, Joseph Bonaparte zu vertreiben. Sie formierten sich dabei nicht als große Armee, sondern in kleinen beweglichen Kampfverbänden. Es kam nicht zu Schlachten, sondern zu einem „kleinen Krieg“ mit begrenzten Gefechten, dem die Franzosen nichts entgegensetzen konnten.

So wurde das Jahr 1808 zu einem Wendepunkt für Napoleons Herrschaft: Ein spanischer Volksaufstand hatte sich gegen die französische Fremdherrschaft erhoben und der Kaiser erlitt erstmals eine militärische Niederlage. Napoleons Ruf der Unüberwindbarkeit war dahin.

Widerstand in Tirol

Der Versuch Österreichs, Napoleons Niederlage in Spanien auszunutzen, schlug fehl: Alle wichtigen deutschen Staaten gehörten dem Rheinbund an und Preußen litt noch unter seiner Niederlage. Allerdings kam es in Tirol zu einem Volksaufstand.

Tirol gehörte damals zu Bayern, das dieses Gebiet von Napoleon als Dank für seine Unterstützung im Kampf gegen Österreich erhalten hatte. Verschiedene Maßnahmen der bayerischen Regierung provozierten die Einheimischen zum Widerstand. Unter ihrem Anführer Andreas Hofer gelang es den Tirolern, die französischen und bayerischen Truppen mehrfach zu schlagen, doch unterlagen sie schließlich der französischen Übermacht. Andreas Hofer wurde durch Verrat gefangen genommen und 1810 in Mantua erschossen.

M 2 **Rückzug der Grande Armée 1812**

Gemälde (Ausschnitt) von Peter Heinrich Lambert von Hess, 1812

Katastrophe in Russland

Der Russlandfeldzug 1812 führte zum endgültigen Scheitern Napoleons. Er griff an, um Russland zum Wirtschaftsboykott gegen England zu zwingen, denn der Zar erlaubte die Getreideausfuhr nach England, da das französische Exportverbot die russischen Bauern stark belastete. Napoleon bildete die „Große Armee“ mit 610 000 Mann aus 20 Nationen, mit der er im Juni 1812 in Russland einmarschierte. Nach der Einnahme Moskaus im September musste er jedoch den Rückzug antreten, da die Russen Moskau in Brand steckten und kein Winterquartier mehr zur Verfügung stand.

Auf dem Rückmarsch erlitt Napoleons Armee gewaltige Verluste, denn der harte Winter forderte zahlreiche Opfer und russische Reitertruppen griffen ständig an. Besonders die Überquerung des Flusses Beresina geriet zur Katastrophe. Nur 40 000 Soldaten kehrten zurück.

Die Befreiungskriege

Nach dem Untergang der „Großen Armee“ schlossen sich Russland, Österreich, Preußen, England und andere Staaten zu einer antifranzösischen Koalition zusammen. Auch der Rheinbund löste sich rasch auf. Die nun ausbrechenden Befreiungskriege wurden von einer patriotischen Begeisterung getragen, die alle Volksschichten ergriff. Viele Freiwilligenverbände beteiligten sich an den Kämpfen.

Nach der Niederlage in der Völkerschlacht bei Leipzig 1813, in der über 500 000 Soldaten aus vielen verschiedenen Ländern kämpften, floh Napoleon nach Paris. Dort zwangen ihn einrückende Armeen zur Abdankung und er wurde auf die Insel Elba verbannt.

Napoleons Versuch, 1815 noch einmal zurückzukehren, scheiterte. Die Alliierten besiegten ihn in der Schlacht bei Waterloo. Danach wurde er auf die ferne Insel St. Helena im Atlantik verbannt, wo er 1821 starb. Seit 1840 befindet sich Napoleons Grab im Pariser Invalidendom.

Der Russlandfeldzug – Ein Zeitzeuge berichtet

M 3 Soldaten der Grande Armée auf dem Ruckzug
Anonymes Gemälde, 1812

M 4 Bericht über den Feldzug

Der bayerische Soldat Joseph Deifel nahm an Napoleons Russlandfeldzug teil. In seinem Tagebuch schildert er den Rückzug der Grande Armée:

Hier in Wilna muß alles verlassen werden. Tote und Halbtote, alles Gepäck, Kanonen und Munitionswägen, die ehrenvollen baierischen 7 Regimentsfähn, wo viele die Türkenkriege mit beygewohnt haben: es sind 22 an der Zahl. Sie waren alle in einem Wagen gebackt gewesen; sie sollen samt dem Wagen verbrannt worden sein, sind nicht mehr zurückgekommen. Uralte baierische Ehre muß zu Staub und Aschen werden hier in dem öden wilden kalten Norden. Und durch wen? Ich sage: durch den Stolz und Herrschsucht fremder Nation.

Kamerathen müssen verlassen werden in dem allergrößten Elend, Hunger, Blöße und Kälte und aller Krankheit preisgegeben. Wer mag wohl das alles beschreiben? Alle wehklagenden Stimmen werden gleichgültig angehört, denn alle Herzen waren vor lauter Elend versteinert; alle Menschenfreundlichkeit hatte unter uns aufgehört. Keine Träne sieht man fließen. Das war der größte Trost: dahs die Sterbenden zumeist lächelnd in ihrer Phantasi gestorben sind, die Erbarmungswürdigen. An vielen und von vielen wird solches bemerkt; selbst ein Doktor, N. jaut, bewundert solch Wunderbares, da er sagt: „alle die ich sterben sah, sind lächelnd gestorben."

Auf dem Rückweg begibt sich alles Kowno zu, wo eine Brücke über die Memel war. Der Weg war mit Leichen bezeichnet, tote Pferdluder [Aas] waren so viel, dahs jeder glaubte, sie seien seit zehn Jahren hierher gebracht worden, denn selbe sahen so aus, weil schon beim Hineinmarsch sehr viele sind dort umgestanden. Doch wird aus Mangel an Proviant noch Fleisch davon genommen und gar oft solches roh gegessen. Geht man in eine Hütte hinein, da traf man tote Soldaten aller Nationen, vier bis zehn oder noch mehr, denn aus Hunger, Kälte und Mattigkeit schüren sie Feuer und kochen Luderfleisch, aber sie erloschen mit dem Feuer. Einige wollen gesehen haben, dahs sich einige selbst angenagt sollen haben.

Die Verfolgung von den Russen-Kosacken ist immer noch, doch sind sie auch Menschen und Bedurften einer Erholung, die ihnen in der Stadt Wilna zuteil wurde, denn hier gabs Broviant und Schätze genug zu vertheilen. Doch waren immer Kosacken, Tragoner hinter uns, aber was machen sie mit uns Elenden? Sie nehmen uns nur das erbeutete Geld, wer sowas erbeutet hat bei der Kasse in Wilna; dann sagten sie zu einem solchen: Guti na domoy, Kamerrath, ody Mosqua. Das heißt: Geh hin, Kamerath, wo du willst, nach Haus oder nach Rußland! Nicht einmal die Armentur [Waffen] nehmens einem ab, wenn einer noch solche hat.

Es war gar oft der Fall, dahs einer lieber gefangen wollt werden, wenn er ein wenig versorgt würde, aber es ist auch sehr gefährlich, denn es sind Gefangene zu viel, als dahs sie nur ein wenig unterhalten werden könnten.

Mit Napoleon nach Russland. Tagebuch des Infanteristen Joseph Deifel. Mit einer Einführung von Julia Murken, Regensburg: Pustet 2012, S. 55f.

Napoleon im Urteil der Zeitgenossen und der Nachwelt

M 5 Urteile über Napoleon

a) Der französische Politiker und Schriftsteller François René de Chateaubriand schrieb 1814:

Geboren, um zu zerstören, trägt Bonaparte das Böse so natürlich in sich wie eine Mutter ihr Kind, mit Freuden und einem gewissen Stolz.

Übers. zit. n.: https://www.wissen.de/lexikon/urteile-ueber-napoleon [Zugriff: 17.03.2022].

b) Der deutsche Dichter Johann Wolfgang von Goethe äußerte 1828 in einem Gespräch:

Sein Leben war das Schreiten eines Halbgotts von Schlacht zu Schlacht und von Sieg zu Sieg.

Zit. n.: Franz Deibel (Hg.), Goethes Gespräche mit Eckermann, Leipzig: Insel-Verlag 1923, S. 376f. (Eintrag v. 11. März 1828)

c) Der Historiker und SPD-Politiker Franz Mehring schrieb 1903 in der Leipziger Volkszeitung:

Ein fremder Eroberer hat in Deutschland die alten Zwingburgen der Feudalherren und die Klöster der Ordensherren in Trümmer geschlagen und die Grundlagen des nationalen Staates geschaffen.

Zit. n.: Irmgard und Paul Hartig (Hg.), Die französische Revolution im Urteil der Zeitgenossen und der Nachwelt, Stuttgart: Klett 1988, S. 68f.

d) Der deutsche Historiker Martin Göhring schrieb Ende der 1950er-Jahre eine Biografie über Napoleon:

Er wird der große Zerstörer. Eine überalterte Welt zerbricht unter seinen Schlägen. Aber der Urkraft gleich schaffte er aus dem Chaos eine neue Welt, eine andere Daseinsordnung, alles auf seine Person ausrichtend, allem den Stempel seines Willens und seines Genies aufdrückend.

Martin Göhring, Napoleon, Göttingen/Berlin/Frankfurt a.M.: Musterschmidt 1959, S. 140.

e) Der britische Historiker David Chandler schrieb in einer militärgeschichtlichen Darstellung 1974:

Napoleon ist als der überragende Soldat der modernen Geschichte zu verstehen. Man muss ihn unter die vier größten Heerführer aller Zeiten rechnen: Mit Alexander dem Großen, Hannibal, und Dschingis Khan teilt er sich in die höchsten Ehren der Walhall.

David Chandler, Napoleon (übers. v. Wilhelm Höck), München: List 1974, S. 13.

Aufgaben

1. Das Ende Napoleons
   a) Erkläre die Ursachen für den Widerstand gegen die napoleonische Herrschaft.
   b) Informiere dich über den Russlandfeldzug Napoleons und erkläre die Ursachen für seine Niederlage.
   c) Setze dich mit dem Begriff „Befreiungskriege" auseinander und belege, dass die Interessen der Völker und der Herrscher oft auseinandergingen.

→ Text auf den Seiten 36–37, Internet

2. Der Russlandfeldzug – Ein Zeitzeuge berichtet
   a) Erläutere die Situation der französischen Armee.
   b) Beschreibe die Auswirkungen des Krieges auf das Zusammenleben der Menschen.
   c) Joseph Deifel wundert sich über das Verhalten der Kosaken. Erkläre dieses Verhalten.
   d) Beurteile folgende Aussage: „Krieg führt oft dazu, dass Menschen sich nicht mehr menschenwürdig verhalten."

→ M4, Text auf den Seiten 36–37

3. Napoleon im Urteil der Zeitgenossen und der Nachwelt
   a) Gib die Grundaussagen der Urteile mit eigenen Worten wieder.
   b) Vergleiche die Urteile. Finde dafür zuerst Kategorien, nach denen du die Urteile vergleichen willst.

→ M5

Die hessischen Staaten und Napoleon

Die Spaltung der Landgrafschaft Hessen

Das heutige Bundesland Hessen vereinigt Gebiete, die jahrhundertelang getrennt waren. Im 16. Jahrhundert war es nämlich zur Aufteilung Hessens gekommen, die im Westfälischen Frieden 1648 endgültig festgeschrieben wurde. Vor allem Hessen-Kassel und Hessen-Darmstadt standen sich nun gegenüber. Diese folgenschwere Erb- und Landesteilung sollte die politische Bedeutung Hessens für Jahrhunderte entscheidend schwächen und zu heftigen Machtkämpfen führen.

Hessen-Kassel und Hessen-Darmstadt bis 1803

Hessen-Kassel tat sich in der Zeit nach dem Dreißigjährigen Krieg vor allem durch seine militärische Stärke hervor. Das Heer wurde an alle möglichen Krieg führenden Mächte vermietet und kämpfte auf den verschiedensten Kriegsschauplätzen – unter anderem auch in Diensten der Briten 1776 in Nordamerika. Das so eingenommene Geld ermöglichte einen wirtschaftlichen Aufschwung, der sich vor allem in den kulturellen und städtebaulichen Leistungen dieser Epoche, insbesondere dem Ausbau der Residenz Kassel niederschlug.

Hessen-Darmstadt bestand aus acht unverbundenen Teilen und litt neben der territorialen Zersplitterung unter der Verschwendungssucht seiner Herrscher, vor allem ihrer Jagdleidenschaft, und den Folgen ständiger Kriege. Dies führte zu einer völligen Zerrüttung der Staatsfinanzen, das Land stand mehrfach kurz vor dem Bankrott. Unter der „großen Landgräfin" Henriette Caroline besserte sich die Lage. Dem Minister Friedrich Karl von Moser gelang es, durch Reformen die Staatsfinanzen und die Verwaltung zu ordnen. Ab 1772 wurde der Darmstädter Hof zu einem Zentrum des europäischen Geisteslebens.

M 1 Die „große Landgräfin" Henriette Caroline Christiane von Hessen-Darmstadt (1721–1774)
undatiertes Porträt

Hessen-Kassel unter Napoleon

Die napoleonische Zeit brachte große Veränderungen für Hessen. Zunächst führte der Reichsdeputationshauptschluss von 1803 zu großen Gebietsverschiebungen. Hessen gliederte sich danach im Wesentlichen in das zum Kurfürstentum erhobene Hessen-Kassel, das zum Großherzogtum gewordene Hessen-Darmstadt und das neu gegründete Herzogtum Nassau.

Hessen-Kassel gehörte aber nicht wirklich zu den Gewinnern der Auflösung des Alten Reiches. Die Landgewinne waren gering. Als Trost wurde dem Landgrafen jedoch eine der drei Kurwürden, die durch die Auflösung der geistlichen Herrschaften frei geworden waren, zuteil. Er gehörte nun zu dem Kollegium, das den deutschen König wählte.

Die Freude währte aber nur kurz: Da Hessen-Kassel sich weigerte, dem Rheinbund beizutreten, wurde es 1807 Teil des Königreichs Westfalen. Der Kurfürst wurde seines Amts enthoben und musste das Land verlassen. Neuer König über etwa 2 600 000 Untertanen wurde Napoleons jüngster Bruder Jerôme, der die Wilhelmshöhe zu seiner Residenz wählte. Ziel war, das neu geschaffene Königreich nach Napoleons Willen zu einem Musterstaat zu machen, dessen „Modernität" und Reformfreude auf die übrigen deutschen Staaten ausstrahlen sollte. Nach französischem Vorbild wurden alle Vorrechte der Stände abgeschafft, der Code civil als Gesetzbuch und die französische Verwaltungsgliederung eingeführt. Trotz der Reformen fand das neue Regime aber keinen Zuspruch bei der Bevölkerung,

M 2 Die Rückkehr des von Napoleon vertriebenen Kurfürsten Wilhelm nach Kassel

Nach sieben Jahren im Exil kehrte Wilhelm I. 1813 nach Hessen zurück, Holzstich von 1880.

da es sich nach kurzer Zeit zu einem Polizeistaat entwickelte und Napoleon 25 000 Soldaten ausheben ließ. Hessen-Kassel wurde zum Zentrum des Widerstands gegen die französischen Besatzer. Verschiedene Erhebungen scheiterten. Erst nach der Niederlage Napoleons in der Völkerschlacht bei Leipzig verließen die Franzosen auch Hessen. Der Kurfürst kehrte 1813 nach Kassel zurück.

Hessen-Darmstadt unter Napoleon

Hessen-Darmstadt hatte durch den Reichsdeputationshauptschluss eine Reihe von Gebieten hinzugewonnen. Doch auch hier währte die Freude über die neu gewonnene Würde nur kurz. Da sich der Großherzog zunächst weigerte, mit den Franzosen ein Bündnis einzugehen, wurde das Land 1806 besetzt. Hessen-Darmstadt war nun doch gezwungen, dem Rheinbund beizutreten, was ihm weiteren Gebietszuwachs einbrachte.

Die neue Machtstellung wollte der Großherzog nutzen, um den maroden Staat zu reformieren. 1806 hob er die Landstände auf und beseitigte alle bisher bestehenden Steuerprivilegien. Damit machte er sich zum absoluten Herrscher in seinem Land. Auf Drängen Frankreichs wurde 1807 auch der Code civil eingeführt. Soziale oder gar gesellschaftliche Veränderungen fehlten aber ebenso wie eine Verfassung.

Für seine Kriege musste das Land Napoleon zunächst 4 000 Soldaten stellen. Dieses Truppenkontingent wurde im Winter 1812 in Russland vollständig aufgerieben. Obwohl Hessen-Darmstadt im Frühjahr 1813 über keine Truppen mehr verfügte, musste es Napoleon dennoch weitere 7 000 Mann zur Verfügung stellen, die in der Völkerschlacht von Leipzig fielen oder in Gefangenschaft gerieten. 1813 trat Hessen-Darmstadt als letzter der süddeutschen Staaten aus dem Rheinbund aus und schloss sich der Allianz gegen Napoleon an.

Napoleons Niederlage 1813 führte nochmals zu einigen Gebietsverschiebungen. Die Teilung der hessischen Gebiete blieb jedoch erhalten und wurde erst nach dem Zweiten Weltkrieg überwunden.

Territoriale Veränderungen in Hessen – Mit Karten arbeiten

M 3

4

M 5

Aufgaben

1. Napoleon und Hessen

a) Erläutere die politische und wirtschaftliche Situation Hessens vor dem Reichsdeputationshauptschluss 1803.

b) Vergleiche die Entwicklung Hessen-Kassels und Hessen-Darmstadts zur Zeit der napoleonischen Herrschaft.

Text auf den Seiten 40–41

2. Territoriale Veränderungen

a) Nenne die Herrschaften auf dem Gebiet des heutigen Hessen in den Jahren 1789, 1812 und 1815.

b) Nenne den Namen der größten Herrschaft in den Jahren 1789, 1812 und 1815.

c) Bestimme die Herrschaft, zu der dein Wohnort in den Jahren 1789, 1812 und 1815 gehörte.

d) Erläutere mithilfe der Karten die Auswirkungen des Reichsdeputationshauptschlusses von 1803 und des Rheinbundes auf das Gebiet des heutigen Hessen.

Text auf den Seiten 40–41, M3–M5

Brandenburg-Preußen – Zwischen Niederlage und Widerstand

Eine verheerende Niederlage

Preußen hatte sich seit 1795 um Frieden mit Frankreich bemüht und Neutralität gewahrt. Als Napoleon den politischen Druck verstärkte, verlangte Preußen den Abzug aller französischen Truppen rechts des Rheins. Das bedeutete Krieg. Doch die als unbesiegbar geltende preußische Armee, die den Aufstieg zur Großmacht ermöglicht hatte, erlitt 1806 bei Jena und Auerstedt eine vernichtende Niederlage. Preußen musste alle Gebiete links der Elbe abtreten, aus denen Napoleon das Königreich Westfalen bildete.

Teile der preußischen Bevölkerung begrüßten den Einmarsch der Franzosen, da sie hofften, dass Napoleon auch in Preußen Reformen anstoßen würde. Doch regte sich bald Widerstand gegen die Fremdherrschaft: Hohe Kriegsentschädigungen, die Folgen der Kontinentalsperre und Zwangsrekrutierungen riefen Unmut hervor.

M 1 Übergabe Berlins

Am 27. Oktober 1806 übergaben Abgesandte Berlins Napoleon die Schlüssel der Stadt. Die bronzene Siegesgöttin auf dem Brandenburger Tor ließ Napoleon nach Paris bringen, kolorierter Kupferstich von Edme Bovinet (1767–1837).

Das Ziel der Reformen

Preußens Zusammenbruch hatte gezeigt, dass nur (radikale) tiefgreifende Reformen das Überleben des Staats und der Monarchie garantieren konnten. Befreiung von französischer Fremdherrschaft hieß das Ziel. Die Reformen konzentrierten sich auf die Gesellschaft, die Wirtschaft und das Militär. Sie sollten bewirken, dass sich das Volk für den Staat und die Monarchie einsetzte. Der Einzelne sollte seine Fähigkeiten frei entfalten und Eigentum erwerben können, die so entstehende Konkurrenz zu wirtschaftlichem Aufschwung führen. Auch war man davon überzeugt, dass ein Bürger, der über Eigentum und Rechte verfügt, die Vorteile eines starken Staats zu schätzen weiß, da nur dieser das Eigentum schützen kann. Deshalb würde er auch bereit sein, für diesen Staat zu kämpfen.

Die Reformmaßnahmen

Die wichtigsten Reformen leiteten zwei fortschrittliche hohe Beamte ein. Bis 1808 wirkte der preußische Staatsmann Karl Freiherr vom Stein, danach Staatskanzler Karl August von Hardenberg:

- Ein Edikt über die Bauernbefreiung hob die Erbuntertänigkeit der Bauern auf und beendete ihre Abhängigkeit vom Gutsherrn. Die Bauern mussten keine Abgaben und Dienste mehr leisten und konnten Beruf und Wohnort frei wählen. Sie hatten jedoch – falls sie Bauern blieben – dem ehemaligen Herrn eine Entschädigung zu zahlen, was viele Bauern für Jahrzehnte in Schulden stürzte.
- Eine Städteordnung verwirklichte den Gedanken der städtischen Selbstverwaltung und förderte das Engagement der Bürger.
- Die Einführung der Gewerbefreiheit erlaubte es den Bürgern, jedes Gewerbe und jeden Beruf auszuüben. Der seit dem Mittelalter bestehende Zunftzwang wurde aufgehoben.
- Eine Heeresreform wurde von General Scharnhorst vorangetrieben. Allgemeine Wehrpflicht, Abschaffung der Prügelstrafe und die Öffnung der Offizierslaufbahn auch für Bürgerliche beseitigten die schlimmsten Missstände.
- Eine Bildungsreform leitete Wilhelm von Humboldt ein. Sie verbesserte die Lehrerausbildung, verankerte das Abitur als Studienvoraussetzung und förderte die Freiheit von Lehre und Forschung. Ziel war die Entfaltung der Anlagen und Fähigkeiten eines jeden Menschen.
- 1812 wurde das „Edikt betreffend die bürgerlichen Verhältnisse der Juden im preußischen Staat“ verabschiedet. Alle in den damaligen Landesgrenzen legal lebenden Juden wurden dadurch zu „Einländern und preußischen Staatsbürgern“ und damit den Christen annähernd gleichgestellt.

Bedeutung der Reformen

Die preußischen Reformen bildeten einen radikalen Einschnitt, denn sie lockerten die Ständegesellschaft: Nicht mehr die Herkunft war künftig entscheidend, sondern die Leistung. Obwohl sich beim Adel Widerstand regte, blieb dem König angesichts der Notlage des Staates keine andere Wahl. Die Reformen sorgten für eine schnelle Erholung Preußens und bildeten die Grundlage für den wirtschaftlichen Aufschwung und die künftige militärische Stärke des Staates. In verschiedenen Teilen Deutschlands kam es aus unterschiedlichen Gründen zu umfassenden Reformen.

M 2 Karl Freiherr vom Stein (1757 – 1831)

M 3 Karl August von Hardenberg (1750 – 1822)

M 4 Wilhelm von Humboldt (1767 – 1835)

Reformen in Brandenburg-Preußen – Ursache und Wirkung

M 5 Maueranschlag

des Berliner Polizeipräsidenten nach der Niederlage der preußischen Armee bei Jena und Auerstedt.

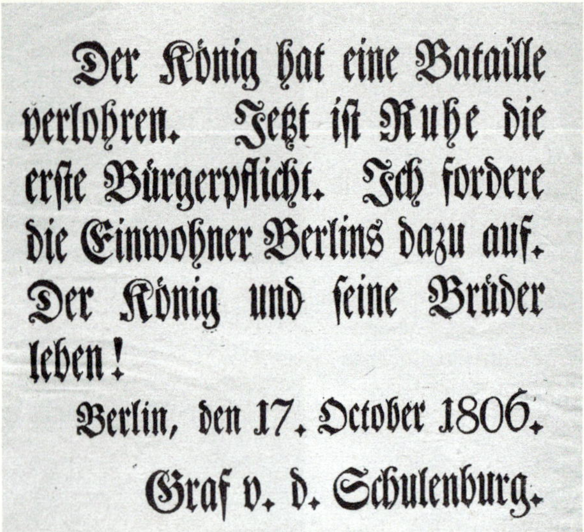

Der König hat eine Bataille verlohren. Jetzt ist Ruhe die erste Bürgerpflicht. Ich fordere die Einwohner Berlins dazu auf. Der König und seine Brüder leben!

Berlin, den 17. October 1806.

Graf v. d. Schulenburg.

M 6 Reorganisation des preußischen Staates

Reformdenkschrift von Karl August Freiherr von Hardenberg „Über die Reorganisation des Preußischen Staats", verfasst auf Befehl des preußischen Königs Friedrich Wilhelm III. vom 12. September 1807:

Die Französische Revolution, wovon die gegenwärtigen Kriege die Fortsetzung sind, gab den Franzosen unter Blutvergießen und Stürmen einen ganz neuen Schwung. Alle schlafenden Kräfte wurden geweckt, das Elende und Schwache, veraltete Vorurteile und Gebrechen wurden – freilich zugleich mit manchem Guten – zerstört. Die Benachbarten und Überwundenen wurden mit dem Strome fortgerissen. [...]

Der Wahn, dass man der Revolution am sichersten durch Festhalten am Alten und durch strenge Verfolgung der durch solche geltend gemachten Grundsätze entgegenstreben könne, hat besonders dazu beigetragen, die Revolution zu befördern und derselben eine stets wachsende Ausdehnung zu geben. Die Gewalt dieser Grundsätze ist so groß, sie sind so allgemein anerkannt und verbreitet, dass der Staat, der sie nicht annimmt, entweder seinem Untergange oder der erzwungenen Annahme derselben entgegensehen muss. [...]

Also eine Revolution im guten Sinn, hinführend zu dem großen Zwecke der Veredelung der Menschheit, durch Weisheit der Regierung und nicht durch gewaltsame Impulsion von innen oder außen, – das ist unser Ziel, unser leitendes Prinzip. Demokratische Grundsätze in einer monarchischen Regierung: Dieses scheint mir die angemessene Form für den gegenwärtigen Zeitgeist. Die reine Demokratie müssen wir noch dem Jahre 2440 überlassen, wenn sie anders je für den Menschen gemacht ist. [...]

Walter Demel/Uwe Puschner (Hg.), Deutsche Geschichte in Quellen und Darstellung Bd. 6: Von der Französischen Revolution bis zum Wiener Kongress 1789–1815, Stuttgart: Reclam 1995, S. 87 f.

Aufgaben

1. Die Situation Preußens

a) Vergleiche den öffentlichen Aufruf mit der tatsächlichen Situation Preußens 1806.

b) Erläutere die Beurteilung der Französischen Revolution durch Hardenberg.

c) Begründe die Notwendigkeit von Reformen in Preußen.

d) Erläutere folgende Aussage: „Die Reformen in Preußen waren eine Revolution von oben."

Text auf den Seiten 44–45, M5, M6

2. Die preußischen Reformen

a) Stelle in einer Tabelle die wichtigsten Reformen in Preußen zusammen.

b) Bewerte den Stellenwert der einzelnen Reformen mit Blick auf die notwendige Modernisierung Preußens.

Text auf den Seiten 44–45, M6

1770 1775 1780 1785 1790 1795 1800 1805 1810 1815 1820

Ständegesellschaft

14.7.1789
Sturm auf die Bastille

1793
Hinrichtung Ludwigs XVI.

1804
Kaiserkrönung Napoleons

Kontinentalsperre

1815
Wiener Kongress

Die Französische Revolution

Die 1789 beginnende Französische Revolution bildet einen tiefen Einschnitt und hat weltgeschichtliche Bedeutung. Die Ursachen waren vielfältig: Fehlende politische Mitsprache, eine ungerechte Gesellschaftsordnung, wirtschaftliche Krisen und die Ideen der Aufklärung führten zum Umsturz. Die Revolution wurde immer radikaler, bis schließlich die Königsherrschaft (Monarchie) abgeschafft und der König hingerichtet wurde. Große Errungenschaften waren die Erklärung der Menschenrechte und die Verabschiedung einer Verfassung.

Das Kaisertum Napoleons

Im Zuge der Revolution gelang es Napoleon, die Macht auf sich zu konzentrieren und sich schließlich zum Kaiser zu krönen. Es gelang ihm, große Teile Europas unter seine Herrschaft zu bringen und umzugestalten. Sein Versuch, Russland zu erobern, scheiterte vollkommen und leitete seinen Sturz ein. Europas Staaten verbündeten sich, besiegten ihn 1813 in der Völkerschlacht bei Leipzig und verbannten ihn auf die Insel Elba. Nach einer kurzen Rückkehr wurde er 1815 in der Schlacht bei Waterloo endgültig besiegt und schließlich 1815 auf die Insel St. Helena verbannt.

Die Neuordnung Deutschlands

Die Vorherrschaft Napoleons führte auch zu einer Neuordnung Deutschlands. Das Heilige Römische Reich löste sich auf und es kam zu einer umfassenden Neuordnung: Manche Herrschaftsgebiete verloren ihre Eigenständigkeit, andere Staaten wurden größer und mächtiger. Insbesondere wurden die Herrschaften, die von Geistlichen regiert wurden, aufgelöst (Säkularisation). Der Zusammenschluss der neuen Staaten im Rheinbund löste sich mit dem Sturz Napoleons auf.

DATEN

1789:
Erstürmung der Bastille

1791:
Französische Verfassung

1804:
Kaiserkrönung Napleons

1806:
Ende des Heiligen Römischen Reiches

1813–1815:
Befreiungskriege

1815:
Sturz Napoleons

BEGRIFFE

Aufklärung
Absolutismus
Revolution
Menschenrechte
Gewaltenteilung
konstitutionelle Monarchie
Nation
Bürgertum
Volkssouveränität
Terror
Guillotine
Napoleon
Säkularisation

Fragebogen zum Thema: Französische Revolution und Napoleon

Hinweis: Die folgende Tabelle dient der Selbsteinschätzung deiner erworbenen Kenntnisse, Fähigkeiten und Kompetenzen. Die Auflistung erhebt nicht den An-

Ich kann ...	Ich bin sicher. ☺	Ich bin ziemlich sicher. 😐	Ich bin noch unsicher. 😕	Ich habe große Lücken. ☹
... zentrale Probleme und Konflikte der Ständegesellschaft vor der Französischen Revolution beschreiben.				
... zwischen kurzfristigem Anlass und längerfristigen Ursachen der Französischen Revolution unterscheiden.				
... wichtige Menschen- und Bürgerrechte, die in der Französischen Revolution verkündet worden sind, benennen.				
... den Begriff der Schreckensherrschaft während der Französischen Revolution erklären und deren Gründe, Verlauf und Ende erläutern.				
... Anspruch und Wirklichkeit der Menschen- und Bürgerrechte von 1789 vor dem Hintergrund der letzten Phase der Französischen Revolution bewerten.				
... Gründe für den Aufstieg Napoleons zum Ersten Konsul der Republik Frankreich und später zum Kaiser der Franzosen benennen.				
... Maßnahmen erläutern, mit denen Napoleon seine Machtstellung in Europa sicherte.				
... die Ziele der preußischen Reformen sowie die wichtigsten Maßnahmen erläutern.				
... eine schriftliche Quelle interpretieren.				
... eine Geschichtskarte analysieren.				
...				
...				

ACHTUNG:

bitte nicht beschreiben!

Du findest eine Kopie dieser Seite zur Bearbeitung unter dem Webcode

WES-115614-103

spruch, vollständig zu sein. Es handelt sich um eine Auswahl, die ggf. erweitert werden kann. In der rechten Spalte findest du Hinweise, wie du eventuell vorhandene Lücken oder auch Unsicherheiten beseitigen kannst..

→ **Bitte kopiere die Seiten, bevor du mit ihnen arbeitest.**

Auf diesen Seiten kannst du in HORIZONTE nachlesen	Empfehlungen zur Übung, Wiederholung und Festigung
12–15	Arbeite aus dem Schulbuch die wirtschaftlichen und gesellschaftlichen Probleme heraus.
8–11 12–15	Erstelle ein Schaubild zu den verschiedenen Ursachen der Revolution.
16–19	Erstelle eine Tabelle und finde Oberbegriffe für die einzelnen Rechte der Erklärung der Menschen- und Bürgerrechte.
20–23	Löse die Aufgabe 1 auf Seite 23.
16–19 20–23	Beurteile die Bedeutung der Französischen Revolution aus heutiger Sicht. Vergleiche hierzu die Erklärung der Menschen- und Bürgerrechte mit den ersten 20 Artikeln unseres Grundgesetzes.
28–31	Stelle zusammenfassend die Situation Frankreichs vor dem Aufstieg Napoleons dar.
32–35	Erkläre das Wort „Kontinentalsperre" und die Gründe für das Verhängen dieser Maßnahme.
44–46	Erstelle eine Übersicht zum Thema: „Die preußischen Reformen veränderten das Gesicht Preußens."
10	Interpretiere die Quelle M5 auf Seite 19 (Olympe de Gouge: Über die Rechte der Frau und Bürgerin). Verwende dafür den Trainingskasten „Umgang mit schriftlichen Quellen" auf Seite 10.
32	Erschließe die beiden Geschichtskarten M2 und M3 auf Seite 33. Verwende dafür den Trainingskasten „Erschließung von Geschichtskarten" auf Seite 32.

Frühling

Sommer

Herbst

02

DEUTSCHLAND ZWISCHEN RESTAURATION UND REVOLUTION

M 1 **Zug zum Hambacher Fest,** anonymer kolorierter Stich, 1832

M 2 **19. März 1848 in Berlin,** Lithografie von Anton Klaus, 1848

M 3 **Der Michel und seine Kappe im Jahr 1848,** Karikatur, 1848

M 4 **Erschießung des Revolutionärs Robert Blum am 9. November 1848 bei Wien,** kolorierte Lithografie von A. Fay, um 1848/49

1815: Neuordnung Europas auf dem Wiener Kongress

Mit dem Beginn der Französischen Revolution wurde 1789 eine Phase von tief greifenden Umbrüchen eingeleitet, die über 25 Jahre andauerte und die das Gesicht Europas vollständig veränderte. Nach blutigen Kriegen und dem Sturz Napoleons war schließlich eine politische Neuordnung des Kontinents notwendig. In der Hauptstadt des Kaiserreichs Österreich versammelten sich Staatsoberhäupter, Minister und Diplomaten, um über die Zukunft Europas zu beraten. Ein Ergebnis war die Neuordnung Deutschlands, über die die folgende Geschichtskarte Auskunft gibt.

M 1 Deutscher Bund

Aufgaben

1. Deutschland nach dem Wiener Kongress

a) Erschließe und erläutere die Karte M1 mithilfe des Trainingskastens „Erschließung von Geschichtskarten" auf Seite 32.

b) Erstelle eine Tabelle, in der du folgende Punkte erläuterst: Wiener Kongress – Deutscher Bund – „Heilige Allianz" – Kräfteverhältnisse zwischen den einzelnen Staaten. Nutze den Text auf den Seiten 53–55 und die Karte M1.

c) Trage die Ergebnisse in deiner Lerngruppe vor oder erläutere sie deinem Lernpartner oder deiner Lernpartnerin.

M1, Text auf den Seiten 53–55

M 2 Der Wiener Kongress

Holzstich nach einer Kreidezeichnung von Jean-Baptiste Isabey, um 1880.

Der Pariser Hofkünstler Jean Baptiste Isabey (1767–1855) war mit der französischen Delegation nach Wien gekommen. Dort fertigte er 23 Portraits von wichtigen Kongressteilnehmern an. Diese Portraits bildeten die Grundlage für ein Ölgemälde, nach dessen Vorlage der oben gezeigte Holzstich angefertigt wurde.

1 Karl August von Hardenberg (Preußen)

2 Klemens Wenzel Lothar v. Metternich (Österreich)

3 Karl Robert von Nesselrode (Russland)

4 Robert Stewart, Viscount Castlereagh (England)

5 Charles-Maurice de Talleyrand (Frankreich)

Info

Bilder von Konferenzen

Heutzutage stellen sich Regierungschefs zu Beginn oder am Ende einer Konferenz zu einem Gruppenfoto auf. Im 19. Jahrhundert, als die Fotografie noch nicht erfunden war oder noch in den Anfängen steckte, erhielten dagegen Künstler den Auftrag, wichtige Konferenzen im Bild darzustellen. Oft waren sie selbst bei dem Ereignis gar nicht anwesend, oder die Bilder wurden mit größerem zeitlichen Abstand angefertigt. Ob ein Ereignis, z. B. ein bedeutendes politisches Zusammenreffen, sich tatsächlich so abgespielt hat, wie der Künstler es darstellte, ist zu hinterfragen. Das Ergebnis waren dennoch Bilder mit besonderer Aussage und großer Symbolkraft.

Eine internationale Konferenz

Mit dem Sturz Napoleons bot sich die Chance auf eine dauerhafte Friedensregelung für Europa. Die siegreiche Allianz aus England, Russland, Österreich und Preußen ließ das unterlegene Frankreich als Großmacht fortbestehen: Trotz ihrer eigenen Machtinteressen verloren die Herrscher den Gesichtspunkt des europäischen Gleichgewichts nicht aus den Augen. Die Neuordnung Europas wurde auf dem Wiener Kongress vollzogen, der von September 1814 bis Juni 1815 in der prachtvollen Hauptstadt des österreichischen Kaiserreichs stattfand. Welche Gestalt sollte Deutschland im Zentrum Europas erhalten? Welche Ordnung sollte fortan herrschen und welche Grundsätze sollten gelten?

WES-115614-201 Hörszene zum Wiener Kongress

M 3 **Fürst von Metternich (1773–1859)**
Gemälde von Thomas Lawrence, 1815

Grundsätze der Neuordnung

Dass die meist in Einzelgesprächen geführte Konferenz wichtige Ergebnisse erzielen konnte, lag vor allem am österreichischen Staatskanzler Fürst Metternich (1773–1859). Metternich wollte eine „Restauration“ in Politik und Gesellschaft, also eine weitgehende Wiederherstellung der alten, vorrevolutionären Verhältnisse, welche in Europa durch die Französische Revolution infrage gestellt worden waren.

Ein weiterer Grundsatz seiner Politik war die „Legitimität“ der Herrschaft: Metternich ging davon aus, dass nur diejenige Herrschaft legitim (rechtmäßig) wäre, die sich auf die alten, fürstlichen Familien stützte. Er vertrat damit die Idee des Gottesgnadentums.

Darüber hinaus waren sich die Kongressteilnehmer einig in ihrem Kampf gegen alle Bestrebungen, die auf politische Freiheit und auf nationale Einheit zielten. Der Grundsatz, nach dem die Herrscher sich wechselseitig verpflichteten, überall gegen revolutionäre Bestrebungen vorzugehen, wird als „Solidarität“ bezeichnet.

Die Umsetzung der Neuordnung

Die drei Grundsätze „Restauration“, „Legitimität“ und „Solidarität“ wurden aber nicht vollständig umgesetzt – die Veränderungen, die in Europa seit 1789 stattgefunden hatten, waren zu tiefgreifend. Dies galt sowohl für die territorialen Gegebenheiten als auch für die Regierungsformen. Nur dort, wo ein Fürst über die nötige Macht verfügte, ließ sich auch wieder eine absolute Regierung aufrichten.

Das wichtigste Ziel des Wiener Kongresses bestand darin, ein politisches Gleichgewicht in Europa herzustellen. Da hierfür politisch überlebensfähige Staaten unabdingbar waren, durften Bayern, Württemberg und Baden ihre territoria-

M 4 **„Heilige Allianz“**
Vor einer gotischen Fassade vereinigen sich die drei Monarchen Zar Alexander I., Franz I. von Österreich und Friedrich Wilhelm III. von Preußen, Gemälde (Ausschnitt) von Heinrich Olivier, 1815.

len Gewinne weitgehend behalten. Preußen gewann Teile Sachsens und große Gebiete am Rhein hinzu. Österreich erhielt Gebiete in Norditalien, verzichtete aber auf Besitzungen in Südwestdeutschland. Russland erhielt Teile Polens, die man als „Kongresspolen“ bezeichnete, da der Wiener Kongress dieses Gebilde geschaffen hatte. Ein eigenständiger Staat Polen existierte somit auch weiterhin nicht.

Die „Heilige Allianz“

Um ihrem Kampf gegen die Ideale der Französischen Revolution Ausdruck zu verleihen, schlossen der preußische König, der österreichische Kaiser und der russische Zar die sogenannte „Heilige Allianz“. Sie verpflichteten sich zu gegenseitigem Beistand im Falle revolutionärer Erhebungen. Diesem Bündnis traten nach und nach die meisten europäischen Herrscher bei.

Der Deutsche Bund

Entsprechend den Grundsätzen des Wiener Kongresses entstand kein deutscher Nationalstaat, den sich viele erhofft hatten, sondern nur ein lockerer Zusammenschluss unter der Bezeichnung Deutscher Bund. Dieser Staatenbund von 35 Fürsten und vier Freien Städten besaß keine zentrale Regierungsgewalt. Sein einziges Organ war der Bundestag in Frankfurt, ein Gesandtenkongress, der die Politik koordinieren sollte. Die einzelnen Staaten waren grundsätzlich gleichberechtigt und blieben souverän, mussten also keine Rechte an eine übergeordnete Instanz abgeben.

Preußen und Österreich gehörten allerdings nur mit einem Teil ihres Gebietes dem Bund an. Zudem waren auch der König von England für Hannover, der König von Dänemark als Landesherr in Holstein und der König der Niederlande als Regent in Luxemburg Mitglieder im Deutschen Bund.

Mehr als dieses Bündnis war aufgrund der beginnenden Rivalität zwischen Preußen und Österreich und wegen des Widerstands der süddeutschen Staaten nicht möglich. Zudem hätte ein deutscher Nationalstaat in der Mitte Europas das mühsam erreichte Machtgleichgewicht empfindlich gestört.

Trotz aller berechtigten Kritik an der Neuordnung ist festzuhalten, dass der Deutsche Bund den Föderalismus, das heißt die Eigenständigkeit der einzelnen deutschen Staaten, festigte, und dass Europa in der Folgezeit eine außergewöhnlich lange Friedenszeit erlebte.

Aufgaben

1. **Die Beschlüsse des Wiener Kongresses**
   a) Erläutere die politischen Grundsätze, die den Wiener Kongress leiteten.
   b) Beschreibe die Veränderung der Machtverhältnisse durch den Wiener Kongress.
   c) Nimm zu folgender Auffassung Stellung: Der Wiener Kongress war erfolgreich.
   → Text auf den Seiten 53–55

2. **Der Wiener Kongress – Ein Bild analysieren – Zusatzaufgabe**
   a) Beschreibe das Konferenzbild M2. Nutze dazu auch die Erläuterungen im Info-Kasten auf Seite 53.
   b) Stelle Vermutungen über die Botschaft bzw. Aussageabsicht des Gemäldes an. Begründe deine Ergebnisse mit einzelnen Bildelementen.
   → M2, Text auf den Seiten 53–55

Wartburgfest und Deutsche Burschenschaft

Am 18. Oktober 1817 versammelten sich Hunderte Studenten verschiedener deutscher Universitäten auf der Wartburg bei Eisenach zu einer politischen Kundgebung. Wer waren diese jungen Menschen, worum ging es ihnen und was konnten sie erreichen?

M 1 Wartburgfest am 18. und 19. Oktober 1817
Zeitgenössischer Holzstich

Aufgaben

1. Das Wartburgfest – Ein Bild analysieren
   a) Beschreibe die in M1 dargestellte Szene und schildere die Atmosphäre.
   b) Informiere dich mithilfe des Textes über das Ereignis. Erläutere kurz den Ablauf und die Bedeutung des Festes. Erkläre insbesondere, warum das Fest auf der Wartburg sowie zu dem angegebenen Datum stattfand.
   c) Untersuche, welche Einstellung gegenüber dem Ereignis auf dem Bild M1 zum Ausdruck kommt.
   → M1, Text auf Seite 57

2. Die Folgen
   a) Stelle dar, welche Folgen das Wartburgfest hatte.
   b) Beurteile die Reaktion der Obrigkeit.
   → Text auf Seite 57

3. Burschenschaften
   a) Erkläre den Begriff „Burschenschaft“.
   b) Informiere dich, ob es heute noch Burschenschaften gibt, welche Ziele sie verfolgen und welche Rolle sie in der Gesellschaft spielen.
   → Text und Infokasten auf Seite 57, Internet

Das nicht eingelöste Verfassungsversprechen

Zwar sah Artikel 13 der Bundesakte für alle Staaten des Deutschen Bundes „landständische" Verfassungen vor, jedoch war nicht festgelegt worden, was dies konkret bedeuten sollte. Zudem waren die Fürsten nicht bereit, ihre Macht von gewählten Volksvertretern einschränken zu lassen. Immerhin erließen einige deutsche Fürsten in ihren Ländern Verfassungen, zum Beispiel 1816 der Herzog von Sachsen-Weimar, unter dem Johann Wolfgang von Goethe ein Ministeramt bekleidete, oder der König von Bayern, der 1818 eine „Verfassungsurkunde" ausstellte. Preußen und Österreich als größte deutsche Staaten ließen hingegen bis 1848 keine Verfassungen zu.

Ein nationales Fest auf der Wartburg

Für den 18. und 19. Oktober 1817 lud die Jenaer Burschenschaft Gleichgesinnte aus ganz Deutschland zu einem Fest auf die Wartburg ein. Datum und Ort des geplanten Treffens waren sorgfältig ausgewählt worden: Am 18. Oktober jährte sich der Sieg der Verbündeten über Napoleon in der Völkerschlacht bei Leipzig zum vierten Mal. Zudem waren 1817 genau 300 Jahre vergangen, seit Martin Luther mit seinem Thesenanschlag in Wittenberg die Reformation eingeleitet hatte. 1521 hatte Luther auf der Wartburg Zuflucht gefunden und das Neue Testament ins Deutsche übersetzt. Der Reformator galt als Vorkämpfer nationaler Einheit.

Annähernd 500 Teilnehmer aus elf Universitäten kamen auf der Wartburg zusammen. Der französische Historiker Etienne François beschreibt die Vorgänge folgendermaßen: „Alle zogen am Vormittag des 18. Oktober 1817 nach oben auf den Berg, und das war eine Art von säkularer (weltlicher) Prozession, es gab auch eine große Fahne. Und diese Fahne war eine schwarz-rote Fahne, und an den Seiten waren goldene Fäden. Das war im Grunde die erste Vorform der modernen deutschen Fahne." Während der Feier wurden zahlreiche patriotische Reden gehalten. Die Studenten – Frauen waren damals noch nicht an den Universitäten zugelassen – forderten bürgerliche Freiheitsrechte und ein vereintes Deutschland anstelle des Deutschen Bundes mit seinen zahllosen Kleinstaaten. Am Abend entzündeten die Studenten dann ein Feuer und verbrannten symbolisch als „undeutsch" und „reaktionär" bezeichnete Schriften, darunter auch Bücher wie der von Napoleon eingeführte „Code civil", der den Studenten als Inbegriff der Fremdherrschaft galt, und die „Germanomania" des Berliner jüdischen Philosophen Saul Ascher (1767–1822), der sich kritisch über deutschnationale Schriftsteller geäußert hatte. Zudem verbrannten die Studenten Symbole von Obrigkeitsstaat und Reaktion wie militärische Gegenstände, einen Zopf oder Uniformstücke, um gegen Fürstenwillkür zu protestieren.

Die Obrigkeit greift durch

Während das Wartburgfest von den teilnehmenden Studenten als Akt des Aufbegehrens und als ein Fanal (weithin sichtbares Zeichen) der Freiheit angesehen wurde, sahen die staatlichen Mächte darin „revolutionäre Umtriebe", die die herrschenden Zustände in Deutschland infrage stellten. Entsprechend handelten die Polizeibehörden in den führenden Staaten des Deutschen Bundes: In Preußen und Österreich wurden Teilnehmer des Wartburgfestes verhört, Polizeiakten wurden angelegt. Zwei Jahre später wurden die studentischen Burschenschaften verboten, die Universitäten überwacht und Hunderte von Studenten verhaftet oder von den Hochschulen entfernt.

M 2 Wartburgfest

Beim Wartburgfest verbrennen Studenten u. a. die Wiener Bundesakte und den Schnürleib einer preußischen Ulanenuniform.

Info

Die Burschenschaft

Viele der Studenten, die als Freiwillige gedient und gegen Napoleon gekämpft hatten, waren nach dem Wiener Kongress bitter enttäuscht: Der erhoffte deutsche Einheitsstaat war nicht Wirklichkeit geworden, die erwarteten Verfassungsreformen waren ausblieben und die Obrigkeit verweigerte die Gewährleistung von Meinungs-, Presse- und Versammlungsfreiheit.

Als Reaktion darauf gründeten Studenten in der Universitätsstadt Jena 1815 die erste deutsche Burschenschaft. Diese verstand sich, getreu ihrem Motto „Ehre, Freiheit, Vaterland", als Zusammenschluss freiheitlich gesinnter Patrioten mit einer betont deutschnationalen Ausrichtung. Am 18. Oktober 1818, auf den Tag genau ein Jahr nach dem Wartburgfest, versammelten sich in Jena Studenten von 14 Universitäten und schlossen sich zur „Allgemeinen Deutschen Burschenschaft" zusammen.

Die Karlsbader Beschlüsse

„Der Denker-Club", so lautet der Titel einer bissigen Karikatur, in der ein unbekannter Zeichner um 1820 seinen Zeitgenossen eine merkwürdige Männerrunde vorstellt. Trugen die Menschen damals wirklich einen Maulkorb? Worauf spielt der Zeichner an? Was war das für eine „neue deutsche Gesellschaft", der der Karikaturist mit seiner satirischen Zeichnung einen Spiegel vorhalten wollte? Und was steckte hinter alldem?

M 1 **Der Denker-Club,** anonyme Karikatur, um 1820

Aufgaben

1. Reaktion in Deutschland – Eine Karikatur erschließen

a) Entziffere die Aufschriften der Karikatur „Der Denker-Club" (M1) und erkläre deren Bedeutung.

b) Vergleiche die Aussage der Texttafeln in der Karikatur mit dem Verhalten und den Gesten der Clubmitglieder.

c) Formuliere in einem Satz die Grundaussage der Karikatur.

→ M1

2. Meinungs- und Pressefreiheit heute – Medienbildung

a) Heute regelt der Artikel 5 des Grundgesetzes (M3) die Meinungs- und Pressefreiheit in der Bundesrepublik. Erläutere im Einzelnen die Bestimmungen des Artikels 5.

b) Bewerte die Bedeutung der Meinungsfreiheit als Wert für eine freiheitliche Lebensgestaltung.

→ M3

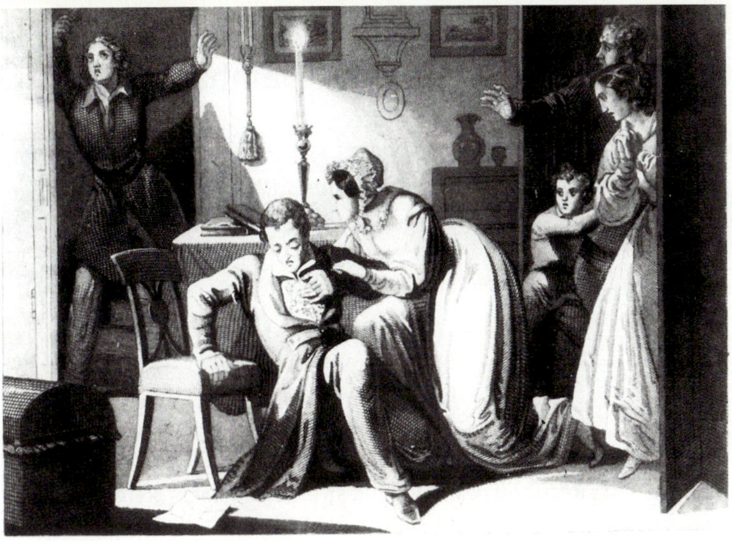

M 2 Attentat auf August von Kotzebue am 23. März 1819

Der Dramatiker und konservative Politiker August von Kotzebue (geb. 1761) hatte sich in seinem reaktionären „Literarischen Wochenblatt" abfällig über die Burschenschaften geäußert, zeitgenössische Lithografie (Ausschnitt) in einer Beilage zum Bundeslied der Jenaer Burschenschaft.

Ein politischer Mord und die Folgen

Am 23. März 1819 erstach der Theologiestudent Carl Ludwig Sand den Schriftsteller August von Kotzebue in dessen Wohnung in Mannheim. Für Sand war der als Gegner revolutionärer Bestrebungen bekannte Kotzebue ein „russischer Spion und Vaterlandsverräter", dessen Tod den Weg für Deutschlands Einheit und Freiheit ebnen sollte. Das Attentat entzweite die Zeitgenossen: Den einen galt der für den Mord hingerichtete Sand als Symbolfigur der Nationalbewegung, die die politische Einheit Deutschlands forderte. Für andere war Sand ein Mörder und Umstürzler, der die auf dem Wiener Kongress beschlossene Ordnung zerstören wollte.

Nach dem Wiener Kongress wurde immer deutlicher, dass sich die Erwartungen auf Gewährung von Freiheitsrechten wie Presse- oder Versammlungsfreiheit und auf politische Mitbestimmung nicht erfüllten. Aus Enttäuschung über den Deutschen Bund machten vor allem Studenten Front gegen die Restauration und das sogenannte „System Metternich". Ihre politische Einstellung war durch die Befreiungskriege gegen Napoleon geprägt. Da sie sich als Deutsche fühlten und vom Gedanken des Nationalismus erfüllt waren, schlossen sie sich als nationale „Deutsche Burschenschaft" zusammen.

Die Karlsbader Beschlüsse

Der Mord an Kotzebue bot dem österreichischen Staatskanzler Metternich die Gelegenheit zur systematischen Überwachung und Verfolgung nationaler und liberaler Bestrebungen. Bürger, die Freiheitsrechte und Mitbestimmung forderten, galten als Vertreter des Liberalismus, was vom lateinischen Wort „liber" (= frei) abgeleitet ist. Hierzu zählten vor allem Studenten, Professoren, Journalisten und Schriftsteller.

Metternich berief noch im selben Jahr die Karlsbader Konferenzen ein. Hier wurden Beschlüsse gefasst (Karlsbader Beschlüsse), die für den ganzen Deutschen Bund Gültigkeit hatten und alle liberalen und nationalen Bestrebungen unterdrückten. Betroffen waren vor allem Universitäten, Professoren und Studenten, denn die Freiheit der Lehre wurde eingeschränkt. Die Burschenschaften und die von Friedrich Ludwig Jahn (1778–1852) angeregten, national eingestellten „Turnvereine" wurden verboten, Presse und Bücher unterlagen der Zensur. Oppositionelle verunglimpfte man als „Demagogen", also als Volksverhetzer. Umgekehrt wurden die regierenden Fürsten und andere antidemokratische Kräfte als „Reaktionäre" bezeichnet.

M 3 Grundgesetz der Bundesrepublik

Art 5

(1) Jeder hat das Recht, seine Meinung in Wort, Schrift und Bild frei zu äußern und zu verbreiten und sich aus allgemein zugänglichen Quellen ungehindert zu unterrichten. Die Pressefreiheit und die Freiheit der Berichterstattung durch Rundfunk und Film werden gewährleistet. Eine Zensur findet nicht statt.

(2) Diese Rechte finden ihre Schranken in den Vorschriften der allgemeinen Gesetze, den gesetzlichen Bestimmungen zum Schutze der Jugend und in dem Recht der persönlichen Ehre. [...]

https://www.gesetze-im-internet.de/gg/BJNR000010949.html [letzter Zugriff: 17.03.2022].

Auf dem Weg zur Revolution – Das Hambacher Fest

Am 27. Mai 1832 versammelten sich über 30 000 Bürger, Arbeiter und Bauern an der Ruine des Schlosses Hambach im heutigen Bundesland Rheinland-Pfalz. Was war das Ziel dieser Versammlung? Eine damals gehaltene Rede gibt Auskunft.

M 1 Das Hambacher Fest

Aus der Festrede des demokratischen Publizisten Johann Georg August Wirth vom 27. Mai 1832 auf dem Hambacher Schloss:

Das Land, das unsere Sprache spricht, das Land, wo unsere Hoffnung wohnt, wo unsere Liebe schwelgt, wo unsere Freuden blühen, das Land, wo das Geheimnis aller unserer Sympathien und all unserer Sehnsucht ruht, dieses schöne Land wird verwüstet und geplündert, zerrissen und entnervt, geknebelt und entehrt. Reich an allen Hilfsquellen der Natur, sollte es für alle seine Kinder die Wohnung der Freude und der Zufriedenheit sein, allein ausgesogen von 34 Potentaten, ist es für die Mehrzahl seiner Bewohner der Aufenthalt des Hungers, des Jammers und des Elends. [...]
Die Ursache der namenlosen Leiden der europäischen Völker liegt einzig und allein darin, dass die Herzöge von Österreich und die Kurfürsten von Brandenburg den größten Teil von Deutschland an sich gerissen haben und unter dem Titel der Kaiser von Österreich und der Könige von Preußen nicht nur ihre eigenen Länder nach orientalischen Formen beherrschen und deren Kräfte zur Unterdrückung der Freiheit und Volkshoheit der europäischen Nationen verwenden, sondern auch ihr Übergewicht über die kleineren Länder Deutschlands benützen, um auch die Kräfte dieser dem Systeme fürstlicher Alleinherrschaft und despotischer Gewalt dienstbar zu machen.
Bei jeder Bewegung eines Volkes, welche die Erringung der Freiheit und einer vernünftigen Staatsverfassung zum Ziel hat, sind die Könige von Preußen und Österreich durch Gleichheit der Zwecke, Gesinnungen und Interessen an Russland geknüpft, und so entsteht jener furchtbare Bund, der die Freiheit der Völker bisher immer noch zu töten vermochte. [...]
In dem Augenblick, wo die deutsche Volkshoheit in ihr gutes Recht eingesetzt sein wird, in dem Augenblick ist der innigste Völkerbund geschlossen, denn das Volk liebt, wo Könige hassen, das Volk verteidigt, wo die Könige verfolgen, das Volk gönnt das, was es selbst mit seinem Herzblut zu erringen trachtet, und, was ihm das Teuerste ist, die Freiheit, Aufklärung, Nationalität und Volkshoheit, auch dem Brudervolk: Das deutsche Volk gönnt daher diese hohen, unschätzbaren Güter auch seinen Brüdern in Polen, Ungarn, Italien und Spanien.
Wenn also das deutsche Geld und das deutsche Blut nicht mehr den Befehlen der Herzöge von Österreich und der Kurfürsten von Brandenburg, sondern der Verfügung des Volkes unterworfen sind, so werden Polen, Ungarn und Italien frei, weil Russland dann der Ohnmacht verfallen ist und sonst keine Macht mehr besteht, welche zu einem Kreuzzug gegen die Freiheit der Völker verwendet werden könnte.

Zit. n.: Wolfgang Hardtwig/Helmut Hinze (Hg.), Deutsche Geschichte in Quellen und Darstellung Bd. 7: Vom Deutschen Bund zum Kaiserreich 1815–1871, Stuttgart: Reclam 1997, S. 95ff.

Aufgaben

1. Das Hambacher Fest – Eine Rede untersuchen
Untersuche,
a) wie Wirth (M1) die Lage Deutschlands beurteilte,
b) welche Ursachen er für die Lage verantwortlich machte,
c) welche neue politische Ordnung Johann Georg Wirth forderte und wie diese genau aussehen sollte.
→ M1

2. Auf dem Weg zur Revolution
a) Erläutere die Bedeutung des Hambacher Fests für die Entwicklung des Nationalstaatsgedankens.
b) Informiere dich über das Wirken von Johann Georg August Wirth und Jakob Siebenpfeiffer und berichte über deine Ergebnisse.
c) **Zusatzaufgabe:** Vergleiche die Zielsetzung des Hambacher Festes und des Wartburgfests.
→ Text auf Seite 60; Seite 56/57 zum Wartburgfest

M 2 Zug zum Hambacher Fest

Anonymer kolorierter Stich, 1832.

Die Farben der schwarz-rot-goldenen Flagge werden mit den Uniformfarben des Lützow'schen Freikorps während der Befreiungskriege in Zusammenhang gebracht. Die Lützow'schen Jäger trugen einen schwarzen Rock mit roten Säumen und goldenen Knöpfen. Auf dem Wartburgfest 1817 dienten diese Farben als Erkennungszeichen der deutschen Burschenschaft. Im Revolutionsjahr 1848 bestimmte die Frankfurter Nationalversammlung Schwarz-Rot-Gold zur Fahne des Deutschen Bundes.

Das Hambacher Fest

Hambach lag in der Rheinpfalz, die erst durch den Wiener Kongress an Bayern gefallen war. Über ein Jahrzehnt hatte die Region zur Französischen Republik gehört, sodass die Bevölkerung mit politischen Freiheitsrechten vertraut war. Die bayerische Verfassung entsprach daher nicht den Vorstellungen der Einwohner. Als im April 1832 in einigen Blättern Aufrufe zu einer Verfassungsfeier am Hambacher Schloss erschienen, nutzten die liberalen Journalisten Johann Georg August August Wirth (1798–1848) und Jakob Siebenpfeiffer (1789–1845) die Gelegenheit, um zu einer Gegenveranstaltung aufzurufen. Sie luden in Flugblättern zu einem Volksfest „Der deutsche Mai“ ein. Aus Angst vor revolutionären Umtrieben zunächst verboten, ließ die Obrigkeit dieses Fest schließlich doch zu. Wie befürchtet, entwickelte sich die Veranstaltung zu einer Demonstration: Um die Verbundenheit mit den polnischen Aufständischen des Jahres 1830 zu zeigen, hissten die Teilnehmer die polnische Flagge. Auch zogen sie die schwarz-rot-goldene Fahne auf und forderten die Gründung eines deutschen Nationalstaates. Dieser sollte auf Volkssouveränität und auf einer Verfassung basieren und in ein friedliches und geeintes Europa eingebettet sein. Aus Angst vor einer revolutionären Bewegung reagierten die deutschen Staaten auf das Hambacher Fest äußerst scharf, indem sie alle tatsächlichen oder vermeintlichen Anhänger der liberalen Nationalbewegung rigoros verfolgten.

Nationale Symbole – Nationalhymne und Bundesflagge

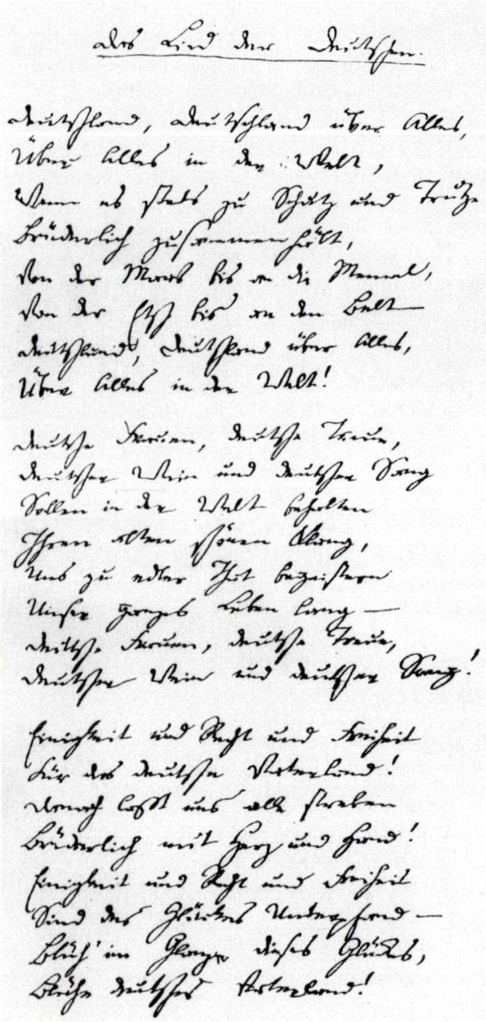

M 1 Das Lied der Deutschen

Faksimile mit Handschrift von Heinrich Hoffmann von Fallersleben, 1841

M 2 Das Lied der Deutschen

Heinrich Hoffmann von Fallersleben (1798–1874) dichtete das „Lied der Deutschen" 1841:

Deutschland, Deutschland über alles,
über alles in der Welt,
Wenn es stets zu Schutz und Trutze
brüderlich zusammenhält.
Von der Maas bis an die Memel,
von der Etsch bis an den Belt:
Deutschland, Deutschland über alles,
über alles in der Welt!

Deutsche Frauen, deutsche Treue,
deutscher Wein und deutscher Sang
Sollen in der Welt behalten
ihren alten schönen Klang.
Uns zu edler Tat begeistern,
unser ganzes Leben lang:
Deutsche Frauen, deutsche Treue,
deutscher Wein und deutscher Sang!

Einigkeit und Recht und Freiheit
für das deutsche Vaterland!
Danach lasst uns alle streben
brüderlich mit Herz und Hand!
Einigkeit und Recht und Freiheit
sind des Glückes Unterpfand:
Blüh' im Glanze dieses Glückes,
blühe, deutsches Vaterland!

Hoffmann von Fallersleben, Werke. Erster Teil: Lyrische Gedichte, Berlin/Leipzig/Wien/Stuttgart: Deutsches Verlagshaus Bong & Co. 1912, S. 275

Aufgaben

1. Nationalsymbole verstehen

a) Fasse den Inhalt der drei Strophen des „Liedes der Deutschen" (M2) mit eigenen Worten zusammen.

b) Welche Vorstellungen von Deutschland und den Deutschen vermittelt Hoffmann von Fallersleben in seinem Lied? Belege deine Auffassung mit geeigneten Textstellen.

c) Hoffmann von Fallersleben vertritt in seinem „Lied der Deutschen" nationale und liberale Vorstellungen und Zielsetzungen. Belege dies anhand des Textes der drei Strophen.

d) Erläutere die Gründe dafür, dass heute nur noch die dritte Strophe des „Liedes der Deutschen" bei offiziellen Anlässen gesungen wird.

e) Erläutere die Stationen der Geschichte der deutschen Farben Schwarz-Rot-Gold.

f) Erkläre folgenden Satz: Gerade für die Bundesrepublik war es wichtig, sich bei der Flaggenwahl auf demokratische Traditionen zu beziehen.

→ M1–M2, Infokästen auf Seite 63

M 3 **Heinrich Hoffmann von Fallersleben**

Zeichnung, 1841

Biografie

Heinrich Hoffmann von Fallersleben (1798–1874)

August Heinrich Hoffmann, der sich seit seiner Studentenzeit „von Fallersleben" nannte, wurde 1798 als Sohn eines Gastwirts in Fallersleben geboren. Nach der Schulausbildung studierte Hoffmann Klassische Philologie, Archäologie sowie Deutsche Sprache und Literatur. Während des Studiums schloss er sich der Burschenschaft an. 1830 zum außerordentlichen Professor für Deutsche Sprache und Literatur an der Universität Breslau ernannt, publizierte Hoffmann kritische Gedichte zur politischen und gesellschaftlichen Lage in Deutschland. Sein „Unpolitische Lieder" betiteltes Buch hatte einen beachtlichen Erfolg.

Aufgrund seiner politischen Einstellung wurde Hoffmann 1842 als Professor entlassen und in Preußen und Hannover polizeilich verfolgt. Politische Tätigkeiten im Rahmen der Märzrevolution 1848 lehnte er ab. Erst 1848 wurde er rehabilitiert. Nach einem Aufenthalt in Weimar nahm er schließlich eine Anstellung als Bibliothekar in der Schlossbibliothek von Corvey bei Höxter an, die er bis zu seinem Tod am 18. Januar 1874 ausübte.

Heute ist Hoffmann hauptsächlich für sein „Lied der Deutschen" bekannt, das am 26. August 1841 auf der damals zu Großbritannien gehörenden Insel Helgoland entstanden ist. Noch im selben Jahr wurde es veröffentlicht und mit der Melodie der „Kaiserhymne" Joseph Haydns kombiniert. 1922 erklärte Friedrich Ebert (1871–1925), der sozialdemokratische Präsident der Weimarer Republik, das Lied zur deutschen Nationalhymne. Erst 1952 wird in der Bundesrepublik Deutschland das ganze Lied erneut zur Hymne erklärt, aber nur die dritte Strophe gesungen. In der DDR gab es eine andere Hymne. Nach der Wiedervereinigung 1990 wurde die dritte Strophe zur Nationalhymne erklärt.

Info

Die Bundesflagge

Die Flaggenfarben Schwarz-Rot-Gold sind im Grundgesetz der Bundesrepublik Deutschland festgeschrieben. Historisch gesichert ist die Verwendung dieses Farbschemas seit den Kriegen gegen das napoleonische-Frankreich (1813–1815). Es wird auf die Uniformen des damals äußerst populären „Lützowschen Freikorps" zurückgeführt; hierbei handelte es sich um eine Freiwilligentruppe, die schwarze Uniformen mit roten Verzierungen an den Stoffkanten und goldfarbenen Messingknöpfen trug. Die Burschenschaften nahmen das Farbschema als Symbol für ihre Forderung nach nationaler Einheit auf. Beim Hambacher Fest 1832 wurde die schwarz-rot-goldene Flagge als Zeichen für Einheit und politische Freiheit mitgeführt. Die Frankfurter Nationalversammlung erklärte Schwarz-Rot-Gold zu den offiziellen Reichsfarben. Dem folgte auch 1919 die Verfassung der Weimarer Republik. Schwarz-Rot-Gold gilt heute als Symbol für die demokratischen Traditionen in Deutschland.

Die Revolution von 1848/49 – Der Ausbruch der Revolution

Die vom Mitorganisator des Hambacher Festes Johann Georg Wirth herausgegebene Zeitschrift „Deutsche Tribüne" prophezeite 1832, dass bis zum Jahr 1850 ein Kampf zwischen Reaktion und Liberalismus stattfinden werde: „1819: untätiges Murren; 1832: Widerstand; 1840 oder 1850: Sieg. So wird es kommen!" Und tatsächlich brachen 1848 in Deutschland revolutionäre Unruhen aus.

M 1 Die Ereignisse in Berlin
am 18. und 19. März 1848 sind in Bildern des zeitgenössischen „Neuruppiner Bilderbogens" festgehalten: Erster Angriff der Kavallerie auf das unbewaffnete Volk vor dem königlichen Schloss in Berlin

Aufgaben

1. Die Revolution beginnt
Schildere mithilfe der Bilder M1 – M3 aus dem Neuruppiner Bilderbogen die Stationen der Revolution in Berlin im März 1848.
↝ M1 – M3

2. Der Verlauf der Revolution
Erstelle mithilfe des Textes auf den Seiten 66 – 67 eine Zeitleiste zu den Ereignissen der Jahre 1848/49.
↝ Text auf den Seiten 66 – 67

M 2 **Barrikade**
in der Neuen Königs-Straße am 19. März 1848

M 3 **Der preußische König Friedrich Wilhelm IV.**
verkündet am 21. März 1848 in den Straßen seiner Hauptstadt die Einheit der deutschen Nation.

Info

Neuruppiner Bilderbogen

Benannt nach dem Herkunftsort Neuruppin, einer brandenburgischen Kleinstadt nördlich von Berlin, waren die gedruckten und kolorierten Bilderfolgen vor allem im 19. Jahrhundert in Deutschland beliebt und weit verbreitet. Als Massenmedium der damaligen Zeit vermittelten die Bilder einem breiten Publikum Informationen zu wichtigen Tagesereignissen.

WES-115614-202
Hörszene zum 18. März 1848

M 4 **Straßenschild am Brandenburger Tor in Berlin**
Aktuelles Foto

Der Ausbruch der Revolution

Missernten führten nach 1840 in ganz Europa zu Teuerung und Hungersnöten. Daraufhin ausbrechende Unruhen wurden von Polizei und Militär niedergeschlagen. In dieser explosiven Situation brach am 23. Februar 1848 in Paris ein großer Aufstand aus: Kleinbürger, Arbeiter und Bauern forderten das allgemeine Wahlrecht und stürmten das Schloss. „Bürgerkönig" Louis Philippe (1773–1850), der 1830 selbst durch eine Revolution an die Macht gelangt war, floh nach England. In Frankreich wurde die Republik ausgerufen und eine provisorische Regierung eingesetzt. Diese Nachricht verbreitete sich in ganz Europa.

Ein „heißer März"

Auch in Deutschland flammten überall Aufstände auf. Die Menschen forderten Freiheitsrechte, politische Mitwirkung und die schon 1815 zugesagten Verfassungen. In den deutschen Klein- und Mittelstaaten fanden im März Volksversammlungen und Demonstrationen statt. Die Fürsten reagierten hilflos und überrascht auf die sogenannten Märzforderungen und gaben nach: Fast ohne Gewalt und Blutvergießen wurden in vielen deutschen Staaten politische Ziele durchgesetzt, allerdings war Deutschland noch nicht geeint. Alles hing davon ab, ob sich die Revolution auch in Preußen und Österreich durchsetzen konnte.

Revolutionen in Europa

In Wien kam es am 13. März zu Unruhen mit Toten und Verletzten. Noch in der Nacht erklärte Metternich seinen Rücktritt und floh ins Londoner Exil. Am 15. März

M 5

ließ der Kaiser verkünden, dass die Zensur (das Verbot von Schriften) abgeschafft werde. Er versprach eine Verfassung, die Aufstellung einer Nationalgarde und die Einberufung einer Ständeversammlung aus allen Landesteilen der Habsburger Monarchie.

Am 16. März erreichte die Nachricht der Kapitulation der Wiener Regierung Berlin. Daraufhin brachen auch hier blutige Straßenkämpfe aus. Nach 254 Todesopfern – darunter acht Frauen und drei Kinder – lenkte König Friedrich Wilhelm IV. (1795–1861) ein. Der preußische Herrscher versprach, alle Forderungen der Aufständischen zu erfüllen, Preußen in einem geeinten Deutschland aufgehen zu lassen und selbst die politische Führung zu übernehmen.

Aber nicht nur im Deutschen Bund gärte es. Im Habsburgerreich erkannten vor allem die nichtdeutschen Nationalitäten in der Revolution die Chance auf Unabhängigkeit: Ungarn, Tschechen und Italiener erhoben sich gewaltsam gegen Habsburgs Herrschaft. Da die österreichische Monarchie damit erheblich gefährdet war, setzte der kaiserliche Hof das Militär ein. Mit Unterstützung des russischen Zaren wurden die Unabhängigkeitsbestrebungen zerschlagen.

Hier zeigt sich eine Besonderheit der Revolution von 1848: Die Monarchen wichen zwar zurück, jedoch gaben sie die militärische Gewalt nie aus der Hand. Den Revolutionären hingegen gelang es nicht, eine eigene Armee aufzubauen oder Unterstützung von außerhalb Deutschlands zu finden.

Auf dem Weg zu Verfassung und Nationalstaat

Anderes gelang jedoch durchaus: Ende März 1848 versammelten sich in Frankfurt am Main Abgeordnete aus den einzelnen Landtagen und weitere bekannte Politiker. In einer als „Vorparlament“ bezeichneten Versammlung beschlossen sie das Zusammentreten eines deutschen Nationalparlaments für den Mai 1848. Die Abgeordneten dafür wurden in allgemeinen, freien und gleichen Wahlen bestimmt.

M 6 Frankfurter Paulskirche

Am 30. März 1848 treffen sich die Delegierten zum Frankfurter „Vorparlament“ in der Paulskirche, Lithografie, um 1848.

Die Revolution von 1848/49 – Die Arbeit des Parlaments

Am 18. Mai 1848 kamen erstmals über 600 frei gewählte Vertreter des deutschen Volkes zu einem Parlament in der Frankfurter Paulskirche zusammen. Die Abgeordneten der Nationalversammlung standen vor einer Anzahl schwieriger Fragen. Zwei Hauptaufgaben waren zu bewältigen: die Erarbeitung einer Verfassung mit einem Katalog von Grundrechten und die Entscheidung über die zukünftige politische Gestalt Deutschlands.

M 1 **Nationalversammlung in der Frankfurter Paulskirche**
Lithografie nach einer Zeichnung von Fritz Bamberger, 1848

Aufgaben

1. **Die Nationalversammlung in der Frankfurter Paulskirche**
   Beschreibe und erläutere die auf der zeitgenössischen Bildquelle M1 dargestellte Szene in der Frankfurter Nationalversammlung. Gehe insbesondere ein auf
   - die Gestaltung des Raumes,
   - die verschiedenen Personengruppen,
   - die politischen Symbole.

   → M1
2. **Der weitere Verlauf der Revolution – Eine Zeitleiste**
   Ergänze die für das vorherige Teilkapitel angefertigte Zeitleiste mithilfe des Textes.

   → Text auf den Seiten 68–70

Die Anfänge politischer Parteien

Zunächst waren die Beratungen des Parlaments für drei bis vier Monate geplant. Das war angesichts der grundsätzlichen Fragen, die geklärt werden mussten, keine lange Dauer – selbst einfache Gesetze benötigen heute ein Vielfaches an Beratungszeit. Allerdings verfügten die wenigsten damaligen Abgeordneten über praktische politische Erfahrungen. Überdies stammten die Parlamentarier aus sehr unterschiedlichen gesellschaftlichen und staatlichen Traditionen.

Das Jahr 1848 gilt als wichtige Etappe für die Entwicklung politischer Parteien in Deutschland, da sich diese erstmals in den Debatten in der Paulskirche herausbildeten. Neben der Beschäftigung mit dem Text der Verfassung war es für die Politiker der Paulskirche ein wichtiges Anliegen, das Volk durch parlamentarische Reden aufzuklären, welche über die Zeitungen weite Verbreitung fanden.

Von der „großdeutschen" zur „kleindeutschen" Lösung

Dass die Nationalversammlung allerdings politisch ohnmächtig war, zeigte sich in Schleswig-Holstein: Im dänischen Lehen Schleswig hatte sich im Frühjahr 1848 eine provisorische Regierung gebildet, die in Opposition zur dänischen Herrschaft stand. Als es zum Krieg kam, musste die Frankfurter Nationalversammlung, welche über keine eigene Armee verfügte, die militärische Initiative Preußen überlassen. Im August 1848 stimmte die Nationalversammlung dann einem ohne ihre Mitwirkung ausgehandelten Waffenstillstand zu.

Ende Oktober 1848 geriet die Nationalversammlung weiter unter Druck: Nachdem kaiserliche Truppen einen neuen Aufstand in Wien niedergeschlagen hatten, stellte auch der preußische König Friedrich Wilhelm IV. die Herrschaft in seinem eigenen Land wieder her. Im Dezember 1848 erließ er eine Verfassung, die zwar einen Grundrechtekatalog besaß, nach der die letzte Entscheidungsgewalt jedoch weiterhin beim König lag.

Als besonders problematisch erwies sich die künftige Stellung Österreichs in einem geeinten Deutschland. Große Teile der Habsburger Monarchie gehörten nicht zum Deutschen Bund, sodass der Vielvölkerstaat hätte aufgelöst werden müssen. Andererseits war es nur schwer vorstellbar, auch Italiener, Kroaten, Ungarn und Tschechen in einen deutschen Nationalstaat mit einzubeziehen. Zwi-

M 2 Die klein- und großdeutsche Lösung entsprechend den Vorschlägen von 1848/49 im Vergleich

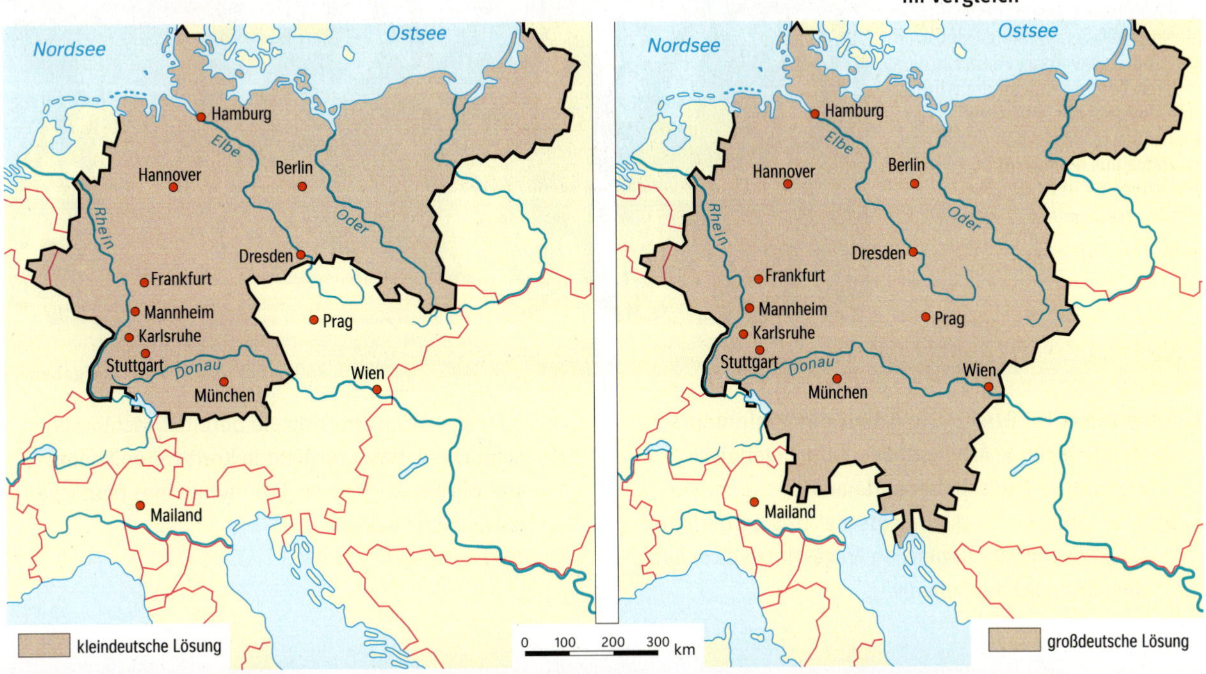

M 3 **Robert Blum (1807–1848)**
Aus Köln stammender Abgeordneter der Nationalversammlung, wurde beim Versuch, die österreichischen Revolutionäre vor Ort zu unterstützen, am 9. November 1848 von österreichischen Truppen erschossen, Porträt um 1845.

schen Befürwortern und Gegnern der als „großdeutsche Lösung“ bezeichneten Einbeziehung Österreichs gab es heftige Diskussionen. Nach dem Sieg der Gegenrevolution in Wien verlor die großdeutsche Idee an Ausstrahlung, zumal Österreich an einem ungeteilten Vielvölkerstaat festhielt. Die einzig mögliche Alternative schien vielen Parlamentariern nun nur noch die Zusammenarbeit mit Preußen. Die Beratungen über eine solche „kleindeutsche Lösung“ waren langwierig und ebenfalls von heftigen Auseinandersetzungen geprägt.

Die Verfassung von 1849

In der Schlusssitzung im März 1849 verabschiedeten die Parlamentarier eine Verfassung, die erstmals in der deutschen Geschichte sogenannte Bürgerrechte verankerte, welche sich auf das Verhältnis zwischen Bürger und Staat beziehen (u. a. Freiheit der Person, Gleichheit vor dem Gesetz). In derselben Sitzung setzten sich die Befürworter eines „kleindeutschen“ Kaiserreichs, also ohne Einbeziehung Österreichs, endgültig durch. Deutscher Kaiser und Staatsoberhaupt sollte der preußische König werden.

Entstanden war eine erstaunlich demokratische Verfassung, bei der sich das Volk, das hieß Männer ab 25 Jahren, durch allgemeine, gleiche und geheime Wahlen an der Politik beteiligen konnte. Der Grundrechtekatalog der Paulskirchenverfassung beeinflusste im Weiteren auch die demokratischen Verfassungen der Jahre 1919 und 1949.

Die Ablehnung der Kaiserkrone

Die Paulskirchenverfassung trat allerdings nie in Kraft, da der preußische König die von der Nationalversammlung angebotene Kaiserkrone im April 1849 ablehnte. Er berief sich dabei auf die fehlende Zustimmung der anderen deutschen Fürsten, erklärte aber in einem vertraulichen Brief, die Krone trage für ihn den „Ludergeruch der Revolution“ und sei „ein Reif aus Dreck und Letten (Lehm)“. Möglicherweise schreckte der König auch vor außenpolitischen Konsequenzen zurück, insbesondere vor Spannungen mit Österreich und dem absolutistischen Russland.

M 4 **Ablehnung der Krone**
Eine Abordnung der Frankfurter Nationalversammlung trägt am 3. April 1849 König Friedrich Wilhelm IV. von Preußen die Würde eines Kaisers der Deutschen an, zeitgenössischer kolorierter Holzstich aus dem Neuruppiner Bilderbogen (Ausschnitt).

Aufgaben

1. Revolution 1848/49 – Die Arbeit des Parlaments

a) Nenne wichtige Arbeitsthemen und Ergebnisse des Frankfurter Paulskirchenparlaments.

b) Erläutere die sog. „kleindeutsche“ bzw. „großdeutsche Lösung“ der deutschen Frage. Nutze dazu auch die Karten M2 auf Seite 69.

c) Erkläre, warum am Ende die bereits beschlossene deutsche Verfassung nicht in Kraft treten konnte und warum es nicht zur Gründung eines deutschen Nationalstaates kam.

↝ Text Seite 69–70

Zusatzmaterial: Die Ablehnung der Kaiserkrone – Mit einer Karikatur arbeiten

M 5 Ablehnung der Kaiserkrone

Borussia fragt Heinrich von Gagern: „Wat heulst'n, kleener Hampelmann?"

„Ick habe Ihr'n Kleenen 'ne Krone jeschnitzt, nu will er se nich!",

Karikatur von Ferdinand Schröder aus den „Düsseldorfer Monatsheften", 1849

Erläuterungen zur Karikatur:

Der **weinende Junge** links trägt die Gesichtszüge von Heinrich von Gagern, des Präsidenten der Frankfurter Nationalversammlung.

Bei der **Frauengestalt in der Bildmitte** handelt es sich um Borussia, die Verkörperung (Allegorie) und Schutzgöttin Preußens (Pickelhaube, preußischer Adler auf Wappenschild und Helm).

Der **kleine, dicke Junge** rechts im Bild, der mit einem Bären spielt, ähnelt mit seinen Gesichtszügen und in seiner Leibesfülle dem preußischen König Friedrich Wilhelm IV. (Pickelhaube).

Der **Bär mit der Peitsche** steht für das Russische Zarenreich, das als besonders despotisch uns politisch rückständig galt.

Die **kopflose Statue** verkörpert Germania bzw. den 1815 gegründeten Deutschen Bund (doppelköpfiger Adler auf dem Wappenschild), einen Staatenbund ohne eigenes Staatsoberhaupt.

Aufgaben

1. **Die Ablehnung der Kaiserkrone: Mit einer Karikatur arbeiten – Zusatzaufgabe:**
   Erschließe die Aussage der Karikatur M5,
   a) indem du zuerst mithilfe der Informationen am Bild die drei Personen historisch einordnest,
   b) indem du die kopflose Figur im Hintergrund deutest,
   c) indem du die verstreuten Objekte benennst.
   d) Formuliere abschließend mit eigenen Worten, wie der Zeichner das Paulskirchenparlament bewertet.
   → M5

Die Revolution von 1848/49 – Das Scheitern der Revolution

Wie endete die Revolution? Eine zeitgenössische Karikatur kommentiert den Fortgang der Revolution im Jahr 1849 kritisch.

M 1 „Die rote Monarchie"

Anonyme Karikatur, erschienen im Sommer/Herbst 1849 in der „Deutschen Reichs-Bremse"

Die Karikatur mit dem ironischen Titel „Die rote Monarchie" erschien nach der Niederschlagung des badischen Aufstandes durch die preußische Armee im Juli 1849 und zeigt den preußischen König Friedrich Wilhelm IV. auf seinem Thron.

Die „Deutsche Reichs-Bremse" war eine in den Jahren 1849/50 in Leipzig erscheinende satirische Zeitung. Der Titel nutzt den Begriff Bremse im Sinne eines lästigen, Blut saugenden Insekts.

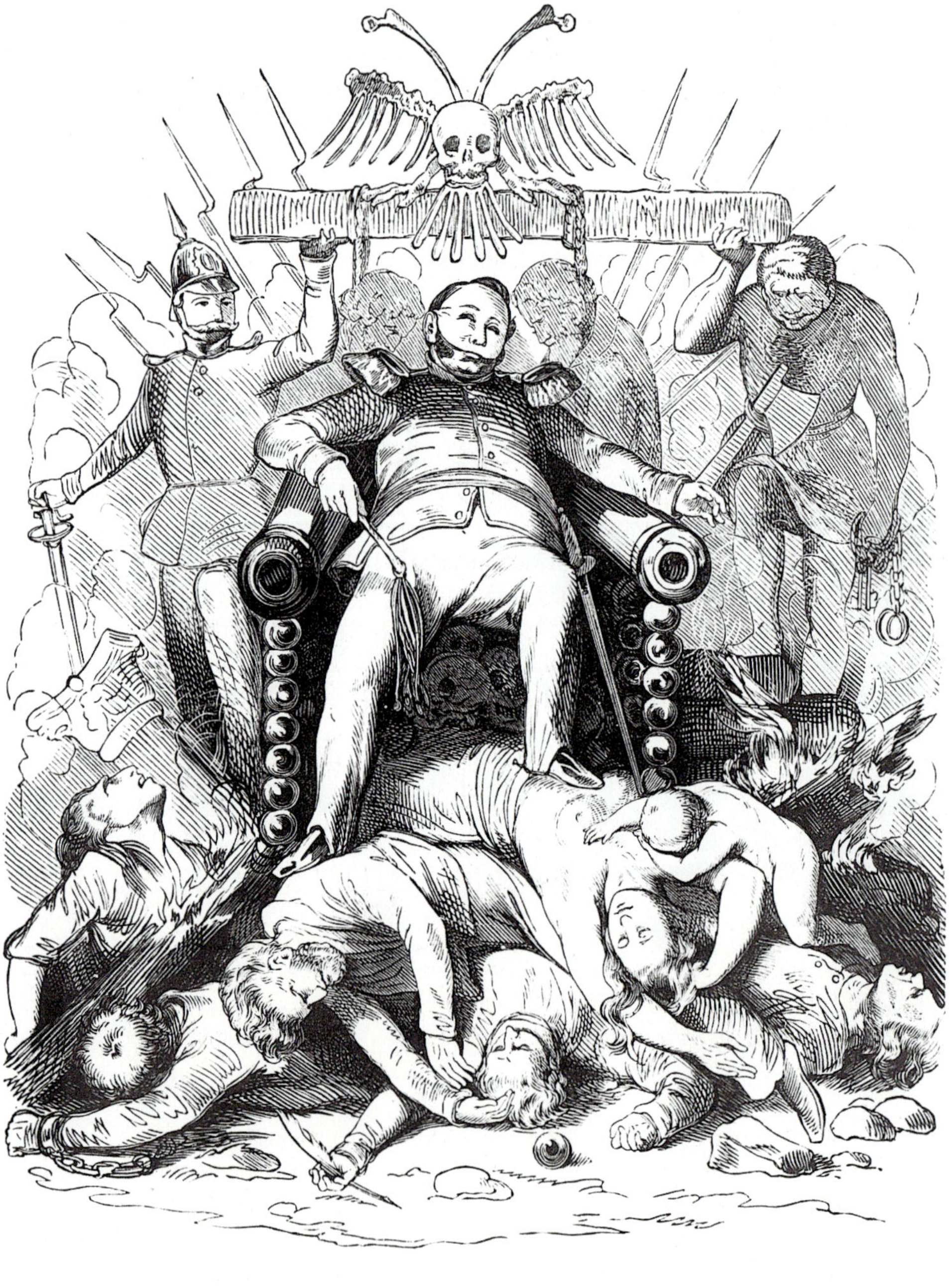

Aufgaben

1. Das Scheitern der Revolution
Untersuche die Karikatur „Die rote Monarchie".

Verwende dazu den Trainingskasten auf der Seite 73.
→ M1, Trainingskasten

Das Nachspiel

Nach der Ablehnung der Kaiserkrone durch den preußischen König löste sich die Nationalversammlung im April 1849 auf. Eine kleine Gruppe radikaler Demokraten bildete daraufhin in Stuttgart zwar ein „Rumpfparlament“, jedoch wurde dies schon im Juni 1849 vom württembergischen König gewaltsam aufgelöst.

In anderen Gegenden Deutschlands wie in Sachsen oder Baden kam es zu bewaffneten Aufständen, die militärisch niedergeschlagen wurden, obwohl die Revolutionäre in Baden sogar ein „Volksheer“ aufgestellt hatten. Nach der Erstürmung der Festung Rastatt durch preußische Truppen am 23. Juli 1849 wurden zahlreiche Aufständische standrechtlich erschossen. In Sachsen vertrieben die Dresdner kurzzeitig ihren König, der seine Rückkehr ebenfalls nur der preußischen Armee verdankte.

Die Enttäuschung des liberalen Bürgertums über die gescheiterte Revolution war groß, doch hatte sich der Wille des Volkes nach politischer Mitbestimmung und nationaler Einheit deutlich offenbart. Auf Dauer ließen sich diese Forderungen fortan nicht mehr unterdrücken.

Training

Umgang mit Karikaturen

Eine Karikatur ist ein zugespitzter gezeichneter Kommentar. Mit ihr nimmt der Karikaturist zu einem Zustand oder einem Geschehen, zu einem Problem oder einer Person kritisch Stellung. Zum Wesen von Karikaturen gehört es, dass sie den Gegenstand der Kritik überzeichnen, eine Person der Lächerlichkeit preisgeben, dass sie entlarvend, manchmal sogar verletzend sind.
Die Beschäftigung mit Karikaturen lässt sich im Grunde auf folgende Formel bringen: Wer sagt was, wann, zu wem, mit welchen Mitteln und mit welcher Wirkung?

Bei der Untersuchung von Karikaturen sind regelmäßig diese Aspekte von Interesse:

1. Urheber
Wer ist der Zeichner der Karikatur? Zu bedenken ist, dass Karikaturen oft anonym erscheinen mussten, da der Urheber möglicherweise Konsequenzen zu befürchten hatte.

2. Zeit und Ort der Entstehung bzw. der Veröffentlichung
Wann wurde die Karikatur gezeichnet bzw. wann ist sie erschienen? Wo ist sie erschienen, z. B. in welcher Zeitung oder Zeitschrift?

3. Adressat
An wen, welche Gruppe oder Schicht wendet sich der Karikaturist? Wer ist sein Publikum, für das er zeichnet?

4. Beschreibung
Was ist im Einzelnen zu sehen? Welche Personen, Gegenstände, Textelemente (Bildunterschriften, Figurenrede, Texte auf einzelnen Bildelementen) sind zu erkennen? Bei der Beschreibung sollte man möglichst systematisch vorgehen (Vorder-/Hintergrund, Zentrum des Bildes, Randbereich).

5. Deutung
Welche Bedeutung haben die einzelnen Bildelemente? Welche Gesamtaussage ergibt sich von daher für die Karikatur? Hier kommt es darauf an, die Bildsprache und die Symbolik der Karikatur zu entschlüsseln und zu erklären.

6. Aussageabsicht
Was wollte der Urheber der Karikatur mit seiner Zeichnung zum Ausdruck bringen (Kritik, Spott, Unterstützung für eine bestimmte Position)? Welche Wirkung wollte er erzielen?

7. Beurteilung
Diese kann grundsätzlich aus zwei unterschiedlichen Perspektiven erfolgen:
a) Aus der zeitgenössischen Perspektive, z. B.: Wie haben die Zeitgenossen die Darstellung des Karikaturisten wahrgenommen und beurteilt?
b) Aus heutiger Perspektive, z. B.: Wird der Karikaturist mit seinem gezeichneten Kommentar der kritisierten historischen Situation oder Problematik gerecht?

Das Scheitern der Revolution – Darstellungen analysieren

M 2 Warum scheiterte die Revolution?

a) In der historischen Forschung sind die Gründe für das Scheitern der Revolution umstritten. Der Historiker Thomas Nipperdey schreibt:

Es ist die Vielzahl der Probleme und ihrer Unlösbarkeiten gewesen, die zum Scheitern der Revolution geführt hat. Man wollte einen Staat gründen und eine Verfassung durchsetzen, beides zugleich, und das angesichts gravierender sozialer Spannungen.
Auch in Frankreich, wo die Probleme einfacher waren, und auch in Italien ist die Revolution gescheitert; diese Tatsachen muss jedes Urteil über die deutsche Revolution mitreflektieren. Wenn man unter den einzelnen Ursachen für das Scheitern in Deutschland gewichten will, so muss man meiner Meinung nach sagen, dass es das großdeutsch/kleindeutsche Problem und das Problem des österreichischen Nationalitätenstaates und seiner nationalen Konflikte waren, die am meisten zählten. Sie haben schon eine schnelle Entscheidung im Sommer unmöglich gemacht, [...] haben die Einheit der Revolution seit dem Herbst so erschüttert, dass ein gemeinsames Handeln nicht mehr möglich war. [...]
Sie letzten Endes haben die Revolution in den Wettlauf mit der Zeit gebracht, den sie nicht gewinnen konnte.

Thomas Nipperdey, Deutsche Geschichte 1800–1866: Bürgerwelt und starker Staat, München: C. H. Beck 1998, S. 669.

b) Der Historiker Wolfgang J. Mommsen begründet das Scheitern der Revolution wie folgt:

Die bürgerlichen Schichten waren nicht auf eine revolutionäre Entwicklung eingestellt. Mit Ausnahme verschwindend kleiner Randgruppen verfügten sie nicht über eine überzeugende revolutionäre Strategie. Sie betrachteten die Ereignisse des Frühjahrs 1848, als der revolutionäre Funke von Frankreich ausgehend überraschend auf ganz Kontinentaleuropa übersprang, als eine „ungewollte Revolution". Dies hat ihr Verhalten in der Folge maßgeblich bestimmt.
Von seiten der Unterschichten mangelte es nicht an weitreichenden Forderungen, die von den Zeitgenossen als revolutionär aufgefasst wurden, z. B. das „Recht auf Arbeit" [...] und vor allem das allgemeine Wahlrecht, aber darüber hinaus gingen die Forderungen zumeist nicht. [...]
Vielmehr fehlte den sozialen Forderungen der Unterschichten in der Revolution von 1848/49 jegliche Kohärenz [Geschlossenheit]; sie waren diffus und vielfach rückwärtsgewandt. [...] Davon abgesehen fehlte es auch hier an konkreten Vorstellungen, wie denn die Gesellschaft der Zukunft, wenn einmal die Willkürherrschaft der Fürsten und Könige und ihrer gefügigen Beamtenregierungen abgeschüttelt sei, aussehen solle.

Wolfgang J. Mommsen, 1848 – Die ungewollte Revolution, Frankfurt/M.: S. Fischer 1998, S. 16 f.

Training

Erklärung des Operators „Wiedergeben"

Du sollst den Inhalt eines Materials (z. B. eines Textes, einer Statistik, einer Karte etc.) in deinen eigenen Worten und auf das Wesentliche reduziert formulieren, sodass eine andere Person, die das Material nicht kennt, den Inhalt nachvollziehen kann.
Das bedeutet nicht, dass du den Inhalt wortwörtlich nacherzählst, sondern, dass du die wichtigsten Informationen kurz sinngemäß zusammenfasst.

Aufgaben

1. Die Sichtweise von Historikern

a) Gib die Gründe für das Scheitern der Revolution wieder, die die beiden Historiker Thomas Nipperdey und Wolfgang J. Mommsen jeweils anführen. Erstelle hierzu eine Tabelle und verwende den Trainingskasten auf dieser Seite.

b) Nimm zu den beiden Positionen Stellung.

→ M2

2. Die Beurteilung der Revolution

a) Vervollständige die Zeitleiste zur Revolution 1848/49.

b) Markiere die Stellen, an denen aus deiner Sicht Höhe- und Tiefpunkte der Entwicklung liegen.

c) Formuliere einen Eintrag für ein Jugendlexikon, in dem du die Ereignisse der Revolution 1848/49 knapp schilderst und aus deiner Sicht beurteilst.

→ Text auf Seite 73

Die Frankfurter Paulskirche – Ein Ort der Demokratiegeschichte

M 1 Die Paulskirche

Erst 1833 wurde die Paulskirche als evangelisch-lutherische Hauptkirche der Stadt Frankfurt am Main geweiht. Da der elliptische Zentralbau aus Rotsandstein der größte und modernste Saal Frankfurts war, bot er sich am 18. Mai 1848 als Sitz für das erste gesamtdeutsche Parlament an. In den folgenden Monaten erarbeitete die Nationalversammlung hier die erste demokratische Verfassung für Deutschland. Später fanden in der Paulskirche nationale Gedächtnisfeiern statt, wie 1913 zum Gedenken an die Freiheitskriege. Nach ihrer Zerstörung 1944 wurde die Paulskirche sofort wieder aufgebaut und am 18. Mai 1948 anlässlich der Hundertjahrfeier der deutschen Nationalversammlung wieder eingeweiht. Die Dauerausstellung „Die Paulskirche – Symbol demokratischer Freiheit und nationaler Einheit" widmet sich der wechselhaften Entwicklung von deutscher Einheit und Demokratie.

M 2 „Was Bestand und Zukunft haben soll, muss erinnert werden."

Aus einer Rede des Bundespräsidenten Frank-Walter Steinmeier in der Paulskirche (2019):

Was sich nicht wiederholen soll, darf nicht vergessen werden. Aber auch an das, was Vorbild war, was Bestand und Zukunft haben soll, muss erinnert werden. Nicht nur Diktatur und Verbrechen bieten demokratisches Lernpotenzial, auch der Kampf für Freiheit und Demokratie in unserer Geschichte sollte uns leiten. Demokratiegeschichte kann zeigen, was Einzelne zu leisten vermögen, wie Gleichheit erstritten und wie demokratische Institutionen entwickelt wurden. Und auch beim Erinnern an die Diktatur darf unser Interesse nicht bei den Tätern haltmachen. [...]
Ein aufmerksamerer Blick für unsere Demokratiegeschichte bedeutet beileibe keine nationale Nabelschau. Im Gegenteil, er verbindet uns immer wieder mit unseren Nachbarn in Europa und unseren Partnern in der Welt. Beim Hambacher Fest wehten nicht nur schwarz-rot-goldene, sondern auch polnische und französische Flaggen. Ein demokratischer Patriotismus in Deutschland weiß: 1789, 1848, 1918, 1949 und 1989 sind allesamt auch hoffnungsvolle Wendemarken der europäischen Geschichte. Sie führen uns in Europa nicht auseinander, sondern zusammen.

Deutsch und frei. Ein Gastbeitrag von Frank-Walter Steinmeier; in: DIE ZEIT Nr. 12/2019 (14. März 2019).

Aufgaben

1. **Die Frankfurter Paulskirche – Ein Ort der Demokratiegeschichte**
   a) Suche im Internet nach Informationen zu Geschichte und gegenwärtiger Nutzung der Paulskirche in Frankfurt (M1).
   b) Stelle Informationen zusammen, z. B. für einen gleichaltrigen Gast bei einem Schüleraustausch oder einen Besucher aus dem Ausland. Erkläre die Bedeutung der Paulskirche in der deutschen Geschichte.
   c) Fasse die Aussagen des Bundespräsidenten (M2) zusammen. Erläutere, auf welche Ereignisse Frank-Walter Steinmeier mit den erwähnten Jahreszahlen verweist. Inwiefern handelt es sich um „hoffnungsvolle Wendemarken der europäischen Geschichte"? Begründe deine Thesen.
   → M1–M2, Internet

DATEN

1815:
Wiener Kongress

1817:
Wartburgfest

1832:
Hambacher Fest

1848/49:
Revolution in Deutschland

BEGRIFFE

Deutscher Bund

Restauration

Nationalbewegung

Liberalismus

Karlsbader Beschlüsse

Revolution

Frankfurter Paulskirche

Parlament

Grundrechte

Verfassung

Der Wiener Kongress – Europäische Neuordnung und Deutscher Bund

Nach der endgültigen Niederlage Napoleons stellte der Wiener Kongress die vorrevolutionären Verhältnisse wieder her. Das Heilige Römische Reich ließ sich jedoch nicht wiederbeleben und wurde durch den Deutschen Bund – einen lockeren Staatenbund – ersetzt.

Restauration, liberale und nationale Bewegung

Gegen liberale und nationale Strömungen gingen die Regierungen mit aller Härte vor, z. B. durch d0ie Polizeimaßnahmen der Karlsbader Beschlüsse. Vor allem im Bildungsbürgertum wirkten die neuen, gegen Fürstenwillkür gerichteten Ideen von Freiheit, Recht und Vaterland fort. Sie äußerten sich in politischen Schriften, Liedern und Demonstrationen wie dem Wartburgfest (1817) und dem Hambacher Fest (1832). All dies zeigte, dass sich die Völker mit der Restauration überkommener Verhältnisse nicht abfinden wollten. Ausgehend von Frankreich entluden sich die Spannungen 1830 und 1848 in zwei Revolutionswellen, die nahezu ganz Europa erfassten.

Die Revolution von 1848/49

Die Revolution von 1848/49 zielte im Deutschen Bund auf einen Nationalstaat. Nachdem die Fürsten vor den Liberalen zurückgewichen waren und deren Forderungen akzeptiert hatten, wählte das Volk eine Nationalversammlung, die in der Frankfurter Paulskirche tagte. Hier entstand eine Verfassung, die bürgerliche Grundrechte verankerte und ein demokratisch gewähltes Parlament mit einem Kaiser als Staatsoberhaupt vorsah. Die Frage, ob Österreich mit seinen zahlreichen Nationalitäten einbezogen werden sollte („großdeutsche Lösung"), wurde zugunsten einer „kleindeutschen Lösung" (ohne die Habsburger Monarchie) entschieden.

Die Bestrebungen der Nationalversammlung, ein neues deutsches Kaiserreich auf parlamentarischer Grundlage zu schaffen, blieben jedoch erfolglos. Der preußische König lehnte die ihm angebotene Kaiserkrone ab, was die Abgeordneten der Paulskirche resignieren ließ. Damit scheiterte die so hoffnungsvoll begonnene Revolution und die Fürsten setzten ihre Herrschaft erneut durch.

1780 1790 1800 1810 1820 1830 1840 1850 1860 1870 1880

1815:
Wiener Kongress

1832:
Hambacher Fest

1848/49:
Revolution

Deutschland zwischen Restauration und Revolution

Hinweis: Die folgende Tabelle dient der Selbsteinschätzung deiner erworbenen Kenntnisse, Fähigkeiten und Kompetenzen. Die Auflistung erhebt nicht den Anspruch, vollständig zu sein. Es handelt sich um eine Auswahl, die ggf. erweitert werden kann. In der rechten Spalte findest du Hinweise, wie du eventuell vorhandene Lücken oder auch Unsicherheiten beseitigen kannst.

Ich kann ...	Ich bin sicher.	Ich bin ziemlich sicher.	Ich bin noch unsicher.	Ich habe große Lücken.	Auf diesen Seiten kannst du in HORIZONTE nachlesen	Empfehlungen zur Übung, Wiederholung und Festigung
... die Ergebnisse des Wiener Kongresses erläutern.					52–55	Notiere die wichtigsten Beschlüsse des Wiener Kongresses.
... den Begriff „Deutscher Bund“ erklären und seine Gründung erläutern.					52–55	Erkläre die Merkmale des Deutschen Bundes als Staatenbund. Verwende dazu insbesondere die Karte auf Seite 52.
... am Beispiel des Hambacher Festes die Anfänge der deutschen Nationalbewegung erklären.					60–61	Stelle in einer Tabelle die Forderungen des Hambacher Festes dar. Erkläre anschließend die nationale Bedeutung des Hambacher Festes.
... den Verlauf der Revolution von 1848/49 zusammenfassen.					64–67 68–71 72–74	Erstelle zur Revolution von 1848/49 eine Zeitleiste.
... mich mit den Ursachen für das Scheitern der Revolution von 1848/49 auseinandersetzen.					72–74	Arbeite aus den Historikerurteilen auf Seite 74 die Gründe das Scheitern der Revolution heraus. Prüfe folgenden Satz: „Die Revolution ist an der Vielzahl ihrer Aufgaben gescheitert.“
... grundlegende Schritte der Interpretation von Karikaturen anwenden.					73	Erschließe mithilfe des Trainingskastens auf Seite 73 die Karikatur M5 auf Seite 71.
...						

ACHTUNG:

bitte nicht beschreiben!

Du findest eine Kopie dieser Seite zur Bearbeitung unter dem Webcode

WES-115614-203

03

INDUSTRIALISIERUNG UND SOZIALE FRAGE

M 1 **Borsig's Maschinenbau-Anstalt zu Berlin",** Gemälde von Eduard Biermann, 1847

M 2 **Lokomotiv- und Wagenräderbau in der Gussstahlfabrik von Friedrich Krupp in Essen,** Foto, um 1900

M 3 **Villa Hügel der Unternehmerfamilie Krupp in Essen,** aktuelles Foto

M 4 **Unfall in der Fabrik,** Gemälde von Johann Bahr, 1889

M 5 **Karl Marx und Friedrich Engels, Bronzestatuen in Berlin,** aktuelles Foto

Der Beginn der Industriellen Revolution in England

Hinweis

Im Internet findest du verschiedene Videos, die dir die Funktionsweise der Dampfmaschine erklären, z. B. das Funktionieren einer Einzylinderdampfmaschine von 1903 in der Tuchfabrik Müller im LVR Industriemuseum Euskirchen. Schaue dir ein solches Video an und berichte über das Gesehene.

Die Industrielle Revolution gilt als einer der wichtigsten Einschnitte in der Weltgeschichte, da sie die Lebensbedingungen der Menschen grundlegend veränderte. Oft wird die Erfindung der Dampfmaschine als entscheidend angesehen. War dies der einzige Grund? Und: Warum begann die Industrialisierung in England?

M 1 Modell der Dampfmaschine von James Watt

Die Dampfkraft wird auf Arbeitsmaschinen übertragen. Die einzelnen Schritte:
Ein Ofen (1) erhitzt Wasser im Kessel (2). Der entstehende Wasserdampf wird so in den Zylinder (3) geleitet, dass er dort den Kolben (4) auf- und abdrückt. Diese Bewegung wird durch das Gestänge (5) auf zwei Zahnräder (6) übertragen, die das große Schwungrad (7) antreiben. Von dort wird die Energie über Treibriemen (8) an die Maschinen weitergeleitet.

Aufgaben

1. Die Funktionsweise der Dampfmaschine

a) Erkläre, ausgehend vom Modell M1, das Grundprinzip der Dampfmaschine.

b) Benenne die Vorteile der Dampfmaschine gegenüber den bisherigen Energiequellen.

→ M1

2. Die Veränderung der Textilproduktion

a) Erläutere anhand der Abbildungen M2 und M3 die Vor- und Nachteile der Mechanisierung in der Textilproduktion aus unterschiedlichen Perspektiven: Unternehmer, Konsumenten, ehemalige Weber, Textilarbeiter.

b) Beschreibe und beurteile die Auswirkungen dieser Produktionsform auf das Leben.

→ M2, M3, Text auf den Seiten 81–83

M 2 **Heimarbeit an einem Handspinnrad um 1750**
zeitgenössische Darstellung

M 3 **Webstühle in einer englischen Tuchfabrik, angetrieben von einer Dampfmaschine**
Holzstich um 1840, spätere Kolorierung

Wirtschaft und Gesellschaft vor der Industrialisierung

Die vorindustrielle Welt gründete auf landwirtschaftlicher Arbeit. Das Dorf war die Lebenswelt der meisten Menschen, wobei das Land in der Regel Adligen oder der Kirche gehörte. Diese ließen den Boden durch zumeist unfreie Bauern gegen Abgaben bewirtschaften. Das System der Grundherrschaft blieb bis zur Industrialisierung im 19. Jahrhundert grundsätzlich erhalten.

Handwerkliche Arbeiten wurden vom Großteil der Bevölkerung meist selbst erledigt; spezielle Berufe wie Bäcker, Metzger, Schneider oder Goldschmiede bildeten sich erst im Mittelalter nach und nach heraus. Alle Produkte entstanden in Handarbeit: Es gab Werkzeuge, aber noch keine Maschinen. Die Gesellschaft war eine Ständegesellschaft, d. h. die Geburt bestimmte über die soziale Stellung der Menschen: Bauernkinder wurden wieder Bauern, Adelskinder waren automatisch adlig. Ein sozialer Aufstieg war selten. In den Städten entstand jedoch eine neue Lebenswelt – Stadtbewohner waren frei und verwalteten sich weitgehend selbst.

Diese vorindustrielle wirtschaftliche und soziale Ordnung, die über Jahrhunderte Bestand hatte, begann sich im 18. Jahrhundert im Zuge der Industrialisierung grundlegend zu wandeln.

England – Mutterland der Industrialisierung

Die Industrielle Revolution begann in England. Hier hatte sich bereits zur Mitte des 18. Jahrhunderts ein Übergang von der traditionellen handwerklichen Fertigung in Kleinbetrieben zu einer modernen industriellen Produktion in Fabriken vollzogen. Dabei entstanden erste industrielle Ballungszentren.

War früher ein Produkt meist vollständig von Einzelnen hergestellt worden, so herrschte in den Manufakturen des Absolutismus bereits Arbeitsteilung. Nun kam der Einsatz von Maschinen und eine Mechanisierung der Produktion hinzu. Die Veränderungen in der Produktionsweise betrafen zuerst die Textilindustrie, welche die weitere Entwicklung in England maßgeblich bestimmen sollte: Zum einen steigerten neu entwickelte Spinnmaschinen, die zunächst per Hand, später mit Pferde- und Wasserkraft angetrieben wurden, die Menge und die Qualität der erzeugten Garne. Zum anderen ermöglichten bessere Webstühle die Herstellung hochwertiger Stoffe in kürzerer Zeit. Diese wurden durch die neuen Dampfmaschinen betrieben, die unabhängig vom Standort eine gleichbleibende Energieversorgung ermöglichten.

Der Einsatz von Dampfmaschinen trieb die Mechanisierung und Industrialisierung in ganz Großbritannien voran. Dampfmaschinen senkten die Kosten und ermöglichten eine mechanisierte Großproduktion, die von der Textilindustrie bald auch auf andere Industriesparten übergriff, insbesondere auf Bergwerke, Kohlenzechen, Hüttenwerke und später auch auf die Landwirtschaft. Neben der Textilindustrie erlangte die Schwerindustrie eine große wirtschaftliche Bedeutung. Der Abbau von Eisenerz, die Gewinnung von Eisen und die Weiterverarbeitung etwa im Maschinenbau spielten bei der Industrialisierung eine zentrale Rolle.

M 4 James Watt (1736–1819)
trieb die Entwicklung der Dampfmaschine entscheidend voran, Gemälde (Ausschnitt) von Carl Fredrik von Breda, 1792.

WES-115614-301
Film über James Watt und die Dampfmaschine

Gründe für Englands Vorsprung bei der Industrialisierung

England profitierte von zahlreichen Faktoren, die das Emporwachsen einer Industrielandschaft förderten:

- Zunächst ermöglichte eine lange Friedensperiode den Ausbau der Infrastruktur, d. h. den Bau von Straßen und Kanälen.
- Kohle- und Eisenerzvorkommen in vorteilhafter Lage begünstigten zusammen mit einem leistungsfähigen Fluss- und Kanalsystem die Entstehung von Schwerindustrie und Maschinenbau.
- Rohstofflieferanten wie Nordamerika mit seinen von Sklaven bewirtschafteten Baumwollplantagen dienten zugleich als Absatzmarkt für englische Maschinen und Fertigprodukte.
- Die Insellage war für diese Entwicklung von Vorteil: Ein- und Ausfuhren wurden dadurch erleichtert, dass England nicht nur über gute Häfen verfügte, sondern bereits seit dem 17. Jahrhundert mit seiner Flotte auch die Weltmeere beherrschte.
- In der ersten Phase der Industrialisierung lieferten wasserreiche Flüsse und Bäche die Antriebsenergie.
- Auch Veränderungen in der Landwirtschaft schufen günstige Voraussetzungen: Seit der Mitte des 18. Jahrhunderts verbesserte sich die Nahrungsmittel-

M 5 Einsatz der Dampfmaschine
Im Bergbau trieben Dampfmaschinen Wasserpumpen und Förderanlagen an, Gemälde, um 1800.

versorgung für die ständig wachsende Bevölkerung. Die Züchtung widerstandsfähiger Nutztiere und die intensive Nutzung des Bodens steigerten die Produktion landwirtschaftlicher Erzeugnisse. Die Grundbesitzer, meist Adlige, waren bestrebt, ihre Erträge kontinuierlich zu erhöhen. Viele Bauern konnten dieser Konkurrenz nicht standhalten und verloren ihre Selbstständigkeit. So standen sie nun den neu entstehenden Fabriken als Arbeitskräfte zur Verfügung.

- Günstig für die Industrialisierung war auch Englands innenpolitische Lage. Es erwies sich als vorteilhaft, dass das Parlament – anders als in anderen Staaten Europas – auf die Gesetzgebung Einfluss nehmen und so die Interessen der neuen Schicht von Unternehmern durchsetzen konnte. Die ökonomische und politische Freiheit des vermögenden Einzelnen und der bedingungslose Schutz des Privateigentums, aus dem keinerlei Verpflichtung erwuchs, förderten unternehmerische Initiativen, die auf eine rigorose Profitsteigerung abzielten. Der Staat spielte dabei nur eine untergeordnete Rolle – er setzte lediglich Rahmenbedingungen und vollzog ansonsten keinen Eingriff in das „freie Spiel der Kräfte des Marktes“ (z. B. keine Einfuhr- bzw. Ausfuhrbeschränkungen). Dies führte zu immensen sozialen Verwerfungen, die als „Pauperismus“ (von lat.: pauper – arm) bezeichnet werden. Da diese Entwicklung ab den 1830er-Jahren hauptsächlich von der englischen Industriestadt Manchester ausging, entstand der Begriff „Manchesterkapitalismus“ oder auch „Manchesterliberalismus“.
- Die Entwicklung besaß aber auch eine religiöse Komponente: Vor allem Puritaner verbinden wirtschaftlichen Erfolg mit göttlichem Segen, nach dem es zu streben gelte. So stieg England zur führenden Industrienation auf und behauptete diese Stellung für eine längere Zeit.

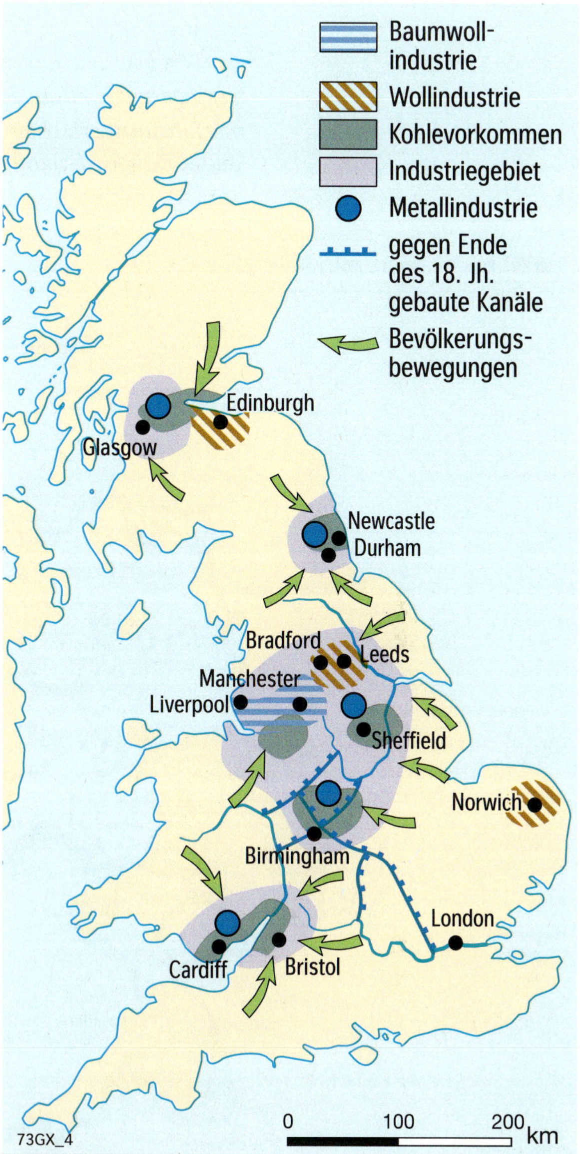

M 6 Die Industrialisierung Großbritanniens im 18. Jahrhundert

Aufgaben

1. Die Industrielle Revolution in England

a) Suche die im Text genannten Rohstoffvorkommen auf der Karte M6.

b) Erläutere den Zusammenhang zwischen Rohstoffvorkommen und industriellen Standorten in Großbritannien.

c) Arbeite Faktoren heraus, die den überseeischen Warenaustausch vereinfachten.

d) Erläutere die Gründe dafür, dass die Industrialisierung zuerst in England stattfand.

M6, Text auf den Seiten 81–83

Die Anfänge der Industrialisierung in Deutschland

Im Vergleich zu England erfolgte die Industrialisierung in Deutschland zeitlich verzögert. Die Phase der sogenannten Frühindustrialisierung dauerte bis Mitte des 19. Jahrhunderts. Erst ab 1850 erfolgte der umfassende Ausbau der Industrie; um 1900 schließlich war Deutschland eine Industriegesellschaft. Warum war das so?

M 1 **Der Deutsche Zollverein (bis 1842)**

Preußischer Zollverband mit Anschlüssen 1828
Mitteldeutscher Handelsverein 1828–1831
Bayerisch-Württembergischer Zollverein 1828–1833
Deutscher Zollverein 1834
Beitritte bis 1842
Grenze des Deutschen Bundes 1839
L. = Lippe,
S.-L. = Schaumburg-Lippe
W. = Waldeck
0 50 100 km

Die schlechte Ausgangslage

Die territoriale Zersplitterung Deutschlands erwies sich lange Zeit als Hemmnis der industriellen Entwicklung. Unterschiedliche Rechtssysteme und Zollgrenzen lähmten den wirtschaftlichen Verkehr zwischen den einzelnen Territorien. Zwar gab es in Städten wie Augsburg, Nürnberg oder Solingen Schwerpunkte handwerklicher Fertigung und in einigen Mittelgebirgen Zentren mit Heimarbeitern, doch blieb die Zahl der dort Beschäftigten eher gering. Die überwiegende Mehrheit der Bevölkerung arbeitete nach wie vor in der Landwirtschaft. In den Städten regelten zu Beginn des 19. Jahrhunderts die Zünfte die handwerkliche Produktion, was sich ebenfalls hemmend auswirkte.

Der Staat greift ein

Einen wichtigen Schritt in die Zukunft bildeten Reformen, die Länder wie Preußen oder Sachsen einleiteten. Die Bauernbefreiung beendete die jahrhundertelange Erbuntertänigkeit, ermöglichte den Bauern die Selbstständigkeit oder zwang sie zur Lohnarbeit. Weitere Gesetze hoben den Zunftzwang auf und gewährten allen Bewohnern Freizügigkeit und Gewerbefreiheit. So konnte jeder einen Betrieb mit beliebigen Produkten oder Dienstleistungen eröffnen. Durch Gewerbe- und Industrieausstellungen, durch Bankgründungen, die neuen Unternehmern Kapital zur Verfügung stellten, sowie durch zahlreiche Einzelmaßnahmen unterstützte der Staat die Industrialisierung. Mit Schulgründungen, die der Ausbildung neuer technischer Eliten dienten, wurde der Staat auch im Bereich der Erziehung aktiv. 1868 wurde zum Beispiel in München die Technische Hochschule eröffnet, um Fachkräfte heranzubilden.

Die Gründung des Deutschen Zollvereins

Auch die Handelspolitik trug entscheidend zum Wandel der deutschen Wirtschaftsstruktur bei. 1818 schaffte Preußen die Zölle zwischen seinen Provinzen ab. Die süddeutschen Staaten reagierten 1828 mit der Gründung eines eigenen Zollvereins. 1834 schuf der Deutsche Zollverein schließlich einen einheitlichen deutschen Wirtschaftsraum, der den Mitgliedsstaaten durch die Ausweitung des Handels eine kräftige Belebung der Wirtschaft einbrachte. Viele Historiker betrachten die Gründung des Deutschen Zollvereins als entscheidenden Schritt zur nationalen Einheit Deutschlands.

Die Rolle der Unternehmer

Eine nicht zu unterschätzende Rolle bei der Industrialisierung Deutschlands spielten Unternehmerpersönlichkeiten. So brachte der Industrielle Friedrich Harkort (1793–1880) von einer Informationsreise durch England Facharbeiter und Techniker mit. Es gelang ihm, Kredite zu erhalten und 1819 die „Mechanischen Werkstätten Harkort u. Co." in Wetter an der Ruhr zu gründen. 1820 produzierte die Fabrik ihre ersten Dampfmaschinen. Harkort errichtete Kupfer- und Eisenwalzwerke und förderte die Eisenbahn und die Binnenschifffahrt. Bis 1871 war er zudem politisch als Liberaler tätig.

M 2 Friedrich Harkort (1793–1880)
Der Industrielle gründete große Fabriken, bemühte sich um soziale Einrichtungen und war ein führender Politiker im preußischen Abgeordnetenhaus, Gemälde von Wilhelm Volkhart, um 1850.

Aufgaben

1. Der Deutsche Zollverein
a) Erschließe die Karte M1. Verwende dafür den Trainingskasten auf Seite 32. Kläre unbekannte Begriffe auch mithilfe des Textes auf dieser Doppelseite.
b) Nenne die Zeitpunkte des Beitritts der einzelnen Länder zum Deutschen Zollverein.
c) Erkläre die Bedeutung des Deutschen Zollvereins.
↝ M1, Text auf den Seiten 84–85

2. Industrialisierung in Deutschland
a) Erläutere die Maßnahmen, die verschiedene Länder ergriffen, um die Industrialisierung Deutschlands voranzutreiben.
b) Arbeite die Rolle der Unternehmer bei der Industrialisierung heraus.
↝ Text auf den Seiten 84–85

Der Durchbruch der Industrialisierung in Deutschland

Eine Fahrt mit der Eisenbahn ist heute keine Besonderheit. Damals war dies eine Sensation. Ein solches Verkehrsmittel war völlig unbekannt. Aber die Eisenbahn war nicht nur als neue Form der Fortbewegung bedeutsam.

M 1 „Die Eisenbahnbrücke über den Rhein bei Ehrenbreitstein“

Der Maler Paul Meyerheim (1842–1915) erstellte im Auftrag des Unternehmers und Maschinenfabrikanten Albert Borsig zwischen 1873 und 1876 sechs großformatige Gemälde (jeweils etwa 360 x 270 cm) zum Thema „Werdegang einer Lokomotive“. Eines der Bilder zeigt eine Eisenbahn beim Überqueren der Eisenbahnbrücke über den Rhein bei Ehrenbreitstein/Koblenz. Im Hintergrund ist die Festung auf der rechten Rheinseite zu erkennen. Die Firma Borsig stellte nicht nur Lokomotiven her, sondern auch Brückenkonstruktionen aus Eisen.

Aufgaben

1. **„Die Eisenbahnbrücke über den Rhein bei Ehrenbreitstein“**
   a) Beschreibe alle Bildelemente des Gemäldes M1. Erläutere, was die Bildelemente über die verschiedenen Transport- und Reisemöglichkeiten der damaligen Zeit vermitteln.
   b) Formuliere eine mögliche Darstellungsabsicht des Gemäldes. Begründe deine These.
   c) Beschreibe die Wirkung, die das Bild auf einen zeitgenössischen Betrachter ausgeübt haben könnte. Nimm dazu unterschiedliche Perspektiven ein.
   d) Beschreibe die Wirkung, die das Bild auf dich heute hat. Diskutiert, welche Bildmotive für ein heutiges Bild wohl ausgewählt werden könnten.
   → M1

Der Durchbruch der Industrialisierung

Nach zögerlichem Beginn vollzog sich zwischen 1850 und 1870 in Deutschland der Durchbruch zur Industriegesellschaft. Diese Periode wird in der Wissenschaft oft als „Take-off-Phase", als Phase des „Abhebens" bezeichnet. Die Industrialisierung breitete sich in regional unterschiedlicher Geschwindigkeit aus, zuerst in Schlesien, Sachsen und im Rheinland, später in Westfalen, Hessen, Baden, Württemberg und Bayern. Daneben gab es aber auch von wirtschaftlichen Neuerungen weitgehend unberührte Gebiete. Während die politischen und sozialen Veränderungen durch das Scheitern der Revolution von 1848/49 gehemmt wurden, setzte sich der Prozess der Industrialisierung beschleunigt fort.

Der Eisenbahnbau als Leitsektor

Wesentliche Triebkraft hinter der Industrialisierung war der Eisenbahnbau, dessen Anfänge in der ersten Hälfte des 19. Jahrhunderts liegen. Um die neue Technik zu voranzutreiben, wurde Geld in bisher ungekanntem Ausmaß investiert. Der Staat unterstützte den Ausbau eines Eisenbahnnetzes und genehmigte die Gründung von Aktiengesellschaften: Gegen Einlage einer Geldsumme konnten Anteilscheine an Unternehmen (Aktien) erworben werden, was den Unternehmen Kapital verschaffte. Die Aktionäre hofften auf Gewinn, mussten bei schlechtem Geschäft aber auch die Verluste tragen. Die Eisenbahn setzte sich in schnellen Schritten durch:

- Nachdem George Stephenson 1814 eine betriebstaugliche Dampflokomotive entwickelt hatte, wurden 1820 erstmals Eisenbahnschienen aus gewalztem Stahl hergestellt.
- 1825 ging die erste öffentliche Bahnstrecke in England zwischen Stockton und Darlington in Betrieb.
- Am 7. Dezember 1835 wurde die erste deutsche Eisenbahnstrecke mit 6,5 km Länge zwischen Nürnberg und Fürth eröffnet.

In der Folgezeit bestimmten zunehmend die Deutschen das Eisenbahnwesen: In Berlin gründete August Borsig (1804–1854) eine Eisengießerei und Maschinenbauanstalt, die schon bald Lokomotivreparaturen ausführte und 1841 die ersten eigenen Lokomotiven produzierte. 1875 zählte Borsig neben Baldwin in den USA zu den größten Lokomotivfabriken der Welt und belieferte Staatsbahnen im In- und Ausland. Auch in Hessen entstand ein wichtiger Standort für den Bau von Lokomotiven: In der um 1810 in Kassel gegründeten Firma Henschel wurden zwischen 1848 und 1994 über 4000 Lokomotiven hergestellt.

WES-115614-302
Hörszene über die erste Bahnfahrt

M 2 Erste Eisenbahnstrecke

Am 7. Dezember 1835 wurde zwischen Nürnberg und Fürth die erste deutsche Eisenbahnstrecke eröffnet. Ihre Länge betrug 6,5 km, die Lokomotive „Adler" stammte aus England.

Info

Orte der Industriekultur in Mittelhessen

Eine gute Dokumentation über Orte der Industriekultur in Mittelhessen, von einer ehemaligen Erzgrube bis zum umgebauten Flughafen, findet sich unter:

https://industriekultur-mittelhessen.de/

M 3 Transport einer Henschel-Lokomotive in Kassel

Vom Henschel Werk zum Unterstadtbahnhof in Kassel, Gemälde (Ausschnitt), 1865

Die weitere Entwicklung verlief rasant: Die Bahn erwies sich als großer finanzieller Erfolg und beförderte immer mehr Personen. Durch das „Eisenbahnfieber" schnellte die Zahl der eisen- und stahlverarbeitenden Betriebe in die Höhe, wodurch auch der Bedarf an Arbeitskräften sprunghaft anstieg. Das sich stetig ausweitende Streckennetz verbilligte den Transport von Menschen und Gütern, die Reisedauer zwischen den Städten verkürzte sich beträchtlich und die neue Mobilität veränderte das Lebensgefühl der Menschen entscheidend.

M 4

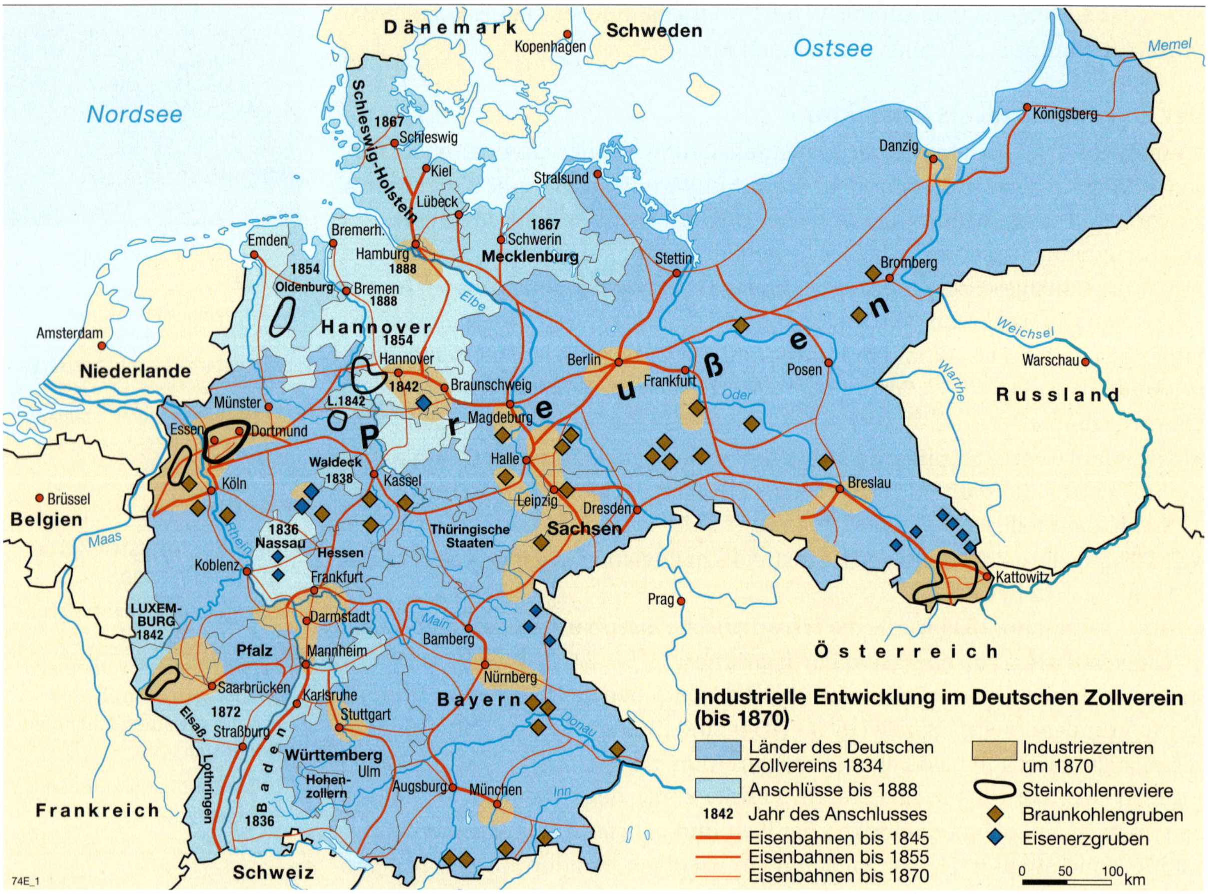

M 5 Länge der Eisenbahnstrecken in Deutschland

Jahr	1845	1850	1855	1860	1870	1875	1880	1885	1890	1895	1900	1905
km	2131	5822	7781	11026	18560	27795	33865	37572	41818	45203	49878	54680

Nach: Werner Sombart, Die deutsche Volkswirtschaft im 19. Jahrhundert und im Anfang des 20. Jahrhunderts (photomech. Nachdr. d. Ausgabe v. 1903), Darmstadt: Wissenschaftliche Buchgesellschaft 1954, S. 493.

Aufgaben

1. Der Eisenbahnbau in Deutschland

a) Berechne den prozentualen Zuwachs der Streckenlängen zwischen 1845 und 1875 (M5).

b) Erläutere, welche Rückschlüsse sich daraus auf die industrielle Entwicklung Deutschlands ziehen lassen.

c) Nenne Auswirkungen des Eisenbahnbaus auf das Leben der Menschen.

d) Suche auf der im Infokasten auf Seite 87 genannten Seite fünf Orte in Mittelhessen, die im Zusammenhang mit dem Eisenbahnbau stehen. Wähle einen Ort aus und stelle diesen vor.

→ M4, M5, Text auf den Seiten 87–88

Die Eisenbahn – Erfahrungen von Zeitgenossen

M 6 Die Eisenbahn, ein „heulendes Ungeheuer"?

Im 19. Jahrhundert rief die Eisenbahn als neues und revolutionäres Verkehrs- und Transportmittel ganz unterschiedliche Reaktionen hervor.

a) Thomas Gray, englischer Eisenbahnpionier, 1822:

Den Gefahren des gegenwärtigen Kutschensystems (wie z.B. mangelhafte Beherrschbarkeit der Pferde, Unachtsamkeit der Kutscher, Tierquälerei, schlechter Zustand der Straßen usw.) würde man auf dem Schienenweg nicht begegnen, denn dessen solider Unterbau macht es unmöglich, dass ein Fahrzeug umstürzt) oder vom Weg abkommt; da der Schienenweg vollkommen eben und glatt sein muss, droht auch bei erhöhter Geschwindigkeit keine Gefahr, denn die mechanische Kraft wirkt gleichförmig und regelmäßig, im Unterschied zur Pferdekraft, die bekanntlich genau das Gegenteil ist.

Übers. zit. n.: Wolfgang Schivelbusch, Geschichte der Eisenbahnreise. Zur Industrialisierung von Raum und Zeit im 19. Jahrhundert, Frankfurt/M.: Fischer-Taschenbuch-Verlag 2011 (5. Aufl.), S. 17, © Hanser Verlag, München.

b) Kommentar in „The Fingerpost", englische Zeitschrift, 1825:

Es steht zu erwarten, dass in nicht allzu langer Zeit der nervöse Mensch einen von einer Lokomotive gezogenen Wagen besteigen und sich dabei wesentlich sicherer fühlen wird als noch zu der Zeit, da er in einem Wagen reist, der von vier Pferden gezogen wird, die alle verschieden stark und verschieden schnell, eigensinnig und unkontrollierbar sowie mit allen Schwächen des Fleisches behaftet sind.

Übers. zit. n.: Wolfgang Schivelbusch, Geschichte der Eisenbahnreise. Zur Industrialisierung von Raum und Zeit im 19. Jahrhundert, Frankfurt/M.: Fischer-Taschenbuch-Verlag 2011 (5. Aufl.), S. 19, © Hanser Verlag, München.

c) Hermann von Pückler-Muskau in einem Brief im Jahre 1827:

Höre, was das erwähnte Ungetüm alles leistet. Als erstes ist seine Nahrung die wohlfeilste, denn es frisst nichts als Holz und Kohlen. Es braucht aber gar keine, sobald es nicht arbeitet. Es wird nie müde und schläft nie. [...] Endlich ist es so folgsam, obgleich seine Stärke der von hundert Pferden gleichkommt, dass ein Kind von vier Jahren mit dem Druck seines kleinen Fingers [...] seine ungeheure Arbeit zu hemmen imstande ist."

Zit. n.: Hermann von Pückler-Muskau, Briefe eines Verstorbenen. Ein fragmentarisches Tagebuch. Band 4 , Stuttgart: Hallberg'sche Verlagshandlung 1831, S. 251f. (Zwanzigster Brief, 23. November) [Rechtschreibung angepasst].

d) Thomas de Quincy, englischer Schriftsteller, 1849:

Wenn wir in der alten Postkutsche saßen, brauchten wir zur Feststellung der Geschwindigkeit keinen Beleg außer uns selbst. [...] Die lebendige Erfahrung unserer Sinne ließ keinen Zweifel über unsere Geschwindigkeit zu; wir hörten die Geschwindigkeit, wir sahen sie, wir spürten sie als Erregungszustand; diese Geschwindigkeit war nicht das Produkt blinder und empfindungsloser Kräfte, die in keinem Einklang mit uns standen, sondern sie lebte in den feurigen Augen des edelsten Tieres, in seinen erweiterten Nüstern, seinem Muskelspiel, seinen donnernden Hufen.

Übers. zit. n.: Wolfgang Schivelbusch, Geschichte der Eisenbahnreise. Zur Industrialisierung von Raum und Zeit im 19. Jahrhundert, Frankfurt/M.: Fischer-Taschenbuch-Verlag 2011 (5. Aufl.), S. 17, © Hanser Verlag, München.

e) Victor Hugo, französischer Schriftsteller, in einem Brief 1837:

Die Blumen am Feldrain sind keine Blumen mehr, sondern Farbflecken, oder vielmehr rote und weiße Streifen; es gibt keinen Punkt mehr, alles wird Streifen; die Getreidefelder werden zu langen gelben Strähnen; die Kleefelder erscheinen wie lange grüne Zöpfe; die Städte, die Kirchtürme und die Bäume führen einen Tanz auf und vermischen sich auf verrückte Weise mit dem Horizont.

Übers. zit. n.: Wolfgang Schivelbusch, Geschichte der Eisenbahnreise. Zur Industrialisierung von Raum und Zeit im 19. Jahrhundert, Frankfurt/M.: Fischer-Taschenbuch-Verlag 2011 (5. Aufl.), S. 54, © Hanser Verlag, München.

Aufgaben

1. **Die Eisenbahn – Erfahrungen von Zeitgenossen**
   Arbeite aus den Quellenauszügen (M6) die Ansichten der jeweiligen Verfasser heraus: Welche Einstellungen zum neuen Verkehrsmittel Eisenbahn werden deutlich?
   → M6

Industrielandschaften entstehen: Beispiel Ruhrgebiet

Das Ruhrgebiet galt für Jahrzehnte als wichtigste Industrieregion Deutschlands. Um die Mitte des 19. Jahrhunderts war es allerdings noch weitgehend ländlich geprägt. Wieso kam es gerade dort zu einer solch einschneidenden Veränderung?

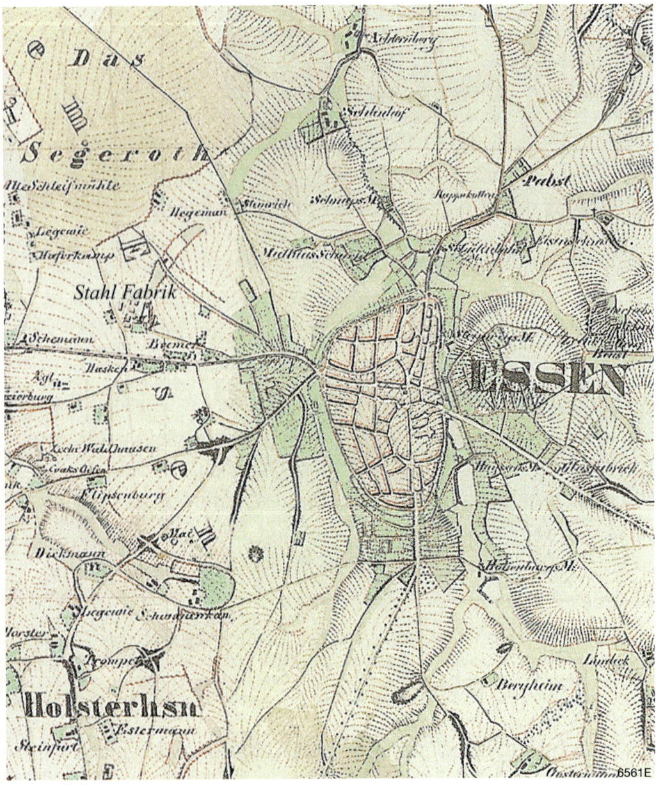

M 1 **Die Stadt Essen im Ruhrgebiet um 1842**

M 2 **Die Stadt Essen im Ruhrgebiet um 1892**

Aufgaben

1. **Die Stadt Essen im Ruhrgebiet**
   a) Arbeite anhand der beiden Karten M1 und M2 drei Veränderungen heraus, die sich in Essen zwischen 1842 und 1892 ergeben haben.
   b) Erläutere, welche Veränderungen sich im Ruhrgebiet insgesamt aufgrund der Industrialisierung ergeben haben.
   → M1, M2

Das Ruhrgebiet entsteht

Durch die Kohlevorkommen entwickelte sich das Ruhrgebiet zum industriellen Ballungszentrum. Da die Eisenindustrie große Mengen von Kohle verschlang, musste sie dem Kohlebergbau folgen. Das war notwendig, da das dürftige Straßennetz und die wenigen Pferdebahnen und Treidelschiffe größere Transportleistungen nicht bewältigen konnten. Die Verklammerung von Bergbau und Schwerindustrie machte das Ruhrgebiet zur wichtigsten Industrieregion Deutschlands, die ein Heer von Arbeitskräften anzog. Sie kamen aus allen Teilen Deutschlands.

Zehntausende von Arbeitern benötigten mit ihren Familien nun eine Unterkunft, sodass neben den Industriebetrieben große Arbeitersiedlungen entstanden. Kleine Orte wie Essen, Bochum, Dortmund oder Gelsenkirchen wuchsen innerhalb kurzer Zeit zu Großstädten heran. Nach und nach wurde die notwendige Infrastruktur, also Straßen, Wasserversorgung und Schulen errichtet. Bis dahin gestalteten sich die Wohn- und Lebensverhältnisse außerordentlich schlecht und besserten sich nur sehr langsam.

Staaten Jahr	Bevölkerung 1816	 1871	 1910	Zunahme in % 1816–1910
Preußen	13708978	24689352	40165219	193,0
– Schlesien	1942063	3707167	3225962	169,1
– Ostpreußen	886174	1822934	2064175	132,9
– Rheinland	1909932	3579347	7121140	272,9
Bayern	3607036	4863450	6887291	90,9
Württemberg	1410684	1818539	2437574	72,8
Baden	1005899	1461562	2142833	113,0
Sachsen	1194010	2556244	4806681	302,6
Mecklenburg-Schwerin	308166	552897	639958	107,7
Deutsches Reich	24833396	41058792	64925993	161,5

Nach: Hubert Kiesewetter, Industrielle Revolution in Deutschland. Regionen als Wachstumsmotoren, Stuttgart: Franz Steiner Verlag 2004, S. 126.

M 3 Bevölkerungswachstum ausgewählter deutscher Bundesstaaten und preußischer Provinzen 1816–1910

Training

Umgang mit Statistiken

Statistiken sind heute allgegenwärtig. Fast alles wird zahlenmäßig erfasst. Dies ist jedoch eine relativ junge Errungenschaft. Bei Statistiken handelt es sich um Daten, die nach bestimmten Gesichtspunkten ausgewählt und geordnet wurden. Sie werden meist in Tabellen zusammengestellt. Häufig veranschaulicht man statistische Ergebnisse auch grafisch in einem Diagramm.

Es gibt dabei verschiedene Formen: So informieren Kreisdiagramme, die wie eine Torte in Einzelstücke aufgeteilt sind, über die Anteile an einem Ganzen. Kurvendiagramme geben eine kontinuierliche Entwicklung wieder. Balken- oder Säulendiagramme sind sinnvoll, wenn Daten zu verschiedenen Zeitpunkten miteinander verglichen werden sollen. Es gibt eine Reihe von Fragen, die an jede Statistik gestellt werden. Kläre diese im Hinblick auf M3.

1. Thema: Welcher Sachverhalt wird mit Daten erschlossen?
Erläutere den Titel „Bevölkerungswachstum ausgewählter deutscher Bundesstaaten und preußischer Provinzen 1816–1910“.

2. Zeitraum: Wann beginnt und endet die Zahlenfolge?
Erkläre die Wahl der Zeitpunkte 1816, 1871 und 1910.

3. Auswahl: Welche Daten werden verwendet?
Untersuche, warum die entsprechenden Gebiete ausgewählt wurden und warum in der letzten Zeile die Zahlen für das Deutsche Reich aufgeführt sind.

4. Einheit: Welche Zahlen werden in der Statistik verwendet?
Erläutere, warum in der letzten Spalte Prozentzahlen verwendet werden.

5. Informationsgehalt: Welche Aussagen lassen sich aus der Statistik entnehmen?
Stelle die wichtigsten Informationen knapp zusammen.

6. Abschließend kann die Statistik beurteilt werden:
Beurteile, ob die Statistik zur Bevölkerungsentwicklung in der vorliegenden Form wichtige Informationen enthält und sinnvoll aufbereitet ist.

Aufgaben

1. Wachstum der Bevölkerung – Umgang mit einer Statistik

a) Verorte die in der Statistik M3 genannten Staaten auf der Karte M4 auf Seite 88.

b) Erläutere die Anlage der Statistik M3 und erschließe zentrale Aussagen. Nutze für die Arbeit den Trainingskasten auf dieser Seite.
→ M3, Trainingskasten

Deutschland – Ein Industriestaat

Im 19. Jahrhunderts stieg Deutschland zu einer der größten Industrienation auf. Das lag zunächst an der sogenannten Schwerindustrie: Eisen und Stahl waren die wichtigsten Produkte. Dann kamen neue Industriezweige hinzu, die das Leben bis heute maßgeblich bestimmen.

M 1 **Werbeplakat für die „Allgemeine Elektricitäts-Gesellschaft Berlin" (AEG)**
Berlin, 1888

Aufgaben

1. **Ein Werbeplakat erschließen**
   a) Beschreibe das Werbeplakat der AEG von 1888.
   b) Erkläre die Bedeutung der einzelnen Bildelemente.
   c) Arbeite die Grundaussage der Werbung heraus und beurteile, ob diese deiner Meinung nach gelungen ist.

M1

Neue Leitsektoren

War zunächst die Eisenbahn Motor des Wirtschaftswachstums, so entwickelten sich in rascher Folge neue Industriezweige, die die Industrialisierung vorantrieben. Am Ende des 19. Jahrhunderts übernahmen die Elektro- und die Chemieindustrie die Rolle der sogenannten Leitsektoren. Um 1900 war Deutschland endgültig zum Industriestaat geworden und kein Agrarland mehr.

Elektrizität verändert das Leben

Die Telegrafie hatte als moderne Kommunikationstechnik bereits im amerikanischen Bürgerkrieg und in den deutschen Einigungskriegen eine bedeutende Rolle gespielt und fand nun zunehmend auch zivile Anwendung. Das von Alexander Bell 1876 erfundene Telefon, über das schon ein Jahr später von Berlin aus das erste kontinentaleuropäische Gespräch geführt wurde, erleichterte die Kommunikation über große Entfernungen. Die Erfindung der Glühbirne durch Thomas Alva Edison 1879 löste in den Industriestaaten zunehmend Gaslaternen und Petroleumlampen ab.

Voraussetzung all dieser Entwicklungen war das 1866 von Werner von Siemens entdeckte dynamoelektrische Prinzip, das die Grundlage für die Umwandlung mechanischer in elektrische Energie bildet. Die Elektrizitätswerke dienten zunächst vor allem der Erzeugung von Strom für die Beleuchtung; zukunftweisend war jedoch die Verwendung des Stroms für den Betrieb von Elektromotoren. Diese verdrängten bald die Dampfmaschine aus den Fabriken und ermöglichten es auch kleineren Betrieben, moderne Produktionsweisen einzuführen. Besondere Bedeutung erlangte der Elektromotor auch im Verkehr, so konnten zum Beispiel die Wohnungen der Arbeiter dank der elektrischen Straßenbahn in größerer Entfernung von der Arbeitsstätte errichtet werden. 1913 stand bereits der Hälfte der deutschen Bevölkerung Strom zur Verfügung.

M 2 Arbeitstrupp der AEG beim Verlegen von Leitungen in Berlin

Holzstich (Ausschnitt) von E. Thiel, um 1890

M 3 „Ansicht der Badischen Anilin- und Soda-Fabrik" (BASF) Ludwigshafen
Gemälde (Ausschnitt) von Robert Stieler, 1881

M 4 Waschmittel
Werbeplakat, Anfang 20. Jahrhundert

Aufstieg der Chemieindustrie

In der zweiten Hälfte des 19. Jahrhunderts führten verschiedene Entdeckungen zu einem rasanten Aufstieg der Chemie- und Farbenindustrie. Die deutsche Chemieindustrie errang mit ihrer Produktion und ihren Innovationen sogar die internationale Vorherrschaft. An großen Flüssen gelegene Städte wurden zu Produktionszentren, da dort die Rohstoffversorgung einfacher war und genügend Kühlwasser zur Verfügung stand. Allerdings begann damals auch die Einleitung von Schadstoffen in die Flüsse.

Ab 1900 wirkten Elektrizität und Chemie immer stärker zusammen, besonders im Bereich der Metallverarbeitung. Deutschland war zu einer wirtschaftlichen Weltmacht und zum größten Industrieproduzenten nach den USA aufgestiegen.

Die Entstehung von Großbetrieben

In dieser Phase bildeten sich im Bereich der neuen Leitsektoren sowie im Bergbau und in der Schwerindustrie immer mehr Großbetriebe wie Siemens, Krupp, Thyssen, AEG, BASF oder Bayer. Sie entstanden im Zuge des enormen Wirtschaftswachstums oder durch Zusammenlegung bisher selbstständiger Firmen. Solche durch Kapitalbeteiligung miteinander verflochtene Firmen unter einheitlicher Leitung bezeichnet man als Konzerne. Der Konzentrationsprozess brachte es nicht selten mit sich, dass auf bestimmten Sektoren die Konkurrenz ausgeschaltet wurde und marktbeherrschende Großunternehmen die Preise weitgehend allein diktierten.

Aufgaben

1. **Die Hochindustrialisierung in Deutschland**
   a) Nenne die für die Hochindustrialisierung wichtigen Industriezweige.
   b) Erläutere deren Bedeutung.
   → Text auf den Seiten 93–94
2. **Industrieansiedlung und Umweltschutz**
   a) Fasse die Vorgänge in Steglitz vom November 1890 anhand des Auszuges aus der Magdeburger Zeitung (M5) mit eigenen Worten zusammen.
   b) Stelle die Absichten und Handlungsmöglichkeiten der beteiligten Personen und Gruppen gegenüber.
   c) Nimm die Perspektive der Steglitzer Bürger ein und diskutiere aus dieser Position heraus die Stellungnahme des Innenministers. Verwende für die Diskussion den Trainingskasten auf Seite 95.
   → M5, Trainingskasten

Industrieansiedlung und Umweltschutz – Ein Beispiel aus Berlin

M 5 Ein Verbot schädlicher Fabriken?

a) Die Magdeburgische Zeitung vom 9. Oktober 1890 berichtet über Vorgänge in Berlin:

Steglitz will sich den Charakter eines Villenortes nicht nehmen lassen. Vor einiger Zeit kam die Firma Gebrüder Avenarius bei der Behörde um die Erlaubnis ein, auf einem der Feldmark Steglitz gehörigen, bisher unbebauten Grundstücke eine Carbolineum Fabrik errichten zu dürfen. Darob entstand in ganz Steglitz eine kaum zu beschreibende Aufregung, weil jedermann fürchtete, die bisher so gute Luft werde verdorben und weiteres Wohnen in Steglitz unmöglich werden. Auch die Bahnverwaltung und in erster Linie die Gemeindevertretung schloss sich diesem Protest an. Doch nur mit halbem Erfolge. Das schließlich angerufene Verwaltungsgericht konnte für die geplante Anlage zwar gewisse Vorsichts und Sicherheitsmaßnahmen verlangen, in der Sache selbst aber diese nicht verbieten. In der Erkenntnis war indessen darauf verwiesen worden, dass dergleichen Fabrikanlagen durch örtliche Polizeiverordnungen von vornherein verboten werden könnten. Diesen Fingerzeig auffassend hat nunmehr unter dem 1. October d. J. der Amtsvorsteher von Steglitz unter Zustimmung des Amtsausschusses eine entsprechende Orts-Polizeiverordnung erlassen. [...] Hoffentlich wird damit der erwünschte Zweck erreicht und einer großen Zahl von Beamten, Schriftstellern, Kaufleuten u.s.w., deren Gesundheit nach des Tages Last und Mühen den Aufenthalt in frischer, reiner Luft fordert, ein so bequem zu erreichender Vorort, wie Steglitz bisher war, erhalten.

Magdeburgische Zeitung, 09.10.1890 [bearbeitet].

b) Polizei-Verordnung vom 1. Oktober 1890:

§ 1. Die Errichtung von Fabrikgebäuden und solcher Anlagen, welche beim Betriebe durch Verbreitung schädlicher Dünste bzw. starken Rauches oder durch Erregung ungewöhnlichen Geräusches, Gefahren, Nachtheile oder Belästigungen des Publikums herbeiführen, ist untersagt.

§ 2. Zuwiderhandlungen gegen diese Verordnung werden mit Geldbuße bis zu 9 Mark, im Unvermögensfalle mit entsprechender Haft bestraft.

Steglitz, den 1. Oktober 1890

Der Amtsvorsteher

Steglitzer Polizei-Verordnung, 01.10.1890.

c) Der preußische Innenminister am 13. Juli 1891:

Wenn in der Polizeiverordnung die Errichtung von Fabrikgebäuden ganz allgemein und ohne Beschränkung auf gewisse Kategorien und bestimmte Ortsteile untersagt wird, so kann ich diese einem vollständigen Verbote des Großgewerbebetriebes innerhalb des Amtsbezirks Steglitz gleichkommende Maßnahme nicht für zulässig erachten.

Geh. Staatsarchiv Preußischer Kulturbesitz, Rep. 120 BB IIa 1 Nr. 1 adh. 1, Bl. 122 ff.

Training

Erklärung des Operators „Diskutieren“

Du sollst einen Sachverhalt, ein Problem, eine Frage aus verschiedenen Perspektiven (Sichtweisen) betrachten. Das bedeutet, dass du verschiedene Positionen (Meinungen), die es dazu gibt, und Argumente, die dafür oder dagegen sprechen, genau durchdenken, vergleichen, für dich prüfen und einander gegenüberstellen sollst. Dadurch sollst du eine eigene Position finden und formulieren. Das heißt, du musst dich aufgrund deiner gedanklichen Auseinandersetzung mit dem Sachverhalt/Problem bzw. der Frage abschließend entscheiden und ein eigenes Urteil fällen bzw. Stellung dazu nehmen.

Formulierungshilfen zum Operator „Diskutieren“

Stellt man sich die Frage, ob ...
Dagegen/dafür spricht, dass ...
Ein (weiteres) Argument dafür/dagegen ist, dass ...
Dagegen einwenden lässt sich, dass ...
Zu berücksichtigen ist aber auch, dass ...
Berücksichtigt man, dass ..., spricht auch dafür/dagegen, dass ...
auf der einen Seite ... auf der anderen Seite
... einerseits ... andererseits
... Im Gegensatz dazu ... aber ... jedoch ...

Für das abschließende Urteil

Ich komme zu dem Schluss, dass ...
Ich komme zu dem Urteil, dass ...
Abschließend kann ich sagen, dass ...
Aus meiner Sicht sprechen viele Gründe/Fakten/Beispiele dafür/dagegen, zu sagen, dass ...
Unter Berücksichtigung aller Positionen und Argumente komme ich zu dem Schluss, dass ...

Arbeitsbedingungen in der Industrie um 1880 und heute – Ein Vergleich

M 6 **„Das Eisenwalzwerk"**

Gemälde von Adolph Menzel (1815–1905, seit der Verleihung des Adelstitels für seine künstlerischen Leistungen: von Menzel), Öl auf Leinwand, 158 x 254 cm. Das Bild „Das Eisenwalzwerk" wurde nach mehrjährigen Vorarbeiten Anfang 1875 fertiggestellt. Als Grundlage dienten Skizzen, die der Maler nach eingehenden Studien im Schienenwalzwerk von Königshütte (Oberschlesien) angefertigt und durch Beobachtungen in der 1874 geschlossenen Königlichen Eisengießerei Berlin ergänzt hatte. Noch während der Arbeit an dem Bild wurde dieses von dem Berliner Bankier Adolph von Liebermann gekauft und bald darauf an die Berliner Nationalgalerie weiterverkauft. Mit anderen Werken Menzels wurde das „Eisenwalzwerk" 1878 auf der Weltausstellung in Paris gezeigt.

Das Bild trägt den zweiten Titel „Moderne Cyklopen", der vermutlich vom Direktor der Berliner Nationalgalerie Max Jordan stammt.

Aufgaben

1. **Arbeitsbedingungen – Veränderungen durch Digitalisierung**
   a) Beschreibe, was auf den beiden Bildern M6 und M7 zu sehen ist.
   b) Vergleiche die beiden Bilder und nenne wichtige Unterschiede in den dargestellten Arbeitsabläufen.
   c) Stelle dir vor, du könntest dich in die beiden Bilder hineinversetzen: Beschreibe, was du hörst und riechst. Nenne die Unterschiede.
   d) Entscheide dich: Feiert das Gemälde „Das Eisenwalzwerk" die neue Fabrikarbeit der Industrialisierung oder kritisiert es sie? Begründe deine Entscheidung.
   e) Benenne Bereiche des Lebens, die durch die Digitalisierung verändert wurden.
   f) Diskutiere Chancen und Gefahren dieser Entwicklung.
   g) Zusatzaufgabe: Informiere dich über die Bedeutung der IT und KI-Branche in Hessen.

→ M6, M7, Internet

M 7 „Industrie 4.0"

Ein Mitarbeiter der Robert Bosch GmbH überprüft im Bosch Werk in Immenstadt (Bayern) mit einem Tablet die Betriebsdaten von vernetzten Maschinen für Metallspritzguss, Foto, 31.03.2015.

Info

Digitalisierung

Digitalisierung ist der Oberbegriff für den digitalen Wandel der Gesellschaft und der Wirtschaft. Er bezeichnet den Übergang des Industriezeitalters, das von analogen Technologien geprägt war, hin zu einem Zeitalter, das durch digitale Technologien und digitale Innovationen bestimmt wird. Telefon mit Wählscheibe? Straßenkarte statt Navi? Wer heute unter zwanzig ist, kann sich kaum vorstellen, wie es „damals" war – und wie alles funktioniert hat. Dabei ist es noch gar nicht so lange her, dass analoge Technologien unseren Alltag bestimmten.

Industrie 4.0

Der Begriff Industrie 4.0 bezeichnet die intelligente Vernetzung von Maschinen und Abläufen in der Industrie mithilfe von Informations- und Kommunikationstechnologie.

Info

Künstliche Intelligenz (KI)

(KI; engl.: artificial intelligence, AI). Bezeichnung für Computerprogramme, die (scheinbar) intelligent selbstständig Aufgaben erfüllen und dabei versuchen, die menschliche Intelligenz nachzuahmen.

Während im 19. und auch noch im 20. Jahrhundert, etwa durch Mechanisierung und Automatisierung, versucht wurde, die physische menschliche Arbeit durch Maschinen zu erleichtern und sogar zu ersetzen, wird mit der Entwicklung und dem Einsatz von Künstlicher Intelligenz versucht, menschenähnliche Wahrnehmungs- und Entscheidungsstrukturen nachzubilden. Dadurch sollen Maschinen in die Lage versetzt werden, bestimmte (kognitive) Aufgaben genauso gut wie ein Mensch (oder sogar besser) auszuführen.

Armut im 19. Jahrhundert: Gesellschaftliche und soziale Folgen der Industrialisierung

WES-115614-303
Hörszene zu den Arbeits- und Lebensbedingungen der Arbeiter

In der Zeit der Industrialisierung lebten die Menschen unter ganz anderen Bedingungen als heute. Dies zeigt ein Vergleich der Haushaltsausgaben damals und heute. Doch dies ist nicht der einzige Unterschied. Wie arbeiteten die Menschen um 1900 und wie wohnten sie? Wodurch war ihr Leben gekennzeichnet?

M 1 Mietskasernen

Ein Bericht von 1908 schildert die Wohnbedingungen von Arbeitern in einer Großstadt:

Wir betreten eine der berüchtigten Mietskasernen, welche im hiesigen Industriegebiet in so großer Anzahl vorhanden sind und noch täglich allerorts wie Pilze aus der Erde hervorschießen, eine natürliche Folge tatsächlichen Wohnungsmangels und das Produkt wahnsinniger Bodenspekulation. Diese Häuser, meist 3 bis 4 Stockwerke hoch, werden mit Vorliebe an neu angelegten Straßen errichtet. Inmitten Haufen von Schutt und Geröll bieten sie schon von Weitem einen öden und trostlosen Anblick. In halbfertigem Zustande werden sie oft bezogen.

Das ganze Haus besteht durchweg aus Abteilungen von 2 bis 3 Zimmern, für je eine Familie bestimmt. Ein pestilenzartiger Geruch strömt uns entgegen, wenn wir die langen, dunklen und feuchten Korridore, die die einzelnen Wohnabteile auf jeder Etage verbinden und in welchen Licht und Luft sehr seltene Erscheinungen sind, betreten. Überall strotzt es von Unrat und Unsauberkeit. Ein Armeleutegeruch in des Wortes verwegenster Bedeutung. Fast 40 bis 50 % aller Arbeiterwohnungen bestehen aus 2 Zimmern, werden bewohnt von Familien, die 6 bis 10 Köpfe stark sind, und zum Überfluss noch 2 bis 3 Kostgänger beherbergen. In gesundheitlicher Beziehung jeder Beschreibung spottend, wie den elenden, krankhaft aussehenden Insassen unschwer anzusehen ist. Und erst die innere Wohnungseinrichtung! Das dürftigste Möblement, ohne jeglichen Sinn für häusliche Zweckmäßigkeit, keine Spur von Heimats- und Familiensinn verratend.

In einem Schlafraume, mit zwei Bettstellen ausgestattet, der nie gelüftet, noch seltener gereinigt wird und dessen Bettzeug daher einem Haufen stinkender Lumpen ähnlich ist, kampieren oft bis 10 Personen, vier Kinder in einem Bette, zwei am Kopf und zwei am Fußende, ohne Rücksicht auf Alter und Geschlecht. [...]

Man mache sich einen Begriff davon, wie das Familienleben unter diesen Umständen gedeihen soll. Vervollständigt wird dieser grauenvolle Zustand erst, wenn neben den Familienmitgliedern einige Kostgänger beherbergt werden, die zusammengeworfen aus aller Herren Länder auf der tiefsten Kulturstufe stehen, und unter welchen sich vielfach allerlei verkommenes Gesindel, rohe Wüstlinge usw. befinden.

Nikolaus Joniak, Das Arbeiterwohnungselend im rheinisch-westfälischen Industriebezirk, Frankfurt/M.: Neuer Frankfurter Verlag 1908, S. 4 f.

Aufgaben

1. **Das Leben in Mietskasernen**
   a) Fasse die Grundaussagen der Quellen M1 und M2 über das Leben in den Mietskasernen zusammen.
   b) Der Künstler Heinrich Zille hat sich ausgiebig mit dem damaligen Leben in Mietskasernen befasst. Informiere dich im Internet über den Künstler und sein Werk.
   M1, M2, Internet

M 2 Arbeiterwohnung

Berlin, 1907

Die Entstehung des Proletariats

Mit der Industrialisierung änderte sich die Gesellschaft in England und – zeitlich versetzt – auch in Deutschland grundlegend. Da viele Menschen in der Landwirtschaft kein Auskommen mehr fanden, zogen sie in die rasch wachsenden Städte und suchten Arbeit in den neuen Fabriken. Hinzu kamen zahlreiche arbeitslose Handwerker, deren Produkte nicht mit der Massenware aus den Fabriken konkurrieren konnten und die nicht länger durch Zünfte geschützt waren. Da all diese Menschen fast keinen Besitz hatten und „von der Hand in den Mund" lebten, wurden sie „Proletarier" genannt. Dieser Begriff ist vom lateinischen „proles" (Nachkommen) abgeleitet. Er bringt zum Ausdruck, dass die Proletarier nichts weiter besaßen als ihre eigene Arbeitskraft und ihre Kinder.

Reiche Fabrikbesitzer

Den Proletariern standen die Kapitalisten gegenüber. Dies waren die Fabrikbesitzer, denen die Produktionsmittel, also die Produktionsstätten und Maschinen gehörten. Mit kaufmännischem Geschick, gegebenenfalls technischen Kenntnissen, Risikobereitschaft und Glück konnten solche Fabrikherren sehr reich werden. So übernahm der Stahlunternehmer Alfred Krupp 1826 in Essen einen kleinen Familienbetrieb mit sieben Arbeitern. Bis zu seinem Tod 60 Jahre später baute er die Firma zu einem Weltunternehmen mit 21 000 Mitarbeitern aus.

Bedrückende Armut

Der zunehmende Wegfall von Arbeitsplätzen in der Landwirtschaft und im Handwerk seit der ersten Hälfte des 19. Jahrhunderts, ein rasanter Bevölkerungsanstieg und die Ausbeutung in den Fabriken führten zu katastrophalen Verhältnissen: Die bedrückende Armut der Arbeiter wurde mit der Industrialisierung zu einem Massenphänomen, das als „Pauperismus" bezeichnet wird.

Schlechte Arbeitsbedingungen und fehlende soziale Absicherung

Da viele Menschen Arbeit suchten, gab es ein Überangebot an Arbeitskräften und eine hohe Arbeitslosigkeit. Das nutzten die Fabrikbesitzer aus. Sie zahlten niedrige Löhne und ließen die Arbeiter extrem lange arbeiten, wobei Arbeitszeiten von bis zu 16 Stunden keine Seltenheit waren. Allein gut ausgebildete Facharbeiter verdienten angemessen, da sie nicht so leicht zu ersetzen waren.

In den meisten Fabriken herrschten unzumutbare Arbeitsbedingungen und nur wenige Arbeitsplätze verfügten über Schutzvorrichtungen – Arbeitsunfälle waren an der Tagesordnung. Ein verletzter oder kranker Arbeiter blieb jedoch ohne finanzielle Unterstützung, denn es gab weder eine Lohnfortzahlung im Krankheitsfall noch eine Kranken- oder Unfallversicherung. Arbeitslosigkeit und Arbeitsunfähigkeit durch Krankheit oder Unfall waren für Arbeiterfamilien daher existenzbedrohend und konnten schnell zu Obdachlosigkeit und völliger Verarmung führen.

Frauen- und Kinderarbeit

Meist reichte der Verdienst der Männer nicht für die ganze Familie, sodass Kinder und Frauen mitarbeiten mussten. Sie wurden in der Fabrik oder am Heimarbeitsplatz noch schlechter bezahlt als Männer: Frauen verdienten oft nur die Hälfte. Für sie bedeutete die Arbeit eine gewaltige Mehrbelastung, da sie auch für die Kinder und den Haushalt zuständig waren. Wenn eine Schwangerschaft nicht

M 3 „Villa Hügel"
Wohnhaus der Familie Krupp in Essen, erbaut 1873, heute Museum und Veranstaltungszentrum, aktuelles Foto

M 4 Sorgen der Arbeiterfrauen
Jede neue Schwangerschaft vermehrte die Sorgen der Arbeiterfrau, Zeichnung von Käthe Kollwitz, 1909.

gänzlich den Arbeitsplatz kostete, wurden die Ausfallzeiten so gering wie möglich gehalten, da der Verdienstausfall existenzbedrohend sein konnte. Mädchen aus armen Schichten suchten häufig eine Anstellung als Dienstmädchen. Meist hatten sie bei der „Herrschaft" eine Schlafstelle und mussten rund um die Uhr zur Verfügung stehen.

Kinder verdienten sogar nur ein Viertel vom Lohn eines ungelernten Arbeiters. Arbeiterkinder konnten wegen der Fabrikarbeit gar nicht oder nur sehr kurz zur Schule gehen. Sie waren damit von Bildung und besseren Arbeitsplätzen von vornherein ausgeschlossen. Zudem schadete die lange und schwere Arbeit ihrer Gesundheit. Schließlich griff der Staat mit Regelungen ein: In Preußen wurde 1839 Fabrikarbeit für Kinder unter neun Jahren untersagt; unter 13-jährige Kinder wurden jedoch erst ab 1891 geschützt.

Elende Wohnverhältnisse

Wegen des akuten Wohnungsmangels drängten sich viele Menschen auf sehr kleinem Raum – sechs Personen in einem Zimmer waren lange Zeit keine Seltenheit. Dabei bewohnte eine Familie mit mehreren Kindern in der Regel eine kleine und meist teure Wohnung mit ein bis zwei Zimmern.

Bis zum Ende des 19. Jahrhunderts gab es in vielen Ballungsgebieten weder fließendes Wasser noch eine Kanalisation. Die Wohnungen waren dunkel, schlecht zu lüften, häufig kalt, feucht oder gar schimmlig. Unter diesen unhygienischen Bedingungen konnten sich gefährliche Krankheiten wie Tuberkulose oder Cholera stark ausbreiten. Um das Familieneinkommen aufzubessern, wurden Teile der engen Wohnungen untervermietet. Oft vermietete man auch ein Bett im Rhythmus der Fabrikschichten stundenweise an mehrere sogenannte Schlafgänger.

M 5 Mietskasernen in Berlin-Wedding
Um 1900 errichtet, Foto, 1929

Armut im 19. Jahrhundert – Mit Kreisdiagrammen arbeiten

M 6

Durchschnitt der Haushaltsausgaben einer Arbeiterfamilie (1890)
(Angaben in % des Einkommens)

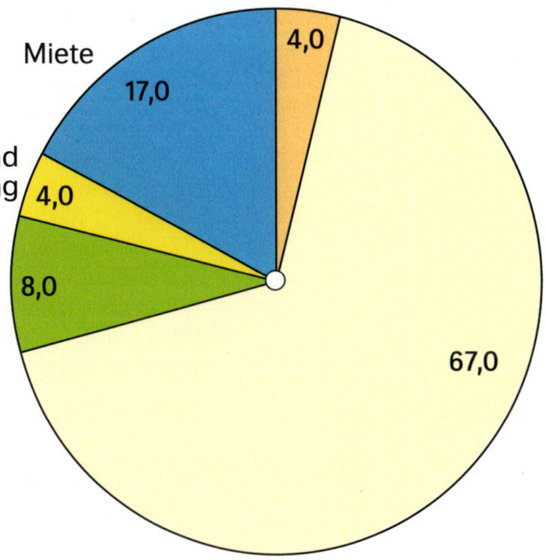

M 7

Durchschnitt der Ausgaben der privaten Haushalte (2010)
(Angaben in % des Einkommens)

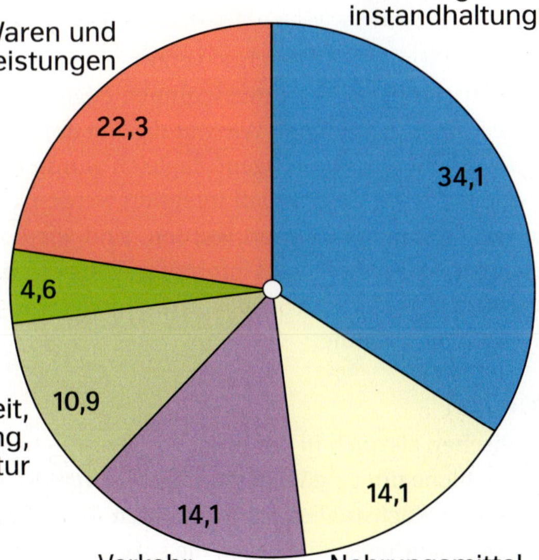

Aufgaben

1. **Haushaltsausgaben 1890 und heute**
   a) Vergleiche die Haushaltsausgaben in den beiden Diagrammen M6 und M7.
   b) Erläutere den Wandel in den Ausgaben der Arbeiterfamilien um 1890 und den privaten Haushalten von 2010.
   c) Suche nach Gründen für die veränderte Ausgabenstruktur.
   d) Erläutere, mit welchen Alltagsproblemen die Arbeiter 1890 konfrontiert waren.

→ M6 – M7

Gesellschaftliche Missstände – Lösungsversuche der Sozialen Frage

Die untragbaren Zustände in den Arbeitervierteln, die schlechten Arbeitsbedingungen, die fehlenden Absicherungen warfen viele Fragen auf. Vor allem eine: Wie konnte man das Schicksal dieser Menschen verbessern? Alle diese Fragen nennt man zusammenfassend „die Soziale Frage".

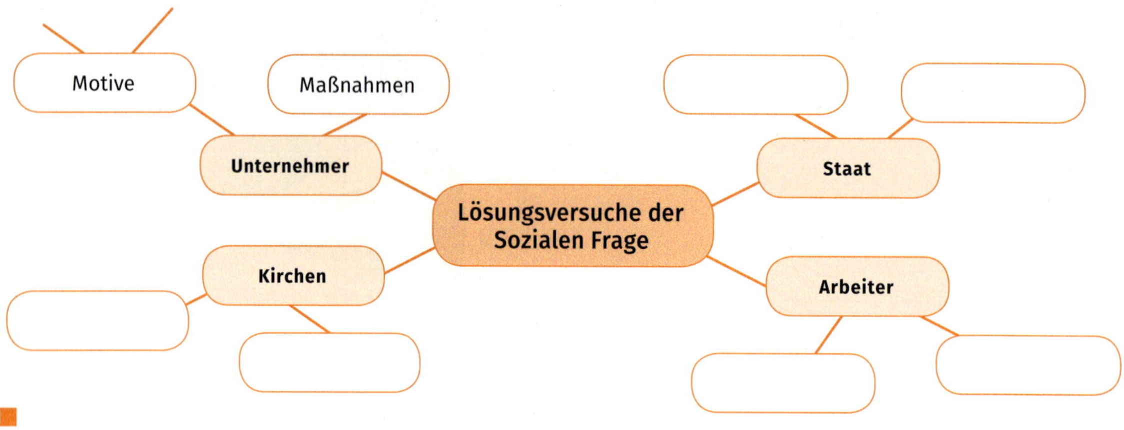

M 1

Die „Soziale Frage"

Die Situation der Arbeiter wurde schließlich so verzweifelt, dass in der gesamten Gesellschaft eine Diskussion über Gegenmaßnahmen begann. Die Lösung der Sozialen Frage wurde immer drängender: Wie war das mit der Industrialisierung einhergegangene Massenelend zu beseitigen? Zugleich wurde überlegt, wie die neue Schicht der Arbeiter in die Gesellschaft integriert werden könnte. Da diese Fragen jahrzehntelang öffentlich diskutiert wurden, sind wir über Motive und Ziele sowie über einzelne Maßnahmen gut informiert. Von verschiedenen Seiten kamen Vorschläge und Initiativen: vom Staat, von der Kirche, von den Unternehmern und von der Arbeiterbewegung.

Initiativen der Kirchen

Sowohl in der katholischen als auch in der evangelischen Kirche bemühten sich zunächst einzelne Geistliche um eine Verbesserung der Lage der Arbeiter, wobei Seelsorge und christliche Nächstenliebe die zentralen Motive bildeten. Dabei stellten sich die Kirchen allerdings strikt gegen die sozialistischen Positionen der Arbeiterbewegung, welche die Gesellschaftsordnung grundlegend verändern wollte.

Aufgaben

1. **Lösungsversuche der Sozialen Frage**
   Erstelle aus den Informationen des Schulbuchtextes eine grafische Skizze zu den Lösungsversuchen der Sozialen Frage. Verwende dafür als Grundlage die in M1 angedeutete Mind Map. Zu den Motiven und Maßnahmen der Arbeiter findest du Informationen im nächsten Teilkapitel (Seite 106 – 108).
   → M1, Text auf den Seiten 102 – 104 und 106 – 108

M 2 Knabenarbeitssaal im Rauhen Haus

Im Rauhen Haus hatten die Jugendlichen die Möglichkeit, einen handwerklichen Beruf zu erlernen, Holzstich von 1855, später koloriert.

Der protestantische Theologe Johann Hinrich Wichern gründete 1833 in Hamburg das „Rauhe Haus“, eine soziale Einrichtung, in der arme und verwaiste Jungen untergebracht und ausgebildet wurden. 1848 rief Wichern auf einem evangelischen Kirchentag zur „Inneren Mission“ in Deutschland auf, einer Verbindung aus Seelsorge und praktischer Hilfe für Menschen in Armut und Not. So wurden in der Folgezeit von der Kirche viele soziale Einrichtungen gegründet, insbesondere zur Kranken- und Altenfürsorge.

Auf Initiative des katholischen Priesters Adolph Kolping wurden zwischen 1846 und 1865 in verschiedenen Städten zahlreiche Aufenthalts- und Wohnheime für alleinstehende Arbeiter eingerichtet. Die später nach ihrem Gründer benannten „Kolpingwerke“ umfassten 1864 bereits 420 Vereine mit 60 000 Mitgliedern. Der katholische Mainzer Bischof Wilhelm Emmanuel von Ketteler erhob sogar politische Forderungen: Er trat für höhere Arbeitslöhne, Arbeitszeitverkürzung und das Recht der Arbeiter auf gewerkschaftliche Vereinigung ein und forderte den Staat zu Sozialreformen auf. 1891 kritisierte Papst Leo XIII. in einem Rundschreiben – der nach ihren Anfangsworten „Neue Entwicklungen“ benannten Enzyklika „Rerum Novarum“ – die Ausbeutung der Arbeiter. Zwar lehnte er sozialistische Forderungen nach einer Abschaffung des Privateigentums an Produktionsmitteln ab, jedoch sprach er sich dafür aus, dass Staat und Unternehmer die Lage der Arbeiter verbessern müssten.

Die Aufrufe und Maßnahmen der Kirchen zur Linderung des Elends wurden vor allem im kirchlichen Umfeld wirksam, sollten aber auch führende Politiker und Industrielle zu Taten ermutigen.

M 3 Wilhelm Emmanuel Freiherr von Ketteler (1811 – 1877)

Erzbischof von Mainz, Holzstich nach einer Zeichnung von Fritz Kriehuber, 1871

Maßnahmen der Unternehmer

Die Unternehmer sahen sich selbst als „Herren im Haus“, da über einen langen Zeitraum hinweg keine staatliche Regulierung ihr Schalten und Walten in den Fabriken eingeschränkt hatte. Der Großindustrielle Emil Kirdorf (1847–1938) fasste dies so zusammen: „Weder Kaiser noch Könige haben in den Betrieben etwas zu sagen. Da bestimmen wir allein!“

M 4 Arbeiterkolonie Kronenberg

Werkssiedlung der Firma Krupp in Essen, Zeichnung (Ausschnitt), 1890

M 5 Hilfe von Unternehmern für ihre Arbeiterinnen und Arbeiter in Auswahl

Andererseits nahmen aber auch manche Unternehmer die Nöte und Bedrängnisse innerhalb der Arbeiterschaft wahr, und die besonders sozial Eingestellten unter ihnen kümmerten sich um ihre Arbeiter mit speziellen Maßnahmen. Einer der ersten, der für seine Arbeiter aus Gründen „der Nützlichkeit und der Nächstenliebe“ sorgte, war der Unternehmer Alfred Krupp (1812–1887): 1835/36 führte er für seine Stahlarbeiter in Essen eine Pensions- und Betriebskrankenkasse ein, ab 1861 ließ er eigene Wohnanlagen bauen, 1868 errichtete er einen Konsumladen und 1872 ein eigenes Krankenhaus. Die Krupp-Großbäckerei produzierte täglich bis zu 24 000 Brote für die Firmenangestellten.

Der selbst aus ärmlichen Verhältnissen stammende Mitbegründer der Carl-Zeiss-Werke in Jena, Ernst Abbe (1840–1905), rief die Carl-Zeiss-Stiftung ins Leben. Deren Statuten sicherten den Arbeitern unter anderem bezahlten Urlaub, Gewinnbeteiligung, Anspruch auf Pension und im Jahr 1900 sogar eine nur achtstündige Arbeitszeit zu.

Dies alles war jedoch freiwillig und hing von der sozialen Einstellung des Unternehmers ab. Und natürlich verfolgten die Fabrikbesitzer damit auch eigennützige Zwecke: Die Leistungsfähigkeit und Motivation der Arbeiter sollten erhalten bleiben und die Firmenbindung sollte neben Arbeitsplatzwechseln vor allem Streiks verhindern.

Staatliche Maßnahmen

All diese Maßnahmen reichten aber letztlich nicht aus, um die soziale Lage der Arbeiter nachhaltig zu verbessern und die Soziale Frage zu beantworten. So wurde der Ruf nach einem Einschreiten des Staates immer lauter. Die in den 1880er-Jahren schließlich eingeführte gesetzliche Kranken-, Unfall- und Rentenversicherung, die als Sozialversicherung in veränderter Form noch heute besteht, erreichte zunächst nur sehr wenige Menschen. Der deutsche Staat wurde damit zwar in Ansätzen zum Sozialstaat, der sich um in Not geratene Bürger kümmerte, jedoch waren diese Maßnahmen noch weit davon entfernt, für die Betroffenen eine gesicherte Lebensgrundlage darzustellen. Hinzu kam, dass auch politisch-taktische Erwägungen eine Rolle spielten: Auf der einen Seite sollte die Integration der Arbeiterschaft in das Kaiserreich gefördert werden („Zuckerbrot“), auf der anderen Seite wurde die Arbeiterbewegung rigoros bekämpft („Peitsche“).

Fürsorgliche Unternehmer? – Textquellen vergleichen

M 6 Alfred Krupp

Alfred Krupp an seine Arbeiter (1877):

Ich habe den Mut gehabt, für die Verbesserung der Lage der Arbeiter Wohnungen zu bauen, ihnen Schulen zu gründen und Einrichtungen zu treffen zur billigen Beschaffung von allem Bedarf. Ich habe mich dadurch in eine Schuldenlast gesetzt, die abgetragen werden muss. Damit dies geschehen kann, muss jeder seine Schuldigkeit tun in Frieden und Eintracht und in Übereinstimmung mit unsern Vorschriften [...].

Genießet, was Euch beschieden ist. Nach getaner Arbeit verbleibt im Kreise der Eurigen, bei den Eltern, bei der Frau und den Kindern und sinnt über Haushalt und Erziehung. Das sei Eure Politik, dabei werdet ihr frohe Stunden erleben. Aber für die große Landespolitik erspart Euch die Aufregung. Höhere Politik treiben erfordert mehr freie Zeit und Einblick in die Verhältnisse, als dem Arbeiter verliehen ist.

Zit. n.: Wilhelm Berdrow (Hg.), Alfred Krupps Briefe 1826–1887, Berlin: Hobbing 1928, S. 346ff.

M 8 „Der Herr im Haus“

Der Industrielle Carl Ferdinand von Stumm-Halberg berichtet 1878 über sein System der „milden und der strengen Hand“:

Wenn ein Fabrikunternehmen gedeihen soll, so muss es militärisch, nicht parlamentarisch geordnet sein. Hat ein Arbeiter einmal die Autorität des Arbeitgebers über den Haufen geworfen, dann wird die Autorität auf anderen Gebieten, in Staat und Kirche, sehr bald folgen. [...]

Ich könnte eine ganze Reihe von Handlungen von Arbeitern außerhalb des Betriebes nennen, gegen die ich es für die absolute Pflicht eines Arbeitgebers halte, einzuschreiten und sich nicht auf den bequemen Standpunkt zurückzuziehen und zu sagen: das, was der Arbeiter außerhalb des Betriebes macht, ist mir gleichgültig.

Ich tue damit einfach meine Pflicht als Mensch, als Christ und als Haupt der großen Neunkircher Arbeiterfamilie.

Zit. n.: Fritz Hellwig, Carl Ferdinand Freiherr von Stumm-Halberg 1836–1901, Heidelberg/Saarbrücken: Westmark-Verlag 1936, S. 295–300.

M 7 Alfred Krupp (1812–1887)

Der Industrielle schuf mit seinem Stahlkonzern ein Weltunternehmen, dessen soziale Einrichtungen als vorbildlich galten, Gemälde (Ausschnitt), um 1880.

Aufgaben

1. **Die Soziale Frage**
   Benenne Ursachen, Folgen und Gefahren der Massenarmut im 19. Jahrhundert.
   ↝ Text auf den Seiten 102–104
2. **Die Soziale Frage in schriftlichen Quellen**
   a) Gib die Standpunkte der Unternehmer Krupp (M6) und Stumm-Halberg (M8) wieder.
   b) Vergleiche ihre Auffassungen mit den auf Seite 102–104 vorgestellten Initiativen der Kirchen (z. B. von Johann Hinrich Wichern und Adolph Kolping).
   c) Erkläre die Ursachen für die unterschiedlichen Positionen.
   ↝ M6, M8, Text auf den Seiten 102–104
3. **Raiffeisen – Recherche und Präsentation**
   Recherchiere über Friedrich Wilhelm Raiffeisen. Gestalte eine Präsentation über seine Ideen zur Lösung der Sozialen Frage auf dem Land.
   ↝ Internet

Die Arbeiter organisieren sich

Angesichts der Not fühlten sich verschiedene Menschen aufgerufen, etwas für die Arbeiter zu tun. Diese ergriffen aber auch die Initiative und organisierten sich selbst. Zu welchen Mitteln griffen sie?

M 1 **„Der Streik"**
Gemälde von Robert Koehler, 1886

Aufgaben

1. Soziale Auseinandersetzungen

a) Erkläre den Begriff „Streik".

b) Unterteile das Bild „Der Streik" von Robert Koehler in Bereiche mit Handlungsschwerpunkten und beschreibe die „Geschichte" der jeweiligen Handlung.

c) Stellt Vermutungen darüber an, wie sich die dargestellte Szene auf dem Gemälde „Der Streik" wohl weiterentwickeln wird. Begründet eure Vermutungen.

d) Gib mögliche Gründe dafür an, warum das Bild die Entstehung eines Streiks so ausführlich darstellt.

→ M1

Die deutsche Arbeiterbewegung

Im Zuge der Industrialisierung bildete sich aus verschiedenen Gruppen von Werktätigen, die zuvor als Handwerker, Landarbeiter, Bauern, Dienstboten oder ungelernte Tagelöhner tätig waren, eine neue soziale Schicht: die Arbeiterschaft (im Marxismus „Arbeiterklasse"). Die Menschen arbeiteten für geringe Löhne in den neu entstandenen Fabriken und wohnten zumeist in den explosionsartig anwachsenden Städten unter erbärmlichen Verhältnissen.

Bald schon unternahmen die Arbeiter erste Versuche zur Verbesserung ihrer Lage: Sie schlossen sich innerhalb ihrer Fabriken zusammen, um vereint Forderungen durchzusetzen und im Notfall auch zu streiken. Erfolgten derartige Zusammenschlüsse anfangs spontan, räumlich begrenzt und zeitlich befristet, so entwickelten sich mit der Zeit dauerhafte Arbeiterorganisationen, die nicht selten verfolgt wurden. Bereits um 1830 mussten führende Köpfe der deutschen Arbeiterbewegung ins Ausland gehen, wo sie sich zu Geheimbünden zusammenschlossen. Auf deutschem Boden trat die Arbeiterbewegung erstmals zur Zeit der Revolution von 1848/49 offen auf. Das Symbol der „Allgemeinen Deutsche Arbeiterverbrüderung" war der „brüderliche Handschlag".

Ab etwa 1860 wurde die Arbeiterbewegung dann zu einer Massenbewegung: Die Arbeiter schlossen sich in Gewerkschaften zusammen, um gemeinsame soziale und wirtschaftliche Ziele durchzusetzen. Schließlich bildeten sich politische Parteien mit dem Ziel, politischen Einfluss für die Arbeiterschaft zu erringen und die gesellschaftlichen Zustände zu verändern.

M 2 Traditionsbanner der SPD
mit dem Handschlag, dem alten Symbol der Arbeiterverbrüderung, 1863

Gewerkschaften

Die Gewerkschaften waren Zusammenschlüsse von Arbeitern bestimmter Berufsgruppen wie Drucker, Metallarbeiter oder Bergleute. Die Gewerkschaftsmitglieder halfen sich gegenseitig, beispielsweise bei Einkommensverlust aufgrund von Streiks. Gewerkschaftliche Forderungen waren u. a. ein ausreichender Lohn und eine Begrenzung der Arbeitszeit, aber auch mehr Rechte für Arbeitnehmer, eine Verbesserung der Arbeitsbedingungen und ein besserer Schutz vor Arbeitsunfällen.

Im Jahr 1890 schlossen sich die einzelnen freien Gewerkschaften zur Generalkommission der Gewerkschaften Deutschlands zusammen, deren Nachfolgeorganisation heute der DGB (Deutscher Gewerkschaftsbund) ist.

M 3 Ferdinand Lassalle (1825–1864)
Gründer der sozialdemokratischen Bewegung, Holzstich, 1863, spätere Kolorierung

Parteien

Die Forderungen der freien Gewerkschaften wurden von den Arbeiterparteien geteilt. Die Parteien formulierten aber auch weitergehende Vorstellungen im Hinblick auf eine künftige Umgestaltung der Gesellschaftsordnung. An der Spitze des 1863 in Leipzig gegründeten Allgemeinen Deutschen Arbeitervereins (ADAV) stand Ferdinand Lassalle (1825–1864). 1869 riefen August Bebel (1840–1913) und Wilhelm Liebknecht (1826–1900) in Eisenach die Sozialdemokratische Deutsche Arbeiterpartei (SDAP) ins Leben. Die 1875 aus dem Zusammenschluss von ADAV und SDAP hervorgegangene Sozialistische Arbeiterpartei Deutschlands nannte sich ab 1890 Sozialdemokratische Partei Deutschlands (SPD).

Sozialismus und Kommunismus

In der Arbeiterbewegung waren sozialistische und kommunistische Gedanken weit verbreitet: Das Eigentum der Fabrikbesitzer an den Produktionsmitteln – also

M 4 **Karl Marx (1818–1883)**
Philosoph und Verfasser des „Kommunistischen Manifests“, das mit folgenden Worten beginnt: „Ein Gespenst geht um in Europa – das Gespenst des Kommunismus“, koloriertes Foto, um 1880.

an Fabrikanlagen und Maschinen – sollte, wenn nötig gewaltsam, in gemeinschaftlichen Besitz der arbeitenden Bevölkerung überführt werden. Auf dieser Grundlage sollte in einem längeren Prozess eine gerechte Wirtschafts- und Gesellschaftsordnung errichtet werden – der Sozialismus.

Die wohl einflussreichsten Analytiker der kapitalistischen Produktionsweise und Theoretiker des Sozialismus waren Karl Marx und Friedrich Engels. Sie gingen davon aus, dass die Geschichte der Menschheit vom Klassenkampf bestimmt ist. Eine Klasse ist eine soziale Gruppe mit gemeinsamen wirtschaftlichen und politischen Interessen. Im 19. Jahrhundert waren es für Marx und Engels die Fabrikbesitzer, die die besitzlosen Arbeiter in Elend und Unfreiheit hielten. Die Klasse des besitzenden Bürgertums, die „Bourgeoisie“, stand demnach dem „Proletariat“ im Klassenkampf gegenüber. Marx und Engels nahmen an, dass sich die sozialen und ökonomischen Widersprüche des Kapitalismus zwangsläufig derart zuspitzen würden, dass eine Weltrevolution unvermeidlich sei. Am Ende einer sozialistischen Übergangsphase stünde dann der Kommunismus als klassenlose Gesellschaft, in der Freiheit und Gleichheit aller verwirklicht wären und es nur noch gesellschaftlich verwalteten Besitz gäbe.

Auch wenn einfache Arbeiter von dieser Theorie zunächst nur geringe Kenntnisse hatten, war ihr Einfluss auf die Führungsschicht der Arbeiterbewegung außerordentlich groß. Die Ideen des Sozialismus und Kommunismus verbreiteten sich rasch. Neben der Perspektive auf eine revolutionäre Umgestaltung der Gesellschaft stellten die Sozialdemokraten als „Nahziele“ konkrete Forderungen auf, zum Beispiel:

- allgemeines, gleiches und geheimes Wahlrecht;
- Demokratisierung des Staates, Meinungsfreiheit und Beteiligung des Volkes an der Gesetzgebung;
- Gleichberechtigung von Mann und Frau.

Ziel war die Errichtung eines freien Staats und einer gerechten Gesellschaft, deren Produktionsmittel sich in Gemeineigentum befinden.

M 5 **Kunstblatt aus dem Zentralorgan der SPD,** 1896

M 6 „Manifest der Kommunistischen Partei“

a) Karl Marx und Friedrich Engels verfassten im Auftrag des „Bundes der Kommunisten“ dessen programmatische Schrift, das „Manifest der Kommunistischen Partei“. Im Februar 1848 wurde es veröffentlicht und verbreitete sich rasch in revolutionären Kreisen. Der Beginn der Schrift lautet:

Ein Gespenst geht um in Europa – das Gespenst des Kommunismus. Alle Mächte des alten Europa haben sich zu einer heiligen Hetzjagd gegen dies Gespenst verbündet, der Papst und der Zar, Metternich und Guizot [französischer Politiker], französische Radikale und deutsche Polizisten. [...]
Der Kommunismus wird bereits von allen europäischen Mächten als eine Macht anerkannt.
Es ist hohe Zeit, dass die Kommunisten ihre Anschauungsweise, ihre Zwecke, ihre Tendenzen vor der ganzen Welt offen darlegen und dem Märchen vom Gespenst des Kommunismus ein Manifest der Partei selbst entgegenstellen. Zu diesem Zweck haben sich Kommunisten der verschiedensten Nationalität in London versammelt und das folgende Manifest entworfen, das in englischer, französischer, deutscher, italienischer, flämischer und dänischer Sprache veröffentlicht wird. [...]

b) Das Manifest endet wie folgt:

[Die] Kommunisten unterstützen überall jede revolutionäre Bewegung gegen die bestehenden gesellschaftlichen und politischen Zustände. In allen diesen Bewegungen heben sie die Eigentumsfrage [...] als die Grundfrage der Bewegung hervor. Die Kommunisten arbeiten endlich überall an der Verbindung und Verständigung der demokratischen Parteien aller Länder.
Die Kommunisten verschmähen es, ihre Ansichten und Absichten zu verheimlichen. Sie erklären es offen, dass ihre Zwecke nur erreicht werden können durch den gewaltsamen Umsturz aller bisherigen Gesellschaftsordnung. Mögen die herrschenden Klassen vor einer kommunistischen Revolution zittern. Die Proletarier haben nichts in ihr zu verlieren als ihre Ketten. Sie haben eine Welt zu gewinnen. Proletarier aller Länder, vereinigt euch!

Karl Marx/Friedrich Engels, Manifest der Kommunistischen Partei, London: Office der „Bildungs-Gesellschaft für Arbeiter“ 1848, S. 3, 23.

M 7 Allgemeiner Deutscher Arbeiter-Verein

In einer Schrift vom 1. März 1863 legte Ferdinand Lassalle die programmatischen Grundsätze des am 23. Mai 1863 in Leipzig gegründeten Allgemeinen Deutschen Arbeiter-Vereins nieder. Auch kritisierte er die Politik der liberalen Fortschrittspartei:

Der Arbeiterstand muss sich als selbstständige politische Partei konstituieren und das allgemeine, gleiche und direkte Wahlrecht zu dem prinzipiellen Losungswort und Banner dieser Partei machen. Die Vertretung des Arbeiterstandes in den gesetzgebenden Körpern Deutschlands – dies ist es allein, was in politischer Hinsicht seine legitimen Interessen befriedigen kann. Eine friedliche und gesetzliche Agitation hierfür mit allen gesetzlichen Mitteln zu eröffnen, das ist und muss in politischer Hinsicht das Programm der Arbeiterpartei sein.
Es erhellt sich von selbst, wie diese Arbeiterpartei sich zur deutschen Fortschrittspartei zu verhalten hat. Sich überall als eine selbstständige und durchaus von ihr getrennte Partei zu fühlen und zu konstituieren, gleichwohl die Fortschrittspartei in solchen Punkten und Fragen zu unterstützen, in welchen das Interesse ein gemeinschaftliches ist, ihr entschieden den Rücken zu kehren und gegen sie aufzutreten, so oft sie sich von demselben entfernt [...]

Ferdinand Lassalle, Offenes Antwortschreiben; zit. n.: Wolfgang Hardtwig/Helmut Hinze (Hg.), Deutsche Geschichte in Quellen und Darstellung Bd. 7: Vom Deutschen Bund zum Kaiserreich 1815–1871, Stuttgart: Reclam 1997, S. 431 f.

Aufgaben

1. **Die Entstehung der Arbeiterbewegung**
   a) Erläutere den Begriff „Arbeiterbewegung“.
   b) Erkläre den Unterschied zwischen Gewerkschaften und Parteien.
   c) Fasse mit eigenen Worten die Ziele von Karl Marx und Friedrich Engels zusammen.
   → Text auf den Seiten 107–108
2. **Kommunismus und Sozialismus**
   a) Erläutere die Formulierung „Ein Gespenst geht um in Europa – das Gespenst des Kommunismus“ (M6).
   b) Fasse das Programm und die Vorstellungen des „Kommunistischen Manifests“ (M6) zusammen.
   c) Erörtere die Ursachen dafür, dass Unternehmer und Politiker den Kommunismus als bedrohlich empfanden.
   d) Vergleiche die Positionen des Allgemeinen Deutschen Arbeiter-Vereins (M7) mit denen des Kommunistischen Manifests (M6).
   → M6, M7

1810 1820 1830 1840 1850 1860 1870 1880 1890 1900 1910

1835:
Erste Eisenbahnstrecke in Deutschland

1848:
Karl Marx verfasst das Kommunistische Manifest

Zunehmende Industrialisierung in Deutschland

Industriezentren entstehen

Urbanisierung

DATEN

Um 1780 und 1830:
Beginn der Industrialisierung in England und Deutschland

1835:
Erste deutsche Eisenbahn

1848:
Kommunistisches Manifest

BEGRIFFE

Industrielle Revolution

Kommunismus

Proletariat

Soziale Frage

Deutscher Zollverein

Sozialdemokratie

Industrialisierung

Bevölkerungsexplosion

Marxismus

Die Industrialisierung

Ab dem Ende des 18. Jahrhunderts vollzog sich eine Entwicklung von weltgeschichtlicher Bedeutung: die Industrialisierung. Die Produktion von Gütern erfolgte nunmehr arbeitsteilig in Fabriken mithilfe von Maschinen, zugleich ergab sich ein tief greifender Wandel im Leben und Denken aller Menschen.

Anfänge der Industrialisierung

Die Industrialisierung begann mit der entscheidenden Weiterentwicklung der bereits zuvor erfundenen Dampfmaschine durch James Watt ab 1769, die ein Zeitalter der Maschinen und Fabriken einleitete. Ausgehend von England als führender Industrienation erfasste die Entwicklung um 1830 auch Mitteleuropa und Deutschland. Während in England die Textilindustrie der Industrialisierung zum Durchbruch verhalf, war in Deutschland der Eisenbahnbau der treibende Faktor. Staatliche Maßnahmen förderten die Entwicklung aller Industriesparten und bildeten eine wichtige Voraussetzung für Deutschlands industriellen Aufschwung.

Industriegebiete entstehen

In Industrieregionen wie dem Ruhrgebiet wurden der Bergbau, die Eisen- und Stahlindustrie sowie der Maschinenbau zu Vorreitern einer neuen Phase industrieller Entwicklung. Hier und in anderen Ballungsgebieten kam es zu einer Verstädterung: Die Industriestädte erlebten einen gewaltigen Bevölkerungszuwachs.

Die Soziale Frage

Besonders in ihrer frühen Phase zeigte sich die Schattenseite der Industriellen Revolution am Elend der Arbeiterklasse. Diese hatte unzumutbare Arbeitsbedingungen, menschenunwürdige Wohnverhältnisse, niedrige Löhne, schwere Frauen- und Kinderarbeit sowie nahezu uneingeschränkte Willkür der Fabrikeigentümer zu ertragen.

Lösungsversuche der Sozialen Frage

Versuche zur Lösung der Sozialen Frage kamen von den Arbeitern selbst, aber auch von der Kirche, einzelnen Unternehmern und vom Staat, der Sozialgesetze einführte. Die Arbeiter bemühten sich im Rahmen von Gewerkschaften und Arbeiterparteien um eine Durchsetzung ihrer Interessen. Revolutionär wirkte die Lehre des Sozialismus bzw. Kommunismus, die Karl Marx und Friedrich Engels 1848 in ihrem „Kommunistischen Manifest“ propagierten. Sie enthielt die Vorstellung einer klassenlosen, gerechten Gesellschaft, die durch einen revolutionären Umsturz der bestehenden Gesellschaftsordnung erreicht werden sollte.

Industrialisierung und Soziale Frage

Hinweis: Die folgende Tabelle dient der Selbsteinschätzung deiner erworbenen Kenntnisse, Fähigkeiten und Kompetenzen. Die Auflistung erhebt nicht den Anspruch, vollständig zu sein. Es handelt sich um eine Auswahl, die ggf. erweitert werden kann. In der rechten Spalte findest du Hinweise, wie du eventuell vorhandene Lücken oder auch Unsicherheiten beseitigen kannst.

Ich kann …	Ich bin sicher.	Ich bin ziemlich sicher.	Ich bin noch unsicher.	Ich habe große Lücken.	Auf diesen Seiten kannst du in HORIZONTE nachlesen	Empfehlungen zur Übung, Wiederholung und Festigung
… die Merkmale der Industrialisierung herausarbeiten.					80–83 84–85	Erstelle eine Mind Map zum Begriff Industrialisierung.
… die Entwicklung der Industrialisierung in Deuschland von ihren Anfängen bis zum Anfang des 20. Jahrhunderts erläutern.					84–85 86–88 92–94	Gestalte eine Zeittafel über die Entwicklung der Industrialisierung in Deutschland. Notiere mindestens fünf Daten.
… die Auswirkungen der Industrialisierung auf die Gesellschaft herausarbeiten.					98–101	Erkläre den Begriff Proletarier. Nutze dazu auch ein etymologisches Wörterbuch.
… die Veränderungen im Arbeits- und Lebensumfeld der Menschen charakterisieren.					92–97 98–101	Stelle in einer Tabelle oder als Tagesablauf die Arbeits- und Lebensverhältnisse eines Arbeiters, seiner Frau und seiner Kinder dar.
… den Begriff „Soziale Frage“ erläutern.					98–101 102–104	Stelle in einer Tabelle die sich verändernden Lebensverhältnisse im Vergleich zum vorindustriellen Zeitalter dar.
… Versuche der Kirchen, der Unternehmer und der Arbeiter erläutern, die sozialen Folgen der Industrialisierung zu lösen.					98–101 102–104 106–108	Erstelle ein Schaubild zur Sozialen Frage.
…						

ACHTUNG:

bitte nicht beschreiben!

Du findest eine Kopie dieser Seite zur Bearbeitung unter dem Webcode

WES-115614-304

Industrialisierung und Kinderarbeit

Der Kampf ums Überleben

Ein besonders schlimmes Kapitel der Industrialisierung ist die Kinderarbeit. Väter und Brüder, die in den Fabriken arbeiteten, verdienten meist so wenig, dass es kaum zum Nötigsten reichte. Daher mussten Kinder mitarbeiten, um das Überleben der Familie zu sichern.

Dass Kinder die Maschinen oft ebenso gut wie Erwachsene bedienen konnten, machten sich die Fabrikbesitzer zunutze. Sie stellten bevorzugt Frauen und Kinder ein, denen sie erheblich weniger Lohn als den Männern zahlten, und steigerten so ihren Gewinn. Auch kam es vor, dass sich Fabrikanten an ein Waisenhaus wandten und dort Kinder mieteten, die dann in Werkhallen schuften mussten. Vor allem in der Textil- und Tabakindustrie, der Eisen- und Metallindustrie sowie im Bergbau war Kinderarbeit weit verbreitet.

Bergwerksarbeit und Gesundheitsschäden

Besonders schlimm war für Kinder die Arbeit in den Kohle- und Eisenbergwerken. Da Kinder besser durch enge Stollen kriechen konnten, stellten Bergwerksbesitzer

M 1 Kinderarbeit in einem englischen Bergwerk
Lithografie, 1844

sie gern ein. Dunkelheit, staubige Luft und giftige Gase machten die Arbeit unter Tage zur Hölle. Der Tod durch einstürzende Stollen, Wassereinbruch oder Ersticken war stets gegenwärtig.

Die Kinderarbeit führte zu schweren gesundheitlichen Schäden, da Kinder und Jugendliche den unmenschlichen Arbeitsbedingungen nicht gewachsen waren. Meist litten sie ihr ganzes Leben unter Krankheiten der Knochen, des Muskelsystems oder an einer Staublunge.

Das Ende der Kinderarbeit

Die schlimmsten Missstände gab es zu Beginn der Industrialisierung, als viele Unternehmer Kinder und Jugendliche schamlos ausbeuteten. Später lag es oft an den staatlichen Kontrolleuren, die die Angaben der Fabrikanten selten vor Ort nachprüften, dass Kinder noch in Bergwerken und Fabriken schuften mussten.

In Deutschland verdrängte die allgemeine Schulpflicht und vor allem die Kindergesetzgebung die Kinderarbeit in den Fabriken. Sie untersagte in Preußen 1839 die Beschäftigung von Kindern unter neun Jahren und erlaute die Beschäftigung von Jugendlichen unter 16 nur dann, wenn diese mindestens drei Jahre Schulzeit hinter sich hatten. Stellte die Fabrik aber eine eigene Schule, konnte diese Beschränkung umgangen werden, da über die Qualität des Unterrichts keine Bestimmungen getroffen wurden. Anlass für die Regulierung der Kinderarbeit war auch nicht in erster Linie die Sorge um die mangelhafte Bildung, sondern die Feststellung bei Musterungen, dass immer mehr Jugendliche aufgrund der harten Belastungen im Arbeitsprozess seit früher Kindheit nicht mehr für das Militär tauglich waren. 1891 wurde Kinderarbeit dann gänzlich verboten.

M 2 Kinder in einer Buntpapierfabrik in Aschaffenburg
Stahlstich, 1858

Industrialisierung und Kinderarbeit – Mit Bild- und Textquellen arbeiten

M 3 Kinder ohne Kindheit

1832 veröffentlichte eine englische Kommission einen Bericht, der unter anderem das Schicksal der kleinen Betty Drake enthielt. Er beruhte auf den Angaben ihres Vaters Joshua Drake und wird hier von einer Jugendbuchautorin nacherzählt:

Die 12-jährige Betty Drake lebte in Leeds. Ihre Familie war arm. Zwar hatten ihr Vater und ihr ältester Bruder John Arbeit in der nahen Wollfabrik, doch was sie dort verdienten, reichte kaum zum Notwendigsten. Wehe, jemand wurde krank und brauchte einen Arzt oder Medizin.

Schon lange hatte sie mit ihrem Vater über das, was ihr im Kopf herumging, sprechen wollen. Doch das war nicht so einfach, denn morgens um fünf, wenn Vater und John zur Arbeit gingen, schlief sie meistens noch; und wenn Vater abends um neun heimkam, war er stets zu müde gewesen. Auch war sich Betty nicht sicher, ob ihr Vater erlauben würde eine bezahlte Arbeit anzunehmen. Bisher hatte er sehr darauf geachtet, dass sie regelmäßig sonntags den Gottesdienst und die Schule besuchte, um schreiben, lesen und rechnen zu lernen. Und musste sie wirklich Mutter noch im Garten und Stall und bei der Versorgung der beiden kleinen Geschwister helfen? Konnte nicht Anne, jetzt, da sie zehn war, das kleine Stück Land versorgen, wo sie Kartoffeln anbauten und das Schwein fütterten, das sie jedes Jahr mästeten und verkauften, um sich über Wasser zu halten?

Sicher, sie würde nicht 5 Schilling pro Woche verdienen wie die Jungen, die schon mit neun Jahren 12 Stunden täglich – außer Sonntags – ins Bergwerk gingen und dort Kohlewagen schoben. Mr. Benyon zahlte den Mädchen in seiner Flachsmühle für eine nicht allzu schwere Arbeit, wie Bettys Freundinnen meinten, 3 Schilling die Woche – die Miete für Haus und Garten, mit der ihre Eltern so oft in Rückstand gerieten.

Begeistert war Joshua Drake vom Vorschlag seiner Tochter nicht. Er wusste, dass die Arbeit viel zu lang war und die Aufseher die Kinder prügelten, wenn ihnen die Augen zufielen und sie einen Fehler machten oder nicht schnell genug waren. Gewiss konnten nun, da die Maschinen überall von Dampfmaschinen angetrieben wurden, auch Frauen und Kinder viele Fabrikarbeiten verrichten, doch was waren das für Zeiten, die Väter zwangen, ihre Kinder in der Fabrik oder im Bergwerk arbeiten zu lassen?

Betty freute sich über die Einwilligung ihres Vaters. In der Flachsmühle, wo aus dem Stroh der Flachspflanze in mehreren Arbeitsgängen feine lange Flachsfasern für die Leinengarnherstellung gewonnen wurden, verarbeiteten die Mädchen die kürzeren Fasern, das Werg. Der Raum war heiß und stickig. Alles voller Staub, sodass man die anderen nur durch einen Nebel sehen konnte. Nur der Gedanke ans Geld ließ Betty durchhalten und sich an die Arbeitsbedingungen gewöhnen.

Zwar war Betty froh, ihrem Vater jede Woche 3 Schilling geben zu können, doch machten ihr Hitze und Staub schwer zu schaffen. Heftige Schweißausbrüche und Hustenanfälle peinigten sie immer öfter. Und der Aufseher, der Betty anfangs geduldig alle Handgriffe gezeigt hatte, trieb nun auch sie mit Ohrfeigen zur Arbeit an. Nach einem Vierteljahr erkrankte Betty und starb ebenso wie ihre Freundinnen wenige Wochen später.

Freya Stephan-Kühn, Was in Höhlen begann ... die Geschichte Europas in Geschichten, Würzburg: Arena 1992, S. 176–179.

M 4 Die 12-jährige Spinnereiarbeiterin Addie Card

Foto von Lewis Hine, 1910

Der Fotograf Lewis Hine (1874–1940) widmete sich mit seinen Arbeiten der sozialen Situation in den USA. Er fotografierte insbesondere die auf der Insel Ellis Island vor New York eintreffenden Einwanderer und dokumentierte die Kinderarbeit in den Vereinigten Staaten zu Beginn des 20. Jahrhunderts.

M 5 **Kinderarbeit in einer Fabrik**
Wien, 1908

M 6 Ein Bürgermeister über Kinderarbeit

Nachfolgend die Antworten des Bürgermeisters von Ratingen auf eine Befragung durch den Düsseldorfer Landrat am 22. August 1841:

1. Wie ist die Lebensart oben genannter Kinder beschaffen und wie ist sie von der nicht in Fabriken arbeitender Kinder gleichen Standes verschieden?
„Sie arbeiten 12 Stunden, die nicht in Fabriken arbeitenden betteln."
2. Wie ist der Gesundheitszustand dieser Kinder an sich und im Verhältnis zu den nicht in Fabriken arbeitenden Kinder derselben Volksklasse?
„Die meist gehend und stehend verrichtete Arbeit in luftigen Gebäuden erhält die Kinder gesund, die nicht darin arbeitenden sind krank von Elend und betteln."
3. Wie verhalten sich hinsichtlich der Gesundheit diejenigen Erwachsenen, die in ihrer Kindheit in Fabriken gearbeitet haben, zu denen, die nicht gebraucht worden sind?
„Die in der Spinnerei in der Kindheit gearbeitet haben, sind erwachsen meist gesunde, starke Handwerker."
4. Welche Gesetze über die Benutzung der Kinder zu Fabrikarbeiten erscheinen zweckmäßig?
„Keine."

Verzeichnis der in Fabriken arbeitenden Kinder
Bezeichnung der Fabriken, wo Kinder arbeiten: Baumwollspinnerei
Wie viele Kinder arbeiten tags: 150; nachts: keine
In welchem Alter sind die Kinder: von 6–16 Jahren
Arbeitsstunden: 12
Gesundheitszustand: gut
Welche Arbeiten verrichten die Kinder: Aufpassen und andere Baumwollarbeiten
Wie lange bestehen die Fabriken: 40 Jahre
Bestanden vormals ähnliche Fabriken, welche sind eingegangen: Die hiesige Maschinenspinnerei war die erste auf dem Kontinent.

Zit. nach: Werner Pöls (Hg.), Deutsche Sozialgeschichte – Dokumente und Skizzen Band 1: 1815–1870, München: C.H. Beck München 1976, S. 246 f.

Aufgaben

1. Industrialisierung und Kinderarbeit

a) Nenne die Ursachen für die starke Verbreitung der Kinderarbeit im 19. Jahrhundert.
b) Beschreibe die Arbeitsbedingungen der Kinder.
c) Vergleiche Betty Drakes Tagesablauf (M3) vor und nach ihrem Eintritt in die Fabrik.

→ Text auf den Seiten 112–113, M2–M4

2. Ein Bürgermeister über Kinderarbeit

a) Fasse die Antworten des Bürgermeisters zur Kinderarbeit zusammen (M6).
b) Vergleiche die Antworten des Bürgermeisters mit den Ausführungen zur Kinderarbeit im Lehrbuchtext.
c) Verfasse eine kurze Darstellung zum Thema: „Die Lebensbedingungen der Kinder im 19. Jahrhundert."

→ Text auf den Seiten 112–113, M6

Kinderarbeit heute

Armut als Ursache

Der wesentliche Grund, Kinder sehr früh in den Arbeitsprozess einzugliedern oder die Kinder dazu zu benutzen, zum Familieneinkommen beizutragen, war und ist Armut. Diese Situation hat sich auch im 21. Jahrhundert nicht verändert, nur dass die Kinderarbeit heute vor allem in Ländern Afrikas und Asiens anzutreffen ist, wo auch heute noch Kinder unter menschenunwürdigen Bedingungen in den Arbeitsprozess eingegliedert sind.

Definiert wird Kinderarbeit in unserer Zeit als „die von Kindern zu Erwerbszwecken verrichtete Arbeit“. Darunter versteht etwa die Internationale Arbeitsorganisation die Arbeit von Kindern bis zum 15. Lebensjahr. Kinderarbeit ist heute ein Problem des wirtschaftlichen Ungleichgewichts auf der Welt. Sie tritt immer als Folge von großer Armut, mangelhafter Bildung und kaum vorhandenen Sozialsystemen auf. Eine 2020 von der Internationalen Arbeitsorganisation (ILO) veröffentlichte Studie schätzt, dass weltweit 160 Millionen Kinder zwischen dem 5. und 17. Lebensjahr zur Arbeit herangezogen werden. Mehr als die Hälfte der Kinder arbeitet demnach unter gesundheitsgefährdenden oder unfallträchtigen Bedingungen. Zwar sinkt die Zahl seit einigen Jahren insgesamt, dennoch haben immer noch 11 Prozent der Kinder keine Chance auf Bildung oder kindgerechte Entwicklung.

Lösungsansätze

Aufgrund der sich nur langsam verändernden Grundbedingungen entsteht ein Kreislauf, in dem auch die heutigen Kinder in Zukunft ihre eigenen Kinder zur Arbeit heranziehen müssen und somit auch die nächste Generation von Kinderarbeit betroffen sein wird. Aus diesem Teufelskreis kann ein Ausbrechen nur gelingen, wenn sich entweder die Gesellschaftsstrukturen ändern oder Hilfsprojekte Ausstiegschancen bieten. Hierbei sind auch die Käufer in Deutschland gefragt: Wer sich über die Herkunft seiner Kleidung oder seiner mobilen Kommunikationsgeräte informiert und Produkte erwirbt, die – etwa bei Kleidung – von Hilfsorganisationen als frei von Kinderarbeit ausgewiesen sind, kann beim nächsten Einkauf etwas gegen diesen Kreislauf tun.

M 1 Junge in einer Moskitonetzfabrik in Indien
Aktuelles Foto

Kinderarbeit heute

M 2 **Eine Karikatur**
von Gerhard Mester

M 3 Kinderarbeit heute

Die Organisation „Brot für die Welt" führt zur aktuellen Lage aus:

Die Internationale Arbeitsorganisation ILO schätzt, dass aktuell 150 Millionen 5- bis 17-Jährige verbotene Kinderarbeit leisten. Sie beraubt die Mädchen und Jungen ihrer Kindheit und ihrer Entwicklungsmöglichkeiten und verstößt gegen die international gültigen Kinderrechte. Verboten ist Arbeit, für die Kinder zu jung sind, die gefährlich oder ausbeuterisch ist, die die körperliche oder seelische Entwicklung schädigt oder die Kinder vom Schulbesuch abhält. Weltweit leiden mehr als fünf Prozent aller Kinder unter solch schädlichen Arbeitsverhältnissen.
Laut ILO-Schätzungen müssen von den 150 Millionen betroffenen Kindern 73 Millionen unter Bedingungen arbeiten, die als „schlimmste Formen von Kinderarbeit" bewertet werden: Dazu zählen Sklaverei, Prostitution, Kinderpornografie, der Einsatz als Kindersoldat oder Drogenkurier.

https://www.brot-fuer-die-welt.de/themen/kinderarbeit [letzter Zugriff: 09.02.2022].

Aufgaben

1. **Kinderarbeit heute**
   a) Beschreibe und erläutere die Bilder auf dieser Doppelseite.
   b) Informiere dich über das Thema Kinderarbeit heute. Recherchiere dazu auch auf der Website der UN-Kinderhilfsorganisation Unicef (https://www.unicef.de).
   c) Diskutiere Möglichkeiten, heutige Kinderarbeit weltweit zu bekämpfen.
   d) Liste in einer Tabelle die von Kindern zu leistenden Arbeiten von der Antike bis heute auf. Erkläre die Gemeinsamkeiten und Unterschiede in den verschiedenen Epochen

→ Text auf Seite 116, M1–M3, Internet

Hôtel Behrens.
CAFE BAUER
Berlin.

04

DAS DEUTSCHE KAISERREICH

M 1 **Feldgottesdienst zum Empfang der siegreichen deutschen Truppen nach Ende des deutsch-französischen Krieges,** Foto, 16.06.1871

M 2 **Berlin Unter den Linden,** Foto, um 1895

M 3 **Telefonistin,** Fernsprechvermittlung im Deutschen Reich, um 1900

M 4 **Jüdisches Leben**

Nach dem Gottesdienst vor der 1866 eingeweihten Synagoge in der Oranienburger Straße in Berlin, undatiertes Foto, vermutlich um 1910

M 5 **Neuer Mittelstand,** technische Angestellte in einem Büro bei der Entwicklung von Maschinen, Foto, Nürnberg, um 1890

M 6 **Kaiser Wilhelm II. beim Flottenmanöver**

Illustration von Willy Stöwer, 1912

Die Gründung des Deutschen Reiches 1871

Das nachfolgende Bild ist in vielen Schulbüchern abgedruckt, denn es zeigt ein wichtiges Ereignis: die Proklamation, das heißt die Ausrufung des Deutschen Kaiserreichs. Eine genauere Betrachtung zeigt, was für ein Staat das Kaiserreich war.

M 1 Die Proklamierung des deutschen Kaiserreiches

Die sogenannte „Friedrichsruher Fassung" (167 cm x 202 cm) des Gemäldes des Hofmalers Anton von Werner von 1885, die im Auftrag des Kaisers Otto v. Bismarck zum 70. Geburtstag als Geschenk überreicht wurde. Die weiße Uniform hat er in Wirklichkeit nicht getragen und auch den Orden Pour le Mérite bekam er erst 1884 verliehen.

Aufgaben

1. Die Proklamierung des deutschen Kaiserreiches
Erschließe mithilfe des Trainingskastens das Gemälde M1. Formuliere abschließend eine Deutung. Berücksichtige dabei besonders folgende Aspekte:

a) Erarbeite, welchen Moment der Maler festgehalten hat. Erörtere mögliche Gründe.
b) Achte darauf, wer in der Situation wie handelt.
c) Zeige die besonderen Merkmale des Staates, der hier ausgerufen wird.
d) Vergleiche die beiden Bilder und erläutere die Unterschiede. Achte insbesondere auf die Perspektive sowie auf die Position Otto von Bismarcks und Wilhelms I.
e) Erschließe das zweite Bild (M2) nach dem gleichen Muster wie das Gemälde (M1).
f) Vergleiche die Aussagekraft des Bildes M1 für Zeitgenossen mit dem Eindruck auf heutige Betrachter.

M1, M2, Trainingskasten auf Seite 121

M 2 **Die Proklamierung des deutschen Kaiserreiches**

Dies ist die erste, die sogenannte „Schlossfassung“ (434 cm x 732 cm) des Gemäldes von 1877 von Anton von Werner, der als Hofmaler bei der Ernennung des Kaisers in Versailles anwesend war. Sie entstand im Auftrag des Großherzogs von Baden und war ein Geschenk für Kaiser Wilhelm I. zum 80. Geburtstag. Sie wurde im Zweiten Weltkrieg zerstört und ist nur noch als Schwarz-Weiß-Fotografie erhalten.

Training

Umgang mit Bildern

Bildquellen gibt es in unterschiedlichsten Formen, z. B. als Gemälde, Fotografie oder Karikatur. Auch wenn jede dieser Gattungen besondere Merkmale hat, die bei der Erschließung zu berücksichtigen sind, gibt es doch grundsätzliche Fragen, die an jedes Bild gestellt werden sollten. Hier handelt es sich um Historiengemälde. Das sind Bilder, die geschichtliche Sachverhalte im Rückblick darstellen.

1. Urheber
Sammle die wichtigsten Informationen über den Maler. Benutze dazu ein Lexikon bzw. das Internet. Untersuche das Verhältnis des Malers zum Ereignis.

2. Adressat
Informiere dich, für wen das Bild gedacht war und wer Zugang zu dem Bild hatte. Zeige, woran dies an der Gestaltung erkennbar ist.

3. Beschaffenheit und Gattung
Begründe, warum es sich um ein Historiengemälde handelt.

4. Bildelemente
Beschreibe genau, was im Einzelnen zu erkennen ist. Achte dabei auf den Bildaufbau, also die Anordnung der Elemente (z. B. Vordergrund, Mittelgrund, Hintergrund).

5. Bedeutung der Bildelemente
Erläutere die abgebildeten Personen, ihre soziale Zugehörigkeit und wichtige Gegenstände. Ziehe dazu ggf. ein Lexikon oder das Internet heran.

6. Darstellungsabsicht
Fasse zusammen, wie der Künstler die Ausrufung des Kaiserreichs deutet.

M 3 **Otto von Bismarck (1815 –1898)**

Fotografie aus dem Jahr 1862, kurz vor Bismarcks Berufung zum Ministerpräsidenten

Der Einfluss einzelner Personen auf die Geschichte

Können große Persönlichkeiten die Geschichte beeinflussen? Diese Frage, bei der man zumeist an Gestalten wie Alexander den Großen, Caesar oder Napoleon denkt, hat die Historiker schon immer beschäftigt. In diesem Zusammenhang fällt zumeist auch der Name des preußisch-deutschen Politikers Otto von Bismarck (1815–1898). Die Entstehung des deutschen Nationalstaats im 19. Jahrhundert – also der Zusammenschluss aller Deutschen in einem Staat – ist eng mit Bismarcks Namen verbunden.

Der Aufstieg Bismarcks

Bismarck stammte aus einer alten preußischen Adelsfamilie, für die Treue zum Königshaus einen wichtigen Wert darstellte. Er war ein Gegner der Revolution von 1848/49 und lehnte die Forderungen des liberalen Bürgertums ab. Allerdings sah er in der Errichtung eines deutschen Nationalstaats eine Chance zur Machterweiterung für Preußen.

Als Otto von Bismarck 1862 durch den preußischen König Wilhelm I. zum Ministerpräsidenten ernannt wurde, stand Preußen gerade vor einem Problem: Der König stritt mit der Mehrheit des preußischen Abgeordnetenhauses darüber, ob er bei der von ihm gewünschten Heeresreform auf die Zustimmung des Parlaments angewiesen war. Der Konflikt spitzte sich auf die Frage zu, wer tatsächlich die Macht im Staat habe. Als einziger namhafter Politiker erklärte sich Bismarck dazu bereit, den Kampf mit dem Parlament aufzunehmen und die Forderung des Königs durchzusetzen. Aus diesem Grund wurde er von den liberalen Abgeordneten scharf kritisiert.

Die deutsche Frage nach 1850

Nach der gescheiterten Revolution von 1848/49 hatte sich in Mitteleuropa die Herrschaft der Fürsten gegen die nationalen und liberalen Bestrebungen des deutschen Bürgertums durchgesetzt – der 1815 gegründete Deutsche Bund wurde reaktiviert. Diese Lösung der „deutschen Frage" stieß in der Öffentlichkeit aber zunehmend auf Kritik. Die Konkurrenz der beiden Großmächte Preußen und Österreich um die Vorherrschaft im Deutschen Bund machte die Situation noch komplizierter. Zwar besaß Österreich noch eine Vormachtstellung, aber immer deutlicher zeichneten sich die Schwächen des Habsburgerreiches ab und die Konflikte zwischen den verschiedenen Nationalitäten im Vielvölkerstaat Österreich nahmen zu. Auf der anderen Seite gewann Preußen an wirtschaftlichem und politischem Einfluss und wollte sich nicht mehr mit der bisherigen untergeordneten Rolle begnügen. Die vielen mittleren und kleinen deutschen Fürstentümer wollten ihre Unabhängigkeit gegenüber den beiden großen Mächten nach Möglichkeit erhalten, entschieden also je nach Lage, ob sie Preußen oder Österreich zuneigten.

Krieg gegen Dänemark

Eine erste Möglichkeit, sich als nationaler Politiker zu profilieren, erhielt Bismarck im Jahr 1864, als es zu einem Konflikt um Schleswig-Holstein kam. Als Dänemark entgegen einem internationalen Abkommen Schleswig von Holstein trennen und sich einverleiben wollte, rief das in der deutschen Nationalbewegung helle Empörung hervor. Bismarck ergriff die günstige Gelegenheit: Im Deutsch-Dänischen Krieg von 1864 besiegte Preußen mit Unterstützung Österreichs Dänemark.

Schleswig und Holstein wurden in der Folgezeit gemeinsam von Preußen und Österreich regiert.

Deutscher Krieg

Die nächsten Jahre waren vom Streit zwischen Preußen und Österreich darüber geprägt, was mit den beiden norddeutschen Herzogtümern geschehen sollte. 1866 führte der immer aggressiver ausgetragene Konflikt schließlich zum Krieg zwischen Preußen und Österreich. Obwohl die meisten mittleren und kleinen Staaten auf die Seite Österreichs traten, gelang Preußen der entscheidende Sieg in der Schlacht von Königgrätz im Norden Böhmens. Österreich verlor im Friedensschluss zwar keine Gebiete, musste jedoch der Auflösung des Deutschen Bundes und seinem Ausscheiden aus Deutschland zustimmen. Einige deutsche Staaten wie Hannover und Kurhessen wurden Teil des Königreiches Preußen. Die restlichen Länder nördlich des Mains mussten dem neuen Norddeutschen Bund unter Preußens Vorherrschaft beitreten.

Die im Süden Deutschlands gelegenen Staaten blieben unabhängig, um den Sicherheitsinteressen Österreichs und Frankreichs Rechnung zu tragen. Allerdings waren sie gezwungen, sogenannte Schutz- und Trutzbündnisse (Militärbündnisse) mit Preußen zu schließen. Mit diesem militärischen und politischen Erfolg gewann Bismarck die Zustimmung großer Teile der liberalen Nationalbewegung.

M 4 **„Deutschlands Zukunft“**, „Kommt es unter einen Hut? Ich glaube, 's kommt eher unter eine Pickelhaube!“, Österreichische Karikatur, 1870

M 5 **Der Weg zum Deutschen Reich 1866–1871**

M 6 **Siegessäule in Berlin**
Zur Erinnerung an die Siege von 1864, 1866 und 1870 wurde am 2. September 1873 auf dem Königsplatz in Berlin diese Säule errichtet.

Die Gründung des deutschen Kaiserreiches

In Frankreich wuchs das Misstrauen gegenüber dem immer mächtiger werdenden Preußen. Die sich verstärkenden diplomatischen Spannungen zwischen beiden Staaten führten schließlich 1870 zum Krieg. Auslöser war ein Konflikt um die spanische Thronfolge: Der als König vorgesehene Prinz aus einer Nebenlinie des preußischen Königshauses der Hohenzollern stieß in Frankreich auf heftige Ablehnung. Obwohl die Hohenzollern ihren Kandidaten zurückzogen, wollte Frankreich einen „ewigen" Verzicht erreichen.

Der preußische König wies diese Forderung zurück, worüber er Bismarck in einem Telegramm aus seinem Kurort Bad Ems informierte. Bismarck kürzte diese „Emser Depesche" jedoch vor der Veröffentlichung auf eine Weise ein, dass die deutsche Öffentlichkeit über das Verhalten Frankreichs empört war und die Bevölkerung Frankreichs das preußische Vorgehen als Beleidigung der französischen Nation empfinden musste. Die darauf folgende Kriegserklärung Frankreichs führte in ganz Deutschland – also auch in den süddeutschen Staaten – zu einer nationalen Aufwallung. Innerhalb kurzer Zeit war Frankreich besiegt, der französische Kaiser Napoleon III. wurde gefangen genommen.

Der Sieg aller verbündeten deutschen Staaten im Krieg gegen Frankreich ermöglichte die Errichtung eines deutschen Nationalstaats: Am 18. Januar 1871 wurde der preußische König Wilhelm im Spiegelsaal des Schlosses von Versailles zum Kaiser ausgerufen. Im Herzen Frankreichs war damit das Deutsche Kaiserreich gegründet worden.

Die Rolle Bismarcks

Historiker sind sich einig, dass Bismarck bei dieser Entwicklung eine entscheidende Rolle spielte. Die Meinung, dass er gleichsam allein die deutsche Einigung herbeiführte, wird heute allerdings differenzierter gesehen, denn die Entstehung von Nationalstaaten stellte eine allgemeine Entwicklung in Europa dar. Die europäische Mächtekonstellation, die politische und wirtschaftliche Entwicklung in Deutschland und insbesondere von Preußen und Österreich, der Einfluss der liberalen Nationalbewegung und die Rolle der Öffentlichkeit bildeten unverzichtbare Voraussetzungen und Grundlagen für das entschiedene Handeln Bismarcks. Gleichwohl muss Bismarcks Anteil an der Reichsgründung hoch veranschlagt werden.

Aufgaben

1. **Die historische Persönlichkeit Otto von Bismarck**
   a) Stelle wichtige Daten zu Bismarcks Leben zusammen. Ergänze die Angaben im Buch durch weitere Informationen aus Lexika oder dem Internet.
   b) Beurteile den folgenden Satz des Historikers Heinrich von Treitschke: „Männer machen Geschichte."
   → Text auf den Seiten 122–124, Lexikon, Internet
2. **Einigung des Deutschen Reiches**
   a) Erstelle eine Tabelle der Ereignisse, die zur Gründung des Deutschen Kaiserreichs führten.
   b) Bismarcks Politik zur Reichseinigung wird als „Blut- und Eisen-Politik" bezeichnet. Begründe.
   c) Erschließe die Karte M5. Nutze hierfür den Trainingskasten auf Seite 32. Vergleiche die Karte mit der auf Seite 52 zum Deutschen Bund.
   → Text auf den Seiten 122–124, M5
3. **Der Sedantag**
   a) Erkläre den Begriff „Sedantag".
   b) Zeige anhand der beiden Bilder M7 und M8 die Bedeutung des deutsch-französischen Krieges für das nationale Verständnis im Kaiserreich. Berücksichtige dabei insbesondere die Quellenart und das Datum der Entstehung.
   → M7, M8, Text auf den Seiten 122–124

Der Sedantag – Die Bedeutung des deutsch-französischen Krieges in Deutschland

Info

Das Sedantag

Während des deutsch-französischen Krieges erlitt die französische Armee bei Sedan (Nordfrankreich) am 2. September 1870 eine schwere Niederlage. Als Folge begab sich der französische Kaiser Napoleon III. in deutsche Gefangenschaft, was auch das Ende des französischen Kaiserreiches bedeutete. Obwohl sich unter der neuen französischen Regierung die Kämpfe noch Monate fortsetzten und der Krieg erst im Mai 1871 offiziell beendet wurde, war aus deutscher Sicht der Erfolg bei Sedan der entscheidende Sieg in diesem Krieg.

M 7 Sedan 1870

„General Reille überreicht Wilhelm I. auf dem Schlachtfeld von Sedan das Kapitulationsschreiben Napoleons III., 1.9.1870", Lithografie nach dem 1944/45 zerstörten Wandgemälde von Carl Steffeck aus dem Jahr 1884 für die „Ruhmeshalle" in Berlin (eine Dauerausstellung zum „Ruhme Preußens" im dafür umgebauten Zeughaus gegenüber dem Stadtschloss).

M 8 Illumination des Brandenburger Tores zum 25. Jahrestag der Schlacht bei Sedan

Mit einem Zitat Kaiser Wilhelms I.:

„Welch eine Wendung durch Gottes Führung", Foto, 2. September 1895

Die politische Ordnung des Kaiserreiches

Das Deutsche Reich war eine konstitutionelle Monarchie: Die Macht des Monarchen war an eine Verfassung gebunden, sodass dieser nicht mehr uneingeschränkt regieren konnte. Haben sich mit der Gründung des Kaiserreiches die Forderungen der Revolution von 1848/49 nach „Einigkeit und Recht und Freiheit" erfüllt?

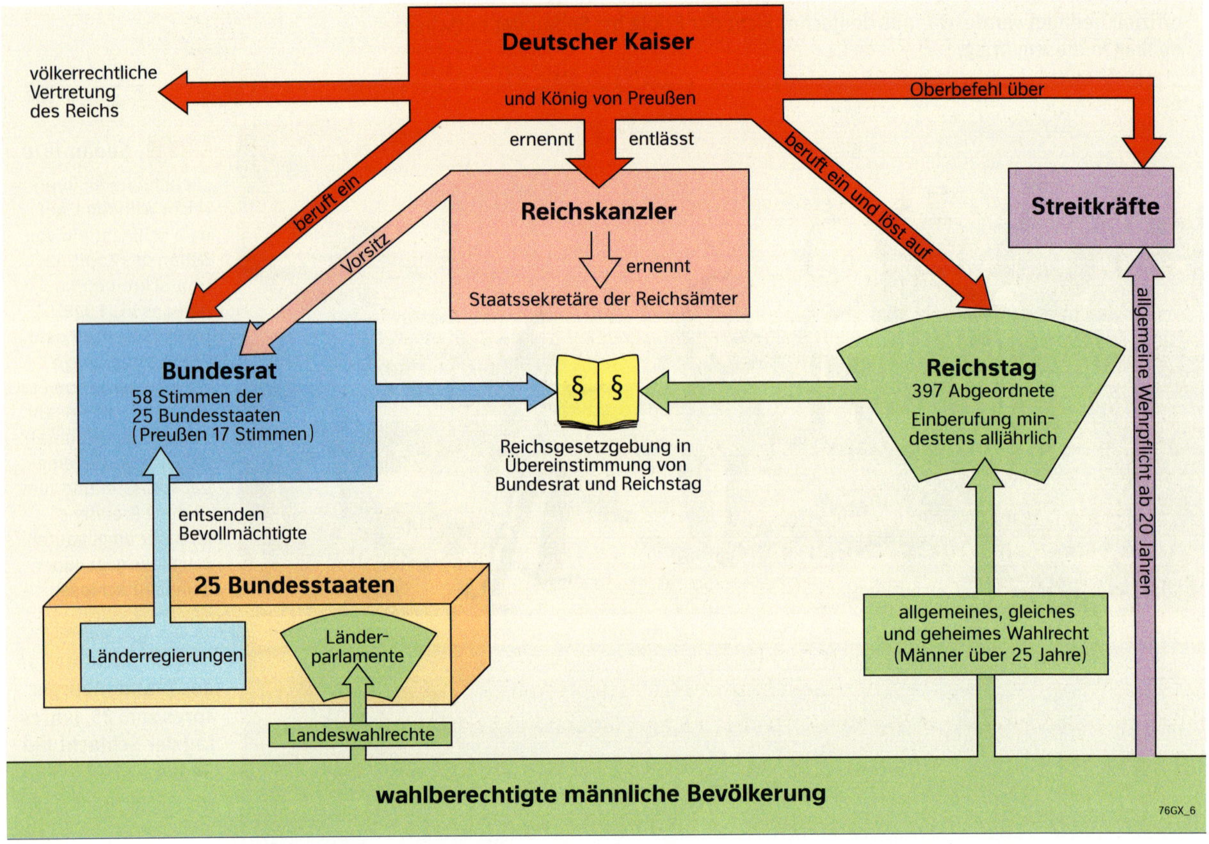

M 1 Die Verfassung des Deutschen Reiches

Aufgaben

1. Das deutsche Kaiserreich – Mit einem Verfassungsschaubild arbeiten

a) Nenne anhand von M1 die Befugnisse von Kaiser, Reichskanzler, Reichstag und Bundesrat.

b) Erläutere die demokratischen Elemente der Verfassung.

c) Erstelle einen Informationstext, der das Wahlrecht erklärt.

d) Der Historiker Heinrich von Sybel schrieb 1871: „Wir haben eine konstitutionelle Monarchie, aber keine parlamentarische Regierung." Erläutere diese Aussage.

→ M1

2. Verfassungsschaubilder vergleichen: Frankreich 1791 – Deutschland 1871

1791 erhielt Frankreich im Verlauf der Französischen Revolution erstmals eine Verfassung, die es zur konstitutionellen Monarchie machte (vgl. M4, Seite 19).

a) Vergleiche die Entstehungsgeschichte der beiden Verfassungen.

b) Erarbeite Gemeinsamkeiten und Unterschiede. Achte besonders auf die Rolle des Königs bzw. Kaisers und des Parlaments (Nationalversammlung bzw. Reichstag).

→ M1; Seite 18/19 (zur Verfassung von 1791)

Die Reichsverfassung

Das 1871 im Spiegelsaal des Versailler Schlosses gegründete deutsche Kaiserreich war der erste deutsche Nationalstaat mit einer Verfassung. Die Basis bildete aber nicht der Verfassungsentwurf der Paulskirche von 1848/49, sondern die Verfassung des 1866 errichteten Norddeutschen Bundes. Der neue Staat galt als Bündnis der Fürsten der Einzelstaaten und nicht – wie 1848/49 gefordert – als Ausdruck des Volkswillens. Die Bundesstaaten des neuen Reiches besaßen eine große Selbstständigkeit. Preußen, das rund zwei Drittel der Bevölkerung und des Gebiets des neuen Reiches stellte, hatte dabei eine Sonderstellung inne: Der preußische König war zugleich deutscher Kaiser, der preußische Ministerpräsident meist auch gleichzeitig Reichskanzler, und im Bundesrat, der Vertretung der Einzelstaaten, konnte Preußen wichtige Entscheidungen blockieren.

Der Reichstag

Der Reichstag bildete innerhalb der Reichsverfassung die Vertretung des Volkes. Seine Abgeordneten wurden in freier, gleicher und geheimer Wahl von allen Männern ab 25 Jahren gewählt. Dies war im europäischen Vergleich fortschrittlich. Gewählt wurde nach dem Mehrheitswahlrecht: Als gewählt galt derjenige, der die Mehrheit der Stimmen in einem Wahlkreis auf sich vereinte. Die Stimmen der unterlegenen Kandidaten spielten für die Zusammensetzung des Reichstags keine Rolle.

Nach der Reichsgründung wurde das Reichsgebiet in annähernd gleich große Wahlkreise eingeteilt. Dass diese, trotz erheblicher Bevölkerungsverschiebungen, bis 1912 unverändert blieben, hatte zur Folge, dass die städtischen Ballungsräume mit überwiegend sozialdemokratischer Wählerschaft im Parlament unterrepräsentiert waren. In diesen Gegenden verloren die einzelnen Stimmen also von Wahl zu Wahl immer mehr an Gewicht.

Auf die Regierungsbildung hatte der Reichstag keinen Einfluss, da der Reichskanzler allein vom Kaiser berufen oder entlassen wurde und nur ihm verantwortlich war. Außerdem konnte der Kaiser den Reichstag jederzeit auflösen und Neuwahlen anberaumen.

Der Reichstag besaß allerdings das Recht der Gesetzesinitiative und musste jedem Reichsgesetz zustimmen, insbesondere dem für die Regierung wichtigen Haushalt. Als beschlossen galt ein Gesetz aber nur, wenn der Bundesrat – die Vertretung der Einzelstaaten – ebenfalls zugestimmt hatte. Um Gesetze verabschieden zu können, war der Reichskanzler auf die Mehrheit des Reichstags angewiesen, die er sich immer wieder neu suchen musste. Die öffentlichen Debatten im Reichstag wurden für die politische Meinungsbildung in Deutschland immer wichtiger.

M 2 Nationalflagge und Reichskriegsflagge

Die Nationalflagge des Kaiserreichs bestand aus den Farben Preußens (Schwarz-Weiß) und der alten Reichsstädte (Rot), besonders der Hansestädte. Im Kriegsfall wehte die Reichskriegsflagge mit Eisernem Kreuz und Reichsadler.

M 3 Das Reichstagsgebäude in Berlin

Architekt: Paul Wallot, errichtet 1884 bis 1894, Foto, um 1895

M 4 **Reichsadler**

Das Wappen des Deutschen Reichs war der Reichsadler mit preußischem Wappenschild und der Krone des Heiligen Römischen Reiches Deutscher Nation.

Die politischen Parteien

In den Parlamenten der Bundesstaaten schlossen sich Abgeordnete gleicher politischer Meinung zu Gruppen zusammen. Es handelte sich dabei um lockere Verbindungen einflussreicher und in der Bevölkerung angesehener Persönlichkeiten – sogenannter „Honoratioren". Diese Honoratiorenparteien besaßen noch keine Parteiorganisation. Erst nach und nach kam es zu einer intensiveren Zusammenarbeit über die Grenzen der Einzelstaaten hinweg, da die Notwendigkeit bestand, reichsweit aufzutreten, um bei Reichstagswahlen Erfolg zu haben. So entwickelten sich allmählich im gesamten Deutschen Reich einheitliche Parteien. Vier politische Richtungen waren für das Kaiserreich prägend:

- Die Liberalen forderten den Schutz der Bürgerrechte, politische Mitsprache der Bevölkerung sowie möglichst große Freiheit im wirtschaftlichen Bereich. Unter dem Eindruck von Bismarcks Reichseinigung spaltete sich die liberale Bewegung aber in zwei Richtungen. Während den Linksliberalen die demokratischen Rechte des Volkes besonders am Herzen lagen und sie Bismarck eher ablehnend gegenüberstanden, rückte bei den Nationalliberalen die Forderung nach nationaler Größe in den Mittelpunkt. Sie waren zu einer Zusammenarbeit mit dem Reichskanzler bereit. Die liberalen Parteien fanden vor allem im Bildungs- und Besitzbürgertum Anhänger.
- Die Konservativen organisierten sich nur notgedrungen als Partei, da sie der Demokratie skeptisch gegenüberstanden und demokratisch legitimierte Parlamente als Entscheidungsorgane ablehnten. Sie setzten auf die alleinige Regierungsgewalt des Monarchen. Ihre Wähler waren Adlige, aber auch andere traditionell königstreu eingestellte Bevölkerungsschichten.
- Das Zentrum war die Partei der Katholiken. Es verdankte seine Gründung den konfessionellen Verhältnissen im Kaiserreich, da die Katholiken nach dem Ausschluss Österreichs nur etwa ein Drittel der deutschen Bevölkerung bildeten. Zudem war Preußen als führender Einzelstaat protestantisch geprägt. Das Zentrum vereinte Katholiken aus allen Schichten, um für deren Rechte und Überzeugungen und gegen den anscheinend übermächtigen Protestantismus einzutreten.
- Die Sozialdemokraten vertraten die im Zuge der Industrialisierung immer größer werdende Arbeiterschicht. Seit 1891 verfolgte die Sozialdemokratische Partei Deutschlands (SPD) das Ziel, die soziale Situation der Arbeiterschaft zu verbessern und dem Volk eine größere demokratische Mitsprache zu sichern. In Anknüpfung an die Theorien von Marx und Engels lehnten die Sozialdemokraten die Gesellschaftsordnung des Kaiserreiches grundsätzlich ab und setzten auf eine revolutionäre Veränderung der Gesellschafts- und Wirtschaftsordnung.

M 5 **Obrigkeitsstaat**

Ein ostelbischer Junker zu seinen Dorfbewohnern nach der Wahl: „Es ist eine liberale Stimme abgegeben worden. Der Schulmeister kriegt von heute ab keine Kartoffeln mehr." Undatierte Zeichnung von Eduard Thöny (1866–1950).

Der „Obrigkeitsstaat"

Ein zentraler Unterschied zwischen dem Kaiserreich und dem heutigen Deutschland bestand in der Einstellung der Bevölkerung zum Staat. Das Kaiserreich war ein Obrigkeitsstaat: Die „Obrigkeit" – d. h. die Repräsentanten des Staates – galt für viele als Autorität, deren Entscheidungen man hinzunehmen hatte. Hohe Wertschätzung besaß auch das Militär, das in der preußischen Geschichte und bei der deutschen Einigung eine wichtige Rolle gespielt hatte. Disziplin, Ordnung und Gehorsam galten daher als wichtige Werte. Kritiklose Unterordnung unter die staatliche Autorität bestimmte das politische Klima.

Zusatzmaterial: Ergebnisse der Reichstagswahlen – Arbeit mit einer Statistik

M6 **Wahlen zum Reichstag 1871 bis 1912**

Wahl	Wahlbeteiligung (in %)	Konservative		Liberale		Zentrum		Sozialdemokraten	
		Stimmenanteil (in %)	Anzahl der Sitze	Stimmenanteil (in %)	Anzahl der Sitze	Stimmenanteil (in %)	Anzahl der Sitze	Stimmenanteil (in %)	Anzahl der Sitze
1871	50,78	23,0	94	46,6	202	18,6	63	3,2	2
1874	60,89	14,1	55	39,7	208	27,9	91	6,8	9
1877	60,39	17,6	78	38,2	180	24,8	93	9,1	12
1878	63,14	26,6	116	33,6	138	23,1	94	7,6	9
1881	56,08	23,7	78	37,8	162	23,2	100	6,1	12
1884	60,35	22,1	106	36,9	125	22,6	99	9,7	24
1887	77,19	25,0	121	36,4	131	20,1	98	10,1	11
1890	71,25	19,1	93	34,3	118	18,8	106	19,8	35
1893	72,20	19,2	100	27,8	101	19,1	96	23,3	44
1898	67,76	15,5	79	23,6	95	18,8	102	27,2	56
1903	75,78	13,5	75	23,2	87	19,8	100	31,7	81
1907	84,35	13,6	84	25,4	103	19,4	105	28,9	43
1912	84,53	12,2	57	26,1	87	16,4	91	34,8	110

Nach: Gerhard A. Ritter (Hg.), Das Deutsche Kaiserreich 1871–1914. Ein historisches Lesebuch, Göttingen: Vandenhoeck und Ruprecht 1977 (3. Aufl.), S. 78.

Aufgaben

1. Die politische Ordnung des Kaiserreiches

a) Erstelle auf Grundlage des Textes auf den Seiten 127–128 eine Tabelle mit den jeweiligen Parteien, ihren Zielen und ihrer Wählerschaft.

b) Ordne die Parteien den politischen Strömungen Sozialismus, Katholizismus, Liberalismus und Konservatismus zu.

c) Informiere dich im Internet, welche Funktionen Parteien heute haben (z. B. https://www.hanisauland.de) und vergleiche sie mit der Funktion von Parteien im Kaiserreich.

d) Erläutere mithilfe der Karikatur M5 den Begriff „Obrigkeitsstaat“.

→ Text auf den Seiten 127–128, M5, Internet

2. Ergebnisse der Reichstagswahlen: Arbeit mit einer Statistik – Zusatzaufgabe

a) Erläutere die Bedeutung des Begriffs „Wahlbeteiligung“.

b) Untersuche die sich verändernde Wahlbeteiligung. Stelle Vermutungen über die Gründe für die Veränderungen an.

c) Erstelle ein Diagramm, in das du die Wahlergebnisse der einzelnen politischen Richtungen einträgst. Trage auf der x-Achse die Jahreszahlen ein und auf der y-Achse den Prozentanteil der Stimmen.

d) Erstelle ein weiteres Diagramm, in das du auf der y-Achse die Anzahl der Sitze einträgst.

e) Verfasse einen kurzen Sachtext zu den wesentlichen Ergebnissen deiner erstellten Diagramme.

→ M6

Die Innenpolitik im Zeitalter Bismarcks

Krankenversicherung, Unfallversicherung, Rentenversicherung – jeder Arbeitnehmer kennt diese Einrichtungen, die ihn im Krankheitsfall, bei Unfall und im Alter absichern sollen. Sie bilden heute die Grundlage unseres staatlichen sozialen Sicherungssystems. Ihre Ursprünge haben sie in den 1880er-Jahren. Neben wichtigen Weichenstellungen auf dem Weg zum modernen Sozialstaat gab es in dieser Zeit jedoch auch Repression gegen die Arbeiterbewegung und gegen die katholische Kirche. Welche Rolle spielte dabei Bismarck und welche Ziele verfolgte er?

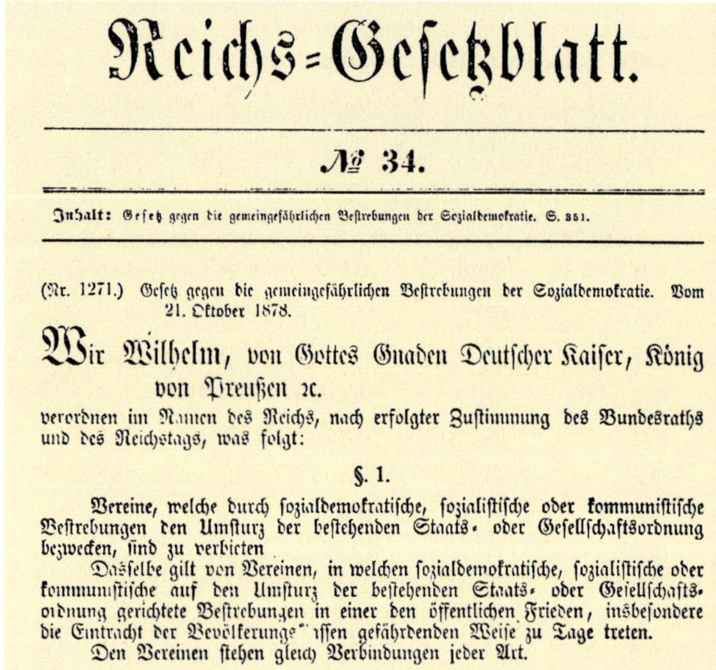
Reichs-Gesetzblatt.

№ 34.

Inhalt: Gesetz gegen die gemeingefährlichen Bestrebungen der Sozialdemokratie. S. 351.

(Nr. 1271.) Gesetz gegen die gemeingefährlichen Bestrebungen der Sozialdemokratie. Vom 21. Oktober 1878.

Wir Wilhelm, von Gottes Gnaden Deutscher Kaiser, König von Preußen rc.

verordnen im Namen des Reichs, nach erfolgter Zustimmung des Bundesraths und des Reichstags, was folgt:

§. 1.

Vereine, welche durch sozialdemokratische, sozialistische oder kommunistische Bestrebungen den Umsturz der bestehenden Staats- oder Gesellschaftsordnung bezwecken, sind zu verbieten.

Dasselbe gilt von Vereinen, in welchen sozialdemokratische, sozialistische oder kommunistische auf den Umsturz der bestehenden Staats- oder Gesellschaftsordnung gerichtete Bestrebungen in einer den öffentlichen Frieden, insbesondere die Eintracht der Bevölkerungsklassen gefährdenden Weise zu Tage treten.

Den Vereinen stehen gleich Verbindungen jeder Art.

M 1 Reichsgesetzblatt
Faksimile (Ausschnitt), 1878

M 2 Das Sozialistengesetz

August Bebel berichtet in seinen Memoiren über die Auswirkungen des Sozialistengesetzes:

Sobald das Gesetz verkündet und in Kraft getreten war, fielen die Schläge hageldicht. Binnen wenigen Tagen war die gesamte Parteipresse mit Ausnahme des Offenbacher Tageblatts und der Fränkischen Tagespost in Nürnberg unterdrückt. [...] Auch war der Verband der Buchdrucker, abgesehen von den Hirsch-Dunckerschen Vereinen, die einzige Gewerkschaftsorganisation, die von der Auflösung verschont blieb. Alle übrigen fielen dem Gesetz zum Opfer. Ebenso verfielen der Auflösung die zahlreichen lokalen sozialdemokratischen Arbeitervereine, nicht minder die Bildungs-, Gesang- und Turnvereine, an deren Spitze Sozialdemokraten standen [...].

Das Trümmerfeld des Zerstörten wurde erweitert durch die Verbote der nicht periodisch erscheinenden Literatur. [...]

Während wir so in voller Tätigkeit waren, aus den Trümmern, die das Sozialistengesetz uns bis dahin geschaffen hatte, zu retten, was zu retten möglich war, wurden wir am 29. November mit der Nachricht überrascht, dass am Abend zuvor der „Reichsanzeiger" eine Proklamation des Ministeriums veröffentlichte, wonach der kleine Belagerungszustand über Berlin verhängt wurde. Dieser Hiobsbotschaft folgte am nächsten Tage die Mitteilung, dass 67 unserer bekanntesten Parteigenossen, [...] bis auf einen sämtliche Familienväter, ausgewiesen worden seien. Einige mussten binnen 24 Stunden die Stadt verlassen [...].

Damals gingen die Gerichte noch nicht so weit, Sammlungen für die Ausgewiesenen zu bestrafen, später aber, als die Behörden solche Sammlungen ausdrücklich auf Grund des Sozialistengesetzes verboten, wurde die Rechtsprechung eine andere. Wir mussten jetzt die Sammlungen ausschließlich für die Familien der Ausgewiesenen vornehmen [...]. Die fortgesetzten Ausweisungen und die Schikanierung der Ausgewiesenen durch die Polizei hatten aber einen Erfolg, den unsere Staatsretter nicht vorausgesehen. Durch die Verfolgungen aufs Äußerste erbittert, zogen sie von Stadt zu Stadt, suchten überall die Parteigenossen auf, die sie mit offenen Armen aufnahmen, und übertrugen jetzt ihren Zorn und ihre Erbitterung auf ihre Gastgeber, die sie zum Zusammenschluss und zum Handeln anfeuerten. Dadurch wurde eine Menge örtlicher geheimer Verbindungen geschaffen, die ohne die Agitation [politische Werbung] der Ausgewiesenen kaum entstanden wären.

August Bebel, Aus meinem Leben. Dritter Teil (herausgeg. v. Karl Kautsky), Stuttgart: J.H.W. Dietz Nachfahren 1914, S. 20 ff.

Die Rolle Bismarcks

Nach der Reichsgründung spielte Bismarck bis zum Jahr 1890 als Reichskanzler und preußischer Ministerpräsident in der deutschen Politik die entscheidende Rolle. Von Kaiser Wilhelm I. eingesetzt und nur diesem verantwortlich, besaß er einen großen Entscheidungsspielraum. Allerdings brauchte er nach der Verfassung eine Mehrheit im Reichstag, um Gesetze und den wichtigen Haushalt beschließen zu können. In der täglichen Politik musste er also im Reichstag um die notwendigen Stimmen werben.

Bismarcks Strategie bestand darin, die Parteien einerseits mit lockenden Angeboten zur Zusammenarbeit zu bewegen, ihnen aber andererseits auch mit Nachteilen zu drohen, wenn sie sich seiner Politik verweigerten. Diese Politik von „Zuckerbrot und Peitsche" erwies sich als sehr wirkungsvoll. Die Parteien, die sich einer Zusammenarbeit verweigerten, erklärte er zu „Reichsfeinden".

Der Kulturkampf gegen die Katholiken

Erste Opfer von Bismarcks Strategie wurden gleich nach der Reichsgründung die katholische Kirche und die Zentrumspartei, die politische Vertretung des deutschen Katholizismus. Bismarck unterstellte ihnen, im Zweifelsfall nicht loyal zum neuen Kaiserreich zu stehen, sondern sich an der Autorität des Papstes zu orientieren („Ultramontanismus").

Angesichts der nationalen Begeisterung, die zur Zeit der Reichsgründung aufgeflammt war, war dies ein ungeheuerlicher Vorwurf. Zu beachten ist jedoch, dass die Kirchen damals tatsächlich großen Einfluss auf die Gläubigen ausübten und dass das Wort eines Pfarrers gerade in ländlichen Gebieten auch im politischen Bereich viel galt. Die liberalen Abgeordneten im Reichstag unterstützten Bismarcks Politik, da sie für eine strikte Trennung von Kirche und Staat eintraten.

Als Bismarck versuchte, den Einfluss der katholischen Kirche durch eine Reihe von Maßnahmen einzuschränken, kam es zum sogenannten Kulturkampf. In Preußen wurde die Aufsicht über die Schulen den Kirchen entzogen und dem Staat übertragen. Ab 1874 hatte im ganzen Reich nur noch die auf einem Standesamt geschlossene Ehe Gültigkeit; die kirchliche Ehe wurde damit zur Privatangelegenheit. Der sogenannte „Kanzelparagraf" verbot den Pfarrern, in Predigten staatliche Angelegenheiten „in einer den öffentlichen Frieden gefährdenden Weise" zu erörtern. Insbesondere Preußen legte diese Vorschrift sehr streng aus; zeitweise waren alle katholischen Bischöfe Preußens entweder in Haft oder ins Ausland geflohen.

M 3 Bismarck als Steuermann

Karikatur aus der deutschen Satirezeitschrift „Kladderadatsch", 15. Juni 1879

WES-115614-401
Hörszene zum Kulturkampf

Aufgaben

1. Das Sozialistengesetz

a) Erkläre den Titel „Gesetz gegen die gemeingefährlichen Bestrebungen der Sozialdemokratie" (M1).
b) Fasse den §1 des Sozialistengesetzes zusammen.
c) Analysiere anhand von M2 die Wirkung des Sozialistengesetzes.
d) Bestimme die politische Position August Bebels.
e) Gib die Ursache dafür an, dass trotz Verbots der Sozialdemokratie Sozialdemokraten im Reichstag saßen.

→ M1 – M2

2. Bismarcks Innenpolitik

a) Fasse mit eigenen Worten das Verhältnis Bismarcks zu den Parteien zusammen.
b) Erläutere den Begriff „Kulturkampf".
c) Diskutiert, ob diese Auseinandersetzung als innenpolitische Niederlage Bismarcks zu beurteilen ist.
d) Erläutere die Ursachen für den Rücktritt Bismarcks.
e) Zusatzaufgabe: Erschließe die Karikaturen M3 und M4 mithilfe des Trainingskastens auf Seite 73. Vergleiche die Karikaturen im Hinblick auf deren jeweilige Aussageabsicht.

→ Text auf den Seiten 131 – 132, M3, M4

Der als besonders gefährlich angesehene Jesuitenorden wurde vollständig verboten, seine Mitglieder wurden aus dem Reich ausgewiesen. Dennoch oder gerade deshalb wurde die Zentrumspartei bei den Reichstagswahlen immer stärker.

Die politische Trendwende 1878

Der nur begrenzte Erfolg des Kulturkampfes und wirtschaftspolitische Fragen führten 1878 zu einem politischen Kurswechsel. Zum Schutz der Landwirtschaft und der Industrie vor ausländischer Konkurrenz wurden Zölle eingeführt. In der Folge verteuerten sich ausländische Waren derart, dass deutsche Produkte konkurrenzfähig blieben. Gefordert hatten diese Schutzzölle vor allem die Konservativen, während die Liberalen für den freien Handel eintraten. Zwei Attentate auf Kaiser Wilhelm I., für die Bismarck die Sozialdemokraten verantwortlich machte, boten dem Reichskanzler die Gelegenheit, den Reichstag aufzulösen und Neuwahlen anzusetzen. Diese brachten ihm die gewünschte Mehrheit für seine neue Politik.

Aufgrund der neuen politischen Situation beendete Bismarck den Kulturkampf durch Zugeständnisse an die katholische Kirche. Die Zivilehe, der Kanzelparagraf und die staatliche Schulaufsicht blieben zwar erhalten, jedoch verzichtete Bismarck auf eine weitere Verfolgungen.

Der Kampf gegen die Sozialdemokraten und die Sozialgesetzgebung

Als neue „Reichsfeinde“ galten nun die Sozialdemokraten. Zwar war deren Stimmanteil bei den Reichstagswahlen um 1870 noch gering, doch galten Funktionäre und Wähler dieser Partei als revolutionäre Staatsfeinde. Die Attentate auf Kaiser Wilhelm I. im Frühjahr 1878 boten einen Anlass für das „Gesetz wider die gemeingefährlichen Bestrebungen der Sozialdemokratie“, das sogenannte Sozialistengesetz, das weitreichende Überwachungs- und Kontrollmaßnahmen einführte. Politische Versammlungen wurden verboten, Aktivisten wurden mit Repressionen und Ausbürgerungen verfolgt, sozialdemokratische Zeitungen und Zeitschriften wurden zensiert. Trotz dieses faktischen Parteiverbots konnten Sozialdemokraten aber weiter in den Reichstag gewählt werden, da die Kandidaten als Einzelpersonen zu den Wahlen antraten.

Neben der „Peitsche“ der Sozialistengesetze bot der Reichskanzler den Arbeitern auch ein „Zuckerbrot“: Um die soziale Lage der Arbeiter zu verbessern und sie von revolutionären Bestrebungen abzubringen, führte Bismarck eine neue Sozialgesetzgebung ein: 1883 wurde die Krankenversicherung der Arbeiter, 1884 die Unfallversicherung und 1889 die Alters- und Invaliditätsversicherung verabschiedet. Sowohl Arbeitgeber als auch Arbeitnehmer zahlten in die Sozialversicherungen ein. Obwohl die Leistungen dieser Versicherungen noch gering blieben, war eine derartige Absicherung der Arbeiter durch den Staat neu und beispielhaft. Bismarcks Ziel indes, die Arbeiter der Sozialdemokratischen Partei zu entfremden, misslang. Seit 1880 nahm der Stimmanteil der Sozialdemokraten ständig zu. 1890 wurde das Sozialistengesetz schließlich nicht mehr verlängert.

Der Rücktritt Bismarcks

Als Wilhelm I. 1888 starb, trat sein Sohn Friedrich die Nachfolge an. Nach dessen Tod noch im selben Jahr folgte Wilhelm II. Der junge Kaiser hatte nicht nur andere politische Vorstellungen als der alte Reichskanzler, er wollte die Politik auch viel stärker selbst bestimmen als seine Vorgänger. Der Konflikt zwischen Wilhelm und Bismarck führte 1890 zum Rücktritt des Reichskanzlers.

M 4 **„Dropping the Pilot“**
Karikatur aus der englischen Zeitschrift „Punch“, 1890

Die Sozialgesetzgebung – Mit einem Plakat arbeiten

M 5 **Die deutsche Sozialversicherung**
Plakat von 1913

Aufgaben

1. Die Sozialgesetzgebung

a) Liste die Einzelversicherungen, die die Sozialversicherung umfasste, tabellarisch auf.

b) Sammelt Argumente für eine Diskussion hinsichtlich der Stärken und Schwächen der Sozialversicherung. Stichpunkte können hier sein: Zielgruppen, Leistungen der Versicherung, Reichweite.

c) Erstelle eine Tabelle über die Veränderungen in der deutschen Sozialversicherung seit ihrer Einführung.

→ M5, Lexikon, Internet

2. „Zuckerbrot und Peitsche"

Bismarcks Innenpolitik wird auch als Politik mit „Zuckerbrot und Peitsche" charakterisiert. Erläutere die Bedeutung dieser Redewendung und prüfe deren Angemessenheit.

→ Text auf den Seiten 131 – 132, M1 – M5

Das Deutsche Reich unter Wilhelm II.

Der britische König Edward VII., Onkel des deutschen Kaisers Wilhelm II., bezeichnete seinen Neffen einmal als „brillantesten Versager der Geschichte". War dies nur eine boshafte Bemerkung oder doch eine realistische Einschätzung? Unter Wilhelm II. trieb das deutsche Kaiserreich der „Urkatastrophe des 20. Jahrhunderts", dem Ersten Weltkrieg, zu. Angesichts einer sich abzeichnenden deutschen Niederlage wurde Wilhelm am Ende dieses Krieges 1918 zur Abdankung gezwungen. Zuvor hatte er jedoch einer ganzen Epoche auch seinen Stempel aufgedrückt, wovon zeitgenössische Karikaturen zeugen.

M 1 „... und dann müsst ihr bedenken, als Zivilisten seid ihr hergekommen und als Menschen geht ihr fort."

Karikatur von Olaf Gulbransson, in „Simplicissimus", 1910

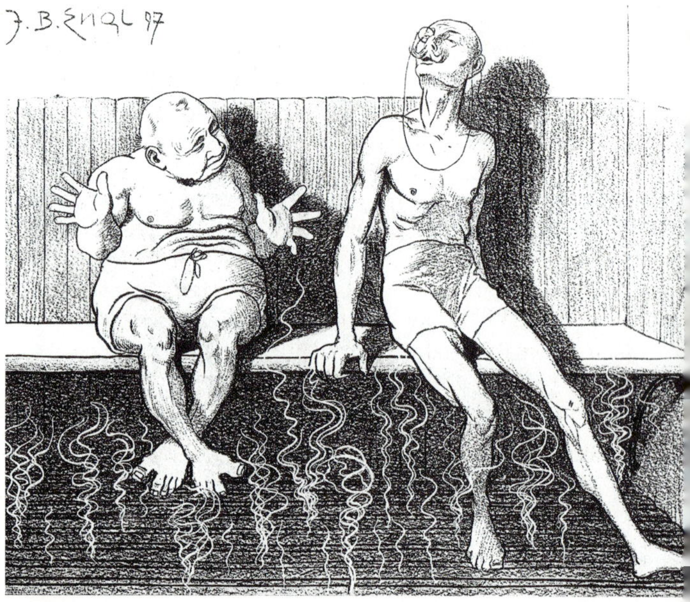

M 2 „Im Bad"

„Herr Lieutenant tragen das Monocle im Bad?"
„Äh, befürchte, sonst für Civilisten gehalten zu werden."

Karikatur aus dem Simplicissimus, 1897

Aufgaben

1. Karikaturen zum Deutschen Reich unter Wilhelm II.

a) Beschreibe die beiden Karikaturen M1 und M2.

b) Erläutere die Grundaussagen der beiden Karikaturen.

c) Erörtere mit Blick auf die beiden Karikaturen, inwiefern der berühmte Ausspruch, den der Graf von Mirabeau ein Jahrhundert zuvor über Preußen geprägt haben soll, auch für das deutsche Kaiserreich zutrifft: „Die preußische Monarchie ist nicht ein Land, das eine Armee hat, sondern eine Armee, die ein Land hat, in welchem sie gleichsam nur einquartiert steht".

d) Erkläre den Begriff „Militarismus".

→ M1, M2, Text auf den Seiten 135 – 136

Wilhelm II. und der „Wilhelminismus“

Die zweite Hälfte der Zeit des Deutschen Kaiserreiches ab etwa 1890 wird oft als Zeit des Wilhelminismus bezeichnet. Mit diesem Begriff werden insbesondere die gesellschaftlichen Verhältnisse unter der Herrschaft des letzten deutschen Kaisers charakterisiert. Wilhelm II. (1859–1941) war ein Sohn des Kronprinzen Friedrich und der Enkel Kaiser Wilhelms I. Im Drei-Kaiser-Jahr 1888, als kurz nacheinander sein Großvater und sein Vater starben, wurde er mit nur 29 Jahren deutscher Kaiser und König von Preußen. Er regierte etwa 30 Jahre bis zum Ende des Kaiserreiches 1918. Im Unterschied zu seinem Großvater, der Bismarck weitgehend freie Hand gelassen hatte, beanspruchte Wilhelm II. die Entscheidungsgewalt für sich: Er wollte, wie es damals hieß, ein „persönliches Regiment“ führen. Dies führte zum Konflikt mit Bismarck, der 1890 aufgrund dieser Meinungsverschiedenheiten um seine Entlassung bat.

Der Verantwortung dieses „persönlichen Regiments“ war der Kaiser aber nur bedingt gewachsen. Er bevorzugte persönliche Berater aus seiner Jugendzeit und aus der militärischen Führung, die eine Art Nebenregierung des Reiches bildeten. Trotz seines Anspruchs gelang es Wilhelm nicht, sich gegen die regulären Verfassungsorgane wie den Reichstag oder den Reichskanzler durchzusetzen. Viele innenpolitische Vorhaben des Kaisers schlugen daher fehl.

Das prunkvolle und herrische Auftreten des Kaisers blieb jedoch nicht ohne Wirkung. Seine Begeisterung für alles Militärische stieß in weiten Teilen der Bevölkerung auf Widerhall. Wilhelm II. gilt als Repräsentant der damaligen Verhältnisse; seine Regierungszeit ist bis heute als „wilhelminische Epoche“ bekannt.

M 3 Wilhelm II.
Deutscher Kaiser (1888–1918), Farbfotografie, 1906

Die innenpolitische Entwicklung

Während der Herrschaft Wilhelms II. erreichte ein Prozess seinen Höhepunkt, der bereits unter Bismarck begonnen hatte: Immer mehr Menschen interessierten sich für politische Fragen. Die Debatten und Abstimmungen im Reichstag rückten in den Mittelpunkt des öffentlichen Interesses und es bildeten sich verschiedene

M 4 Wilhelm II. (erste Reihe links) mit seinen sechs Söhnen
Vor dem Berliner Schloss auf dem Weg zur Parade anlässlich des Geburtstages des Kaisers am 27. Januar 1913, Postkarte

M 5 **Wilhelm II.**
Gemälde von Ludwig Noster, 1900

Organisationen, die die politische Meinung der Bevölkerung zu beeinflussen suchten. Bei den Wahlen verschoben sich die politischen Gewichte zugunsten der SPD, die kontinuierlich anwuchs und schließlich die meisten Abgeordneten im Reichstag stellte. Der Kaiser und seine Regierung betrachteten das als Gefahr für den Staat. Ähnlich wie zuvor mit dem Sozialistengesetz reagierte man mit dem Versuch der Unterdrückung. Dies scheiterte allerdings am Widerstand des Reichstags. Zwischen der Mehrheit des Parlaments und der Regierung des Kaisers war eine Zusammenarbeit immer weniger möglich.

Aufgrund dieser Gegensätze konnten selbst notwendige Reformen wie eine Demokratisierung der Reichsverfassung nicht durchgeführt werden. Während Deutschland zu einer modernen Industriegesellschaft heranwuchs, wurde die staatliche Ordnung den neuen Verhältnissen nicht angepasst. Manche Neuerungen gelangen dennoch. So wurde im Jahr 1900 das bis heute gültige Bürgerliche Gesetzbuch (BGB) verabschiedet, das für Deutschland eine einheitliche Rechtsgrundlage schuf.

Militarismus und Nationalismus

In der Öffentlichkeit spielte das Militär eine immer größere Rolle, was zu einer generellen Militarisierung der Gesellschaft führte. Die Ableistung des Wehrdienstes und der Rang eines Reserveoffiziers waren für das berufliche und gesellschaftliche Fortkommen außerordentlich wichtig.

Große Bedeutung hatten auch entsprechende Interessenverbände. Im Alldeutschen Verband setzten sich Lehrer, Professoren und Journalisten dafür ein, die nationale Gesinnung der Bevölkerung zu heben. Mehr als eine Million Mitglieder zählte der Flottenverein. Er unterstützte das kaiserliche Ziel, eine große deutsche Kriegsflotte zu bauen, die es mit der britischen Flotte aufnehmen konnte. Noch größer war der Kyffhäuserbund: ein Zusammenschluss von 32 000 Kriegervereinen mit 2,8 Millionen Mitgliedern. Militarismus und Nationalismus waren im Reich also weit verbreitet.

Aufgaben

1. Kaiser Wilhelm II. und der Wilheminismus

a) Beschreibe die Darstellung Wilhelms II. auf dem Gemälde M5 in seinen einzelnen Elementen.

b) Erläutere den Gesamteindruck, den das Gemälde vermittelt.

c) Fasse ausgehend von deinen Ergebnissen das Selbstverständnis Wilhelms II. zusammen.

d) Erläutere den Begriff „Wilhelminismus“.

M5, Text auf den Seiten 135–136

Zusatzmaterial: Wilhelm II. – Mit Biografien arbeiten

M 6 Kaiser Wilhelm II.

a) Der Schriftsteller Emil Ludwig veröffentlichte 1925 eine Biografie über Wilhelm II. Zur „harten Jugend" Wilhelms schreibt Ludwig:

Erst am dritten Tage [nach der schweren Geburt] bemerkte man, der linke Arm war gelähmt, das Schulterkugelgelenk zerrissen, die umgebende Muskelpartie so schwer beschädigt, dass im Stande damaliger Chirurgie kein Arzt sich an die Heilung des Gliedes wagen durfte [...].
Wer wollte dem Knaben sein Mitgefühl wehren, wie er nun unter eigener Zucht und in der Strenge seiner Lehrer mit allen Kräften zu ersetzen suchte, was ihm die Natur versagte! Unter heftigen Schmerzen wurde ihm der verkrüppelte Arm elektrisiert, bis man es aufgab, das gelähmte Glied zu stärken, und nun den Jungen zwang, den Schein des Gebrauches zu erwecken. Geschickt lernte er, die Linke in den Gürtel, in die Tasche zu stützen.
[...] Die ehrgeizige [Mutter] Victoria, Tochter der mächtigen Königin von England und ihres klugen Gatten, verzieh nicht einem Kind, das unvollkommen war [...], statt Mitleid trug sie heimliche Vorwürfe gegen den entstellten Sohn im Herzen, gerade weil er der Erstgeborene war, und zog ihre anderen, schöner erwachsenden Kinder in unverhüllter Parteinahme vor. [...]
Und doch rühmt ihn sein Lehrer laut. Denn was den Prinzen, besonders als Offizier, auszeichnete, das war der Kampf gegen sein Gebrechen. Hier lag sein ganzer Ehrgeiz und Erfolg [...]. In Wahrheit ist der moralische Sieg über die Physis sein Verderben geworden. Wenn dies der größte Tag des jungen Prinzen war, in glänzender Uniform auf galoppierendem Pferde im Morgensonnenscheine an der Spitze seines Regimentes den Vätern zu imponieren, so war dies nur das Vorspiel zahlloser Auftritte und Einzüge, klirrender Reden und drohender Fäuste, mit denen er sich jahrzehntelang vor seinem Selbstgefühl zu legitimieren suchte.

Emil Ludwig, Wilhelm der Zweite, Berlin: Ernst Rowohlt 1925, S. 11 ff.

b) Im Vorwort der Biografie beschreibt Ludwig seine Intention:

Hier ist der Versuch gemacht, aus den Charakterzügen eines Monarchen unmittelbar die weltpolitischen Folgen, aus seinem Wesen das Schicksal seines Volkes zu entwickeln.

Emil Ludwig, Wilhelm der Zweite, Berlin: Ernst Rowohlt 1925, S. 7.

c) Der Historiker Imanuel Geiss kommentiert um 1964 die Biografie von Emil Ludwig:

Emil Ludwigs Biografie des letzten deutschen Kaisers stellt [...] eine psychologisch glänzende Analyse dar [...]. Von einem gewissen Punkt an verwandelt sich allerdings Ludwigs Stärke – seine psychologische Einfühlungsgabe – zu einer Schwäche. Die heute nicht mehr allein befriedigende individuell-psychologisierende Methode gibt nämlich kaum einen Begriff von Wilhelms Stellung in der deutschen Geschichte, von seiner historischen Funktion.

Imanuel Geiss, Nachwort; in: Emil Ludwig, Wilhelm der Zweite, München: Rütten und Loening 1964, S. 332 f.

d) Der englische Historiker John C. G. Röhl bilanziert im ersten Band seiner umfangreichen Biografie über Wilhelm II. 1993:

Jeder aber, der aufgrund des Familiennachlasses diese [ärztliche] Behandlung näher untersucht, die, wenngleich in der besten Absicht verordnet, einer grauenhaften Kindesmisshandlung gleichkam, wird zur Erkenntnis gezwungen, dass hierin – mehr noch, als Ludwig [...] ahnen konnte – eine der wichtigsten Ursachen für die gestörte Charakterbildung des letzten deutschen Kaisers zu sehen ist.

John Charles Gerald Röhl, Wilhelm II. Die Jugend des Kaisers 1859–1888, München: C. H. Beck 1993, S. 38.

Aufgaben

1. **Wilhelm II. – Eine Biografie – Zusatzaufgabe**
   a) Fasse mit eigenen Worten die Ausführungen Emil Ludwigs über die „harte Jugend" Wilhelms II. zusammen.
   b) Erläutere anhand von Textbeispielen die Intention, die der Biografie über Wilhelm II. zugrunde liegt.
   c) Erkläre die Einwände des Historikers Imanuel Geiss gegenüber dem Vorgehen Emil Ludwigs.
   d) Nimm Stellung zu folgender Auffassung: „Einzelne Menschen können den Verlauf der Geschichte erheblich beeinflussen.

Text auf den Seiten 135–136, M6

M 1 **Als Arbeiter verkleidete Beamte der Hamburger Politischen Polizei posieren für ein Foto**
um 1895

Woher wissen wir etwas über das 19. Jahrhundert?

Ein Kneipengespräch über Pferde- und Hundefleisch

Am Morgen des 25. Mai 1899 unterhielten sich die Gäste des Lokals Eckelmann in der Bartholomäusstraße 2 in Hamburg über das Essen von Pferde- und Hundefleisch. Sie waren sich einig, dass die Wirtshäuser der Stadt ihren Gästen immer öfter billiges Pferdefleisch vorsetzten, es aber als teureres Rindfleisch ausgaben. Einer behauptete gar, Ärzte hätten Lungenkranken Hundefleisch als Genesungsmittel empfohlen. Die anderen fanden das zwar ziemlich eklig, waren aber überzeugt, dass viele Schlachter heimlich Hundefleisch zu Wurst verarbeiteten – schließlich seien in letzter Zeit immer mehr Hunde gestohlen worden.

Polizeispitzel und „Berichte ohne Wert“

Dieses Gespräch fand vor weit über 100 Jahren in einer hauptsächlich von Arbeitern besuchten Hamburger Kneipe statt. Und dennoch wissen wir davon. Wie ist das möglich? Sehr einfach: Die Arbeiter wurden durch einen Beamten der Hamburger Politischen Polizei belauscht, den Schutzmann Erxleben. Dieser war Mitglied einer sechs Mann starken Truppe, die von 1892 bis 1910 Hamburger Wirtshäuser, Bierhallen und andere wichtige Treffpunkte von Arbeitern überwachte. Die Regierenden der Stadt wollten auf diese Weise sicherstellen, dass sie frühzeitig von gefährlichem Unmut oder gar Aufstandsplänen der Arbeiterschaft erfuhren. Jeden Morgen verkleideten sich die Beamten als Arbeiter und schwärmten in die ihnen zugeteilten Bezirke aus, wo sie dann den Tag verbrachten. Am Abend verfassten sie dann Berichte über die Unterhaltungen, die sie belauscht hatten, und reichten sie an ihre Vorgesetzten weiter. Auf diese Weise entstanden in 18 Jahren ungefähr 20 000 handgeschriebene Meldungen. Die meisten wanderten im Laufe der Jahre in das Staatsarchiv Hamburg. Weil dort niemand etwas mit den Akten anzufangen wusste, erhielten sie den Titel „Berichte ohne Wert“ und verstaubten.

Die Fragen der Historikerinnen und Historiker

Erst 70 Jahre später begannen Historikerinnen und Historiker zu erkennen, dass diese Berichte sehr wohl einen Wert hatten. Gewiss, hier handeln nicht Kaiser und Könige, Minister und Militärs, aber die Texte öffnen den Blick auf die Folgen, die deren Politik für die Mehrheit der Bevölkerung hatte. Das Gespräch über Pferde- und Hundefleisch zeigt dies beispielhaft: Die Regierung des Kaiserreichs hatte in den 1890er-Jahren die Einfuhr von ausländischem Fleisch ins Land erschwert, um die heimischen Bauern zu unterstützen. Deswegen wurde Fleisch immer teurer, für viele einfache Arbeiter war es nun unerschwinglich. Diese sogenannte „Fleischnot“ versuchten Betrüger und Geschäftemacher auszunutzen. Das wiederum stellte die Städte vor neue Herausforderungen, denn sie mussten für die Sicherheit der Lebensmittel sorgen.

Die Berichte helfen uns demnach, die Hoffnungen und Ängste, die Ansichten und Erwartungen der einfachen Menschen zu verstehen, die sonst kaum Schriftliches hinterlassen haben und die deswegen für Historikerinnen und Historiker so schwer zu greifen sind. Wir erkennen den Wert dieser Überlieferung aber nur, wenn wir geeignete Fragen stellen und zugleich Interesse für die möglichen Antworten entwickeln. Sonst bleiben die Texte tatsächlich „Berichte ohne Wert“.

Wenn also in diesem Kapitel gefragt wird, woher wir etwas über das 19. Jahrhundert wissen, dann gehört zur Antwort nicht nur ein Überblick über mögliche Quellenarten, sondern ganz besonders auch die Feststellung, dass erst die Fragen und Interessen der Historikerinnen und Historiker diese Quellen zum Sprechen bringen. Und natürlich gilt diese Beobachtung auch für jede andere Epoche.

Der Staat als Quellenlieferant

Das Hamburger Kneipengespräch ist noch aus einem anderen Grund beispielhaft für Quellen aus dem 19. Jahrhundert: Es ist überliefert, weil die Obrigkeit, in diesem Fall die Stadt Hamburg, aktiv geworden ist. Gerade dies ist typisch für das 19. Jahrhundert: Das Reich, die einzelnen deutschen Länder, die Städte und Gemeinden dehnten in dieser Epoche ihre Zuständigkeiten immer weiter und wie nie zuvor aus: Sie kümmerten sich um Schul- und Wehrpflicht, um Straßen- und Schienenbau, um Kranken- und Rentenversicherung, um Steuern und Statistiken, ganz allgemein kann man sagen: um Kontrolle und Fürsorge. Und natürlich befassten sie sich mit Kriegen, Krisen und Revolutionen.

M 2 Im Archiv

Ein Archivar hält im Brandenburgischen Landeshauptarchiv in Potsdam ein Grundbuch von 1900 in den Händen. Das Archiv ist die zentrale Anlaufstelle für alle Fragen der Orts- und Landesgeschichte, Foto, 2008.

Jede dieser obrigkeitlichen Handlungen hinterließ eine mehr oder weniger breite Spur von Akten, Amtsbüchern und Urkunden, die schließlich in die Archive wanderten und seither von Historikerinnen und Historikern ausgewertet werden können.

Goethe schrieb über 15 000 Briefe

Hinzu kommt: Telefone kamen erst in den 1880er-Jahren allmählich auf, und viele Mittel, mit denen wir uns heute verständigen, wie SMS, E-Mail, Twitter, Facebook, Whats-App, Instagram, existierten damals natürlich noch gar nicht. Deshalb wurde alles auf Papier aufgeschrieben. Das erklärt auch, weshalb Briefe im 19. Jahrhundert eine ganz wichtige Rolle spielten und für Historikerinnen und Historiker eine bedeutende Quelle sind. Zwei Beispiele: Johann Wolfgang von Goethe (1749–1832) hat mehr als 15 000 Briefe geschrieben und rund 21 000 erhalten. Die Korrespondenz König Johanns von Sachsen (1801–1873) aus den Jahren 1850 bis 1873 mit seiner Tochter Elisabeth, verheiratete Herzogin von Genua (1830–1912), umfasst mehr als 1000 Briefe, die alle in einem Turiner Archiv liegen.

M 3 **Der eifrige Briefeschreiber Goethe**
Gemälde von Josef Stieler, 1828

Wer sich mit dem 19. Jahrhundert beschäftigt, hat daher meist keine Probleme, geeignete Quellen zu finden. Allenfalls das Lesen und Entziffern ist nicht immer leicht: Das meiste aus dem 19. Jahrhundert ist handschriftlich überliefert; die Schreibmaschine begann sich in deutschen Amtsstuben und im Privatgebrauch erst nach 1900 allmählich durchzusetzen. Viele wichtige Quellen stehen aber natürlich mittlerweile gedruckt als Buch und manchmal auch zusätzlich als Online-Datenbank zur Verfügung, wie zum Beispiel die eben erwähnten Briefe Goethes.

Presse und Zensur

Bereits im Original gedruckt wurden Zeitungen, Zeitschriften und Flugblätter. Die Presse erlebte im 19. Jahrhundert einen gewaltigen Aufschwung. Das hat drei Gründe: Papier wurde billiger, die Druckmaschinen vor allem seit den 1840er-Jahren schneller, besser und billiger, und vor allem konnten immer mehr Menschen lesen. Da es Radio und Fernsehen noch nicht gab, war die Presse die zentrale Informationsquelle für alle nur denkbaren Lebensbereiche. Viele Blätter sind erhalten und können von Historikerinnen und Historikern mit ganz unterschiedlichen Fragestellungen ausgewertet werden. Dabei ist aber immer zu bedenken, dass die Presse im 19. Jahrhundert nicht so frei war wie heute. Vor allem in der ersten Jahrhunderthälfte galt in den deutschen Staaten eine strenge Vorzensur. Jeder Artikel musste vor dem Druck dem Zensor vorgelegt werden, der Passagen streichen oder verändern konnte. Dem gedruckten Exemplar ist dieser Eingriff aber meist nicht mehr anzusehen. Ganz selten glücken Zufallsfunde der originalen handschriftlichen Manuskripte, in denen die Eingriffe des Zensors sichtbar sind.

Aufgaben

1. **Woher wissen wir etwas über das 19. Jahrhundert?**
   a) Stelle die wichtigsten Quellen für die Geschichte des 19. Jahrhunderts in einer Übersicht zusammen. Halte dabei auch fest, welche Quellenart besonders bedeutsam zu sein scheint.
   b) Erkläre anhand eines selbst gewählten Beispiels wie durch unterschiedliche Interessen und Fragestellungen eines Historikers oder einer Historikerin an eine Quelle diese auch unterschiedliche Antworten liefern kann.
   c) Medienbildung: Erläutere, inwiefern durch die weit verbreitete Zensur im 19. Jahrhundert unser Wissen über das 19. Jahrhundert beeinflusst wird.
   Text auf den Seiten 138–140, M1–M3

M 1 **Potsdamer Platz in Berlin**

Südliche Randbebauung mit „Hotel Fürstenhof", „Haus Vaterland", Potsdamer Bahnhof und „Pschorr-Bräuhaus", Fotopostkarte, koloriert, um 1915

Gesellschaftlicher Wandel in Deutschland

Deutschland gehört heute zu den stärksten Wirtschaftsnationen weltweit. Bereits in der zweiten Hälfte des 19. Jahrhunderts entwickelte sich Deutschland durch die fortschreitende Industrialisierung und Modernisierung zu einer modernen Industriegesellschaft. Wie wirkte sich der wirtschaftliche Wandel auf die Gesellschaft des Kaiserreiches aus? Wie veränderten sich die einzelnen Gesellschaftsschichten und ihre Stellung zueinander?

M 2

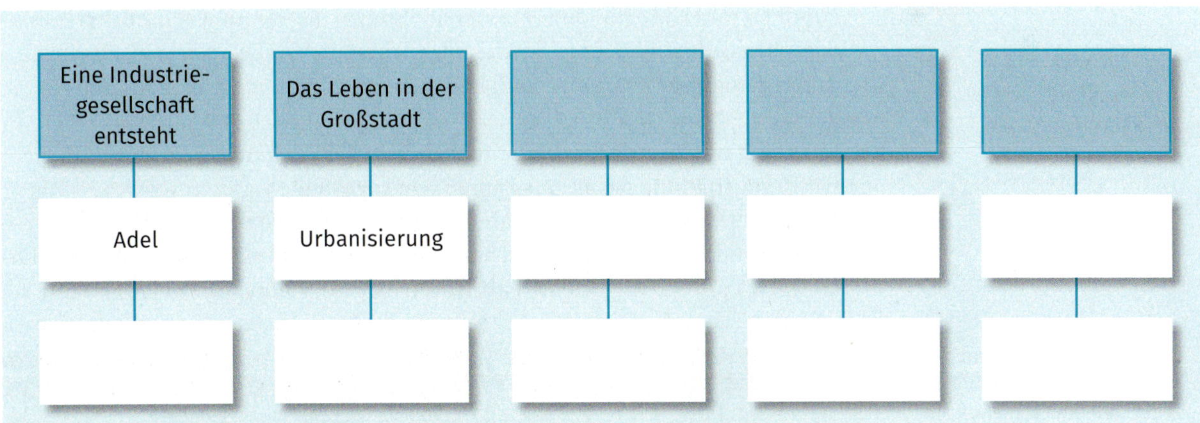

Aufgaben

1. **Gesellschaftlicher Wandel in Deutschland**
   a) Erstelle aus den Informationen des Textes eine grafische Skizze zum gesellschaftlichen Wandel in Deutschland. Orientiere dich dabei an der Grafik M2.
   b) Erläutere anhand deiner Grafik die wichtigsten gesellschaftlichen Veränderungen im Kaiserreich.
   c) Stelle die wichtigsten gesellschaftlichen Gruppen im Kaiserreich zusammen und beschreibe deren soziale Stellung.
   d) Setze dich kritisch mit der These auseinander, dass im Kaiserreich von einer „Gesellschaft der Unterschiede" gesprochen werden kann.

↝ Text auf den Seiten 141–144, M2

M 3 **Bürgerliche Familie in der „Guten Stube“**
Zeitgenössische Fotografie

WES-115614-402
Film über die Gründerzeit

Eine Industriegesellschaft entsteht

Die Industrialisierung führte zu einem grundlegenden gesellschaftlichen Wandel: Deutschland entwickelte sich zu einer modernen Industriegesellschaft. Diese Entwicklung war mit einem starken Bevölkerungsanstieg verbunden. Von 1866 bis 1914 wuchs die Bevölkerung von rund 40 auf 68 Millionen Menschen. Aber auch die einzelnen Schichten der Gesellschaft und ihre Stellungen zueinander veränderten sich:

- Der Adel behauptete zunächst seine Vorherrschaft und besetzte auch weiterhin die führenden Stellen in Politik und Militär. Gesellschaftlicher Mittelpunkt war der Kaiser mit seinem Hof.
- Das Bürgertum untergliederte sich in zahlreiche Gruppen, die sich in Lebensweise und Einkommen stark voneinander unterschieden. Das sogenannte Bildungsbürgertum umfasste z. B. Ärzte, Juristen, Lehrer oder Professoren. Von größerer politischer und gesellschaftlicher Bedeutung war jedoch das sogenannte Besitzbürgertum, das durch die Industrialisierung reich geworden war: Fabrikanten, Bankiers und Großkaufleute. Im Unterschied zu den Arbeiterfamilien mussten die Frauen und Kinder des Bürgertums in der Regel kein Geld verdienen; sie standen lediglich dem oft aus zahlreichen Kindern und Dienstboten bestehenden Hauswesen vor. Auch wenn die Frauen das gesellschaftliche Leben der Familie organisierten, verblieb die letzte Entscheidungsgewalt bei den Männern. Weiterhin ist das Kleinbürgertum zu nennen, zu dem z. B. Handwerker, kleine Kaufleute, Beamte und Angestellte zählten. Diese orientierten sich an Idealen wie Pflichttreue, Pünktlichkeit, Unbestechlichkeit und Leistungsbereitschaft.
- Die Industrialisierung führte zur Entstehung einer neuen Bevölkerungsgruppe: der Arbeiterschaft, die vor allem aus Industriearbeitern bestand. Diese suchten ihr Auskommen in den ständig neu aus dem Boden schießenden Fabriken und lebten in den Arbeitersiedlungen der rasant wachsenden Industriestädte. Allmählich entstand bei den Arbeitern das Bewusstsein, zu einer durch gemeinsame Arbeits- und Lebensbedingungen geprägten Klasse zu gehören.
- Dass eine wachsende Zahl von Menschen in der Verwaltung tätig war, führte zur Herausbildung der Berufsgruppe der Angestellten. Deren typische Tätigkeitsfelder waren die Unternehmensverwaltung sowie der Dienstleistungssektor von Handel, Banken und Versicherungen. Während es 1882 in Deutschland etwa 610 000 Angestellte gab, waren es 1907 schon fast zwei Millionen.

M 4 **Neuer Mittelstand**
Technische Angestellte in einem Büro bei der Entwicklung von Maschinen, Foto, Nürnberg, um 1890

Das Leben in der Großstadt

Die Entstehung von schnell wachsenden Großstädten hatte beträchtliche Auswirkungen auf die soziale Struktur der Bevölkerung. Der Prozess der Verstädterung wird als Urbanisierung bezeichnet, abgeleitet von „urbs“ (lat.) für „Stadt“. Berlin war 1871 mit 827 000 Einwohnern bereits die drittgrößte Stadt Europas, 1905 wurde die Einwohnerzahl von zwei Millionen überschritten. Der soziale Zusammenhalt, wie ihn das Land und die Kleinstadt kannten, wich in den neuen Ballungszentren der Anonymität. Die Bedeutung familiärer und verwandtschaftlicher Beziehungen ging zurück und wurde durch lockere Kontakte im Stadtviertel oder im Betrieb ersetzt.

Zum Ende des 19. Jahrhunderts boten viele Großstädte bereits alles, was auch heutige Großstädte attraktiv macht: die Gleichzeitigkeit verschiedenster Lebensbereiche, die Simultanität und Vielfalt der Angebote, die aus der Anonymität erwachsende Freiheit und das Nebeneinander starker Gegensätze. Eine neu entstehende Kultur- und Freizeitindustrie bot mit Theatern und Ballsälen vielfältige Möglichkeiten der Zerstreuung und des Vergnügens. Die Wandlung der Stadt bedeutete auch eine Wandlung der Lebensweise und des Bewusstseins ihrer Bewohner.

Eine neue Familienform breitet sich aus

Die heute typische Familienform aus Eltern und Kindern, also aus nur zwei Generationen, hat sich als solche erst im Kaiserreich durchgesetzt. Die Angehörigen des Bürgertums lebten in den Städten zumeist in einer Drei-Generationen-Familie, welche sich erst im Laufe der Zeit immer mehr zur Klein- oder „Kernfamilie“ entwickelte. Vor der Industrialisierung war auf dem Land die bäuerliche Großfamilie die Regel gewesen, zu der mehrere Generationen sowie die unverheirateten Geschwister des Hoferben gehörten. Durch die einsetzende Abwanderung vieler Menschen vom Land in die Städte lösten sich diese Großfamilien auf. In den unterbürgerlichen Schichten der Städte waren nicht-eheliche Kinder und Lebensgemeinschaften weit verbreitet.

Die veränderte Rolle der Frau

Den rechtlichen Status der Frau definierte das Kaiserreich als „Frau und Mutter“. Auch die 1900 erfolgte Neufassung des Bürgerlichen Gesetzbuches kannte keine Gleichberechtigung der Frau, die weiterhin der Vormundschaft des Vaters bzw. des Ehemannes unterstand. Der Mann bestimmte, wo und wie die Familie lebte, wie das Geld verwendet wurde und ob die Frau berufstätig sein durfte oder nicht.

M 5 „Mittag bei Borsig“

Ehefrauen und Kinder bringen das Mittagessen an das Fabriktor, Gemälde, 1911.

M 6 Telefonistin

Fernsprechvermittlung im Deutschen Reich, um 1900

WES-115614-403
Film über die Erfindung des Telefons

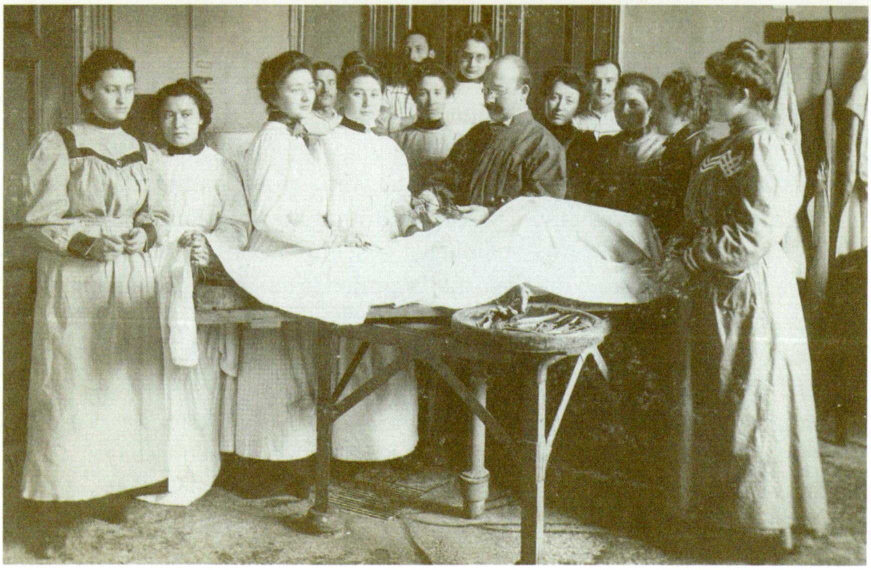

M 7 Ein Berliner Professor mit Medizinstudentinnen
Foto, 1910

Da die Notwendigkeit einer standesgemäßen Beschäftigung stieg, machten sich junge Frauen bzw. deren Väter zunehmend Gedanken um eine gute Schulbildung. Ab 1900 durften Mädchen Gymnasien und schließlich auch Hochschulen besuchen. Das Selbstbewusstsein der Frauen stieg und es entstanden verschiedene Frauenvereine, die sich 1894 im Bund Deutscher Frauenvereine zusammenschlossen. Der Bund forderte eine bessere Ausbildung für Mädchen, volle politische und bürgerliche Rechte – insbesondere das Wahlrecht – sowie Zugang zu allen Berufen. Ab 1908 durften Frauen politischen Vereinen und Parteien beitreten, das Wahlrecht erhielten sie jedoch erst 1918.

Auch im Alltag zeigten sich Veränderungen. So war es für Frauen zunächst undenkbar, eine Badeanstalt oder ein Strandbad zu besuchen. Später gab es Badeabteilungen nur für Frauen, die durch hohe Wände von denen der Männer getrennt waren. Schließlich wurde das gemeinsame Baden von Männern und Frauen akzeptiert.

Die Stellung der Bürger jüdischen Glaubens

Im Verlauf des 19. Jahrhunderts erhielten Juden nach und nach staatsbürgerliche Rechte; allerdings wurden sie im Staatsdienst, an den Universitäten und in der Armee auch weiterhin stark benachteiligt. Sie waren vor allem in freien Berufen, zum Beispiel als Ärzte oder Rechtsanwälte, im Handel- und Dienstleistungssektor oder im künstlerischen Bereich tätig. Viele Juden organisierten sich ab 1893 im „Centralverein deutscher Staatsbürger jüdischen Glaubens". Dieser Verein forderte in seinem Programm nicht nur die Gleichberechtigung, sondern bekannte sich auch zum Ziel der Integration.

Trotz rechtlicher Gleichstellung und gesellschaftlicher Anpassung blieben Vorurteile gegenüber jüdischen Bürgern bestehen. Neu am Antisemitismus, also der Judenfeindschaft, im Kaiserreich war, dass Juden nicht mehr wie früher wegen ihrer Religion, sondern nun zusehends wegen angeblicher rassischer Unterschiede angegriffen wurden: Man behauptete, Juden wären „von Natur aus" betrügerisch, raffgierig und ohne Moral. Derartige Vorurteile waren weit verbreitet – bis in die höchsten Kreise. Der Antisemitismus der Nationalsozialisten lässt sich teilweise bis ins Kaiserreich zurückverfolgen.

M 8 Kaiser Wilhelm II. mit dem jüdischen Reeder Albert Ballin, dem Generaldirektor der Hamburg-Amerika-Linie
Foto, 1913

Frauen im Kaiserreich – Mit zeitgenössischen Textquellen arbeiten

M 9 Dürfen Frauen Medizin studieren?

a) Theodor L. W. von Bischoff (1807–1882), Anatom und Physiologe, hat mit seinem Buch „Das Studium und die Ausübung der Medicin durch Frauen" von 1872 die zeitgenössische Diskussion nachhaltig beeinflusst:

Es fehlt dem weiblichen Geschlechte nach göttlicher und natürlicher Anordnung die Befähigung zur Pflege und Ausübung der Wissenschaften und vor allem der Naturwissenschaften und der Medicin. Die Beschäftigung mit dem Studium und der Ausübung der Medicin widerstreitet und verletzt die besten und edelsten Seiten der weiblichen Natur, die Sittsamkeit, die Schamhaftigkeit, Mitgefühl und Barmherzigkeit, durch welche sich dieselbe vor der männlichen auszeichnet.
Die Bildung weiblicher Ärzte lässt sich mit unseren staatlichen Einrichtungen auf Schulen und Universitäten nicht vereinigen. Ihre Teilnahme an dem an denselben erteilten Unterricht stört und hindert denselben in unerträglicher Weise und gefährdet das sittliche Wohl der männlichen Teilnehmer auf das Allerschlimmste.
Die Überladung des ärztlichen Standes mit unbefähigten, halbgebildeten weiblichen Handwerkern, wie sie allein von dem weiblichen Geschlechte zu erziehen sind, hemmt und stört die Fortbildung der ärztlichen Wissenschaft und Kunst auf das Schädlichste.
Diese Überladung mit weiblichen ärztlichen Handwerkern, unter gleichzeitiger unausbleiblicher Verdrängung männlicher Ärzte, gefährdet das sanitätliche Wohl des Staates im Frieden und Kriege auf die bedenklichste Art.

Zit. n.: Hadumod Bußmann (Hg), Stieftochter der Alma Mater? 90 Jahre Frauenstudium in Bayern am Beispiel der Universität München, München: Kunstmann 1993, S. 22f.

b) Hedwig Dohm (1833–1919), Schriftstellerin, Theoretikerin des Feminismus, entgegnet in ihrem Buch „Die wissenschaftliche Emancipation der Frau":

Sie, Herr v. Bischoff, sind gewiss ein eminenter Anatom. Nun stellen Sie sich vor, Sie wären in einer Schule, dem Abbild einer gewöhnlichen Mädchenschule, erzogen worden. Mit kaum sechzehn Jahren hätte man Sie dieser Bildungsanstalt enthoben, an den Nähtisch gesetzt, hinter das Plättbrett gestellt und in die Küche geschoben. Wie und wann, Herr v. Bischoff, glauben Sie nun wohl, wäre Ihr anatomischer Genius zum Durchbruch gekommen? Ob mit dem Bereiten eines Puddings der Verdauungsprozess des Puddings in Ihrem Körper sich Ihrem ahnungsvollen Geiste physiologisch und anatomisch dargestellt hätte? [...] Ich möchte es bezweifeln; ich möchte eher glauben, dass Sie eine ebenso tüchtige Nähmamsell geworden wären, als Sie jetzt ein hervorragender Anatom sind.

Zit. n.: Hadumod Bußmann (Hg), Stieftochter der Alma Mater? 90 Jahre Frauenstudium in Bayern am Beispiel der Universität München, München: Kunstmann 1993, S. 22f.

M 10 „Die moderne Frau"

Die deutsche Frauenrechtlerin Helene Stöcker (1869–1943) schreibt über die „moderne Frau" 1893:

Was Sie auch sagen mögen, ich weiß es ganz genau: die moderne Frau ist etwas, das noch nicht in dieses Jahrhundert hineingehört – für die es noch keinen Namen und keinen Mann gibt, keine Stellung in der Gesellschaft; denn ihrem ganzen, innersten Wesen nach gehört sie in ein Zeitalter der Zukunft [...]. Sie denkt nicht, dem Manne absolut „gleich" zu werden – aber sie will ein glücklicher – und das bedeutet auch für sie: ein freier Mensch werden und sich zugleich in ihrer Weibart immer höher entwickeln. Sie beklagt es längst nicht mehr – wie sie das als Kind vielleicht getan –, dass sie kein Mann ist; im Gegenteil, sie ist bereits zu einem wohligen Gefühl ihrer Weib-Vorzüge gekommen. Dazu das Bewusstsein ihres Selbstmenschentums – ihr Zukunftsgefühl, da sie noch etwas Seltenes, Alleinstehendes ist, das in keine der Kategorien mehr passt, das noch ganz die Wonne des Individuums empfinden darf. [...] Aber nun sie frei und unabhängig mitten im Herzen der Weltstadt lebt – nun ihr das, was sie glühend begehrte: Leben im Verkehr mit geistig ebenbürtigen Menschen – in reichem Maße zuteil geworden [...].

Helene Stöcker, Die moderne Frau; in: Freie Bühne (Jg. 4), Berlin: S. Fischer 1893, S. 1215ff.

Aufgaben

1. Frauen im Kaiserreich

a) Arbeite die Argumente heraus, die in der Quelle M9 für und gegen das Medizinstudium von Frauen angeführt werden, und nimm dazu Stellung.

b) Erläutere und bewerte die Argumentation von Helene Stöcker.

→ M9 – M10

Freizeit- und Konsumkultur – Besuch im Kaufhaus Wertheim in Berlin um 1900

M 11 **Kaufhaus Wertheim in Berlin-Mitte**
Leipziger Straße, 1896–1906 erbaut von Alfred Messel, im Zweiten Weltkrieg zerstört, Innenansicht, Fotopostkarte, 1899

Aufgaben

1. Freizeit- und Konsumkultur

a) Untersuche den Bericht über den Besuch im Kaufhaus (M12). Analysiere die Haltung des Verfassers zum Kaufhaus. Verwende dafür auch den Trainingskasten auf Seite 147.

b) Versuche, einige der im Text genannten Gegebenheiten auf dem Foto M11 zu finden.

c) Erkundige dich, wann die großen Geschäfte in deinem Wohnort bzw. in deiner Umgebung entstanden sind. Finde den „ältesten" Laden.

M11–M12, Recherche vor Ort

M 12 Besuch im Kaufhaus

Bericht des Journalisten Fedor von Zobeltitz über einen Besuch im Berliner Kaufhaus Wertheim (1903):

Neulich habe ich Wertheim zum ersten Male besucht. […] Da habe ich den Berliner Louvre [großes und prächtiges Museum in Paris] kennen gelernt. Zuerst musste ich mir an einer der Hauptkassen ein „Sammelbuch“ kaufen; die Kassen waren umdrängt, aber nach einer kleinen halben Stunde hatte ich mein Buch und konnte nun losziehen. Doch ich zog nicht. Ich versuchte zunächst einmal, mich zu orientieren. Ich bin nicht ganz ohne Findigkeit; hier jedoch verließ mich jedwede topografische Begabung. Die strömende Menschenmenge schob mich hin und her; ich wollte zu den Parfüms und geriet zu den Kurzwaren, und plötzlich stand ich vor einer Dame, die mir Taschentücher zeigte, und eine halbe Minute später war ich mitten unter das Emaillegeschirr geraten. Nun dachte ich, das Parfüm bis zuletzt zu lassen und mich den Korbwaren zuzuwenden, wo ich einen Triumphstuhl als höchsten Triumph der Madonna della Sedia erstehen wollte. Da musste ich aber in den dritten Stock. Einer der offiziellen Führer, ein Herr, der wie ein Legationssekretär aussah, sagte mir, ich solle doch den Fahrstuhl benutzen oder die Rutschbahn. Der Gedanke an die Rutschbahn lockte mich; so etwas kannte ich eigentlich nur von Jahrmärkten oder aus der Hasenhaide [ein Volkspark in Berlin-Neukölln]; in den Berliner Geschäften war das Rutschen bisher nicht üblich […]. Das tat ich denn auch; aber zu den Korbwaren gelangte ich doch nicht; ich weiß nicht, woher es kam – ich befand mich plötzlich in einer Gemäldeausstellung. Da gab es denn mancherlei Hübsches zu sehen, nur keinen Triumphstuhl. Jetzt fasste mich der Grimm; ich beschloss, die Korbwaren zu suchen, koste es was es wolle. Ich unternahm Gebirgspartien, stieg hinauf in luftige Höhen, geriet unvermutet in einen Menschenknäuel hinein, der die photografischen Apparate umdrängte, und sah mich dann wieder von wallenden Schleiern, farbigen Bändern, von Spitzen und Rüschen umgeben. Ein Herr, der wie ein Geheimrat aus dem Kultusministerium aussah, möchte meine Verlegenheit bemerken und fragte nach meinem Begehr. „Oben“, meinte er lächelnd und wies auf den Lift. Aber ich hatte nicht aufgepasst: der Lift ging nicht hinauf, sondern hinunter – und als ich mich umschaute, weilte ich in einem prachtvollen Saale mit Lapislazulisäulen und hörte eine Fontäne rauschen. Jetzt war ich wirklich schon müde. Ich schlenderte mit schweren Schritten weiter, kam in einen Palmengarten und an ein Büfett, wo ein niedliches Mädchen mir ein Glas Limonade kredenzte, kam dann in ein Gewirr von Kinderwäsche, von Hemdchen, Höschen und Röckchen, hierauf zu den Phonographen und endlich zu den ersehnten Parfüms.

Gott sei dank – so weit war ich nun! Aber ich merkte doch, wir sind alle von des Tantalus Geschlecht. Ich spürte den Duft des Parfüms, sah auch die gelben, grünen, roten, amarantfarbenen und safrangelben Flacons – aber heran kam ich nicht. Ganze Menschenringe umballten die Verkaufstische; ich berechnete, dass ungefähr fünfviertel Stunden verfließen würden, ehe ich an die Reihe käme.

Zit. n.: Gerhard A. Ritter/Jürgen Kocka, Deutsche Sozialgeschichte 1870–1914. Dokumente und Skizzen, München: C. H. Beck 1982 (3. Aufl.), S. 108 f.

Training

Erklärung des Operators „Analysieren“

Du sollst ein Material (Text, Bild, Statistik, Karte etc.) gezielt auf einzelne Merkmale (z. B. Inhalt, Sprache) hin untersuchen. Der Arbeitsauftrag gibt dir genauere Hinweise dazu, worauf du genau achten bzw. welche Aspekte du genau erforschen, prüfen und herausarbeiten sollst.

Anschließend musst du die Ergebnisse deiner Analyse zusammenhängend und für andere nachvollziehbar formulieren. Das heißt, du musst sie in eigenen Worten erklären und mit geeigneten Stellen aus dem Material (z. B. Textstelle/Zeile bzw. Zitat) belegen und erläutern können. Wörtliche Zitate werden an- und abgeführt („Zitat“) und mit Hinweisen auf die Zeile versehen (siehe Zeilenzähler).

Formulierungshilfen

Aus dem Text (der Statistik, der Karte, dem Bild) kann man entnehmen, dass …, weil …
Anhand der Aussage … ist zu erkennen, dass …, weil …
Die Textstelle … zeigt, dass …, weil …
Es ist erkennbar, dass …, weil …
Es wird deutlich/ersichtlich, dass …, weil …
Das heißt, dass …
Damit ist gemeint, dass …

Deutsches Judentum im „langen“ 19. Jahrhundert

Die deutschen Juden, die in dem Zeitabschnitt lebten, der von Historikern als „langes“ 19. Jahrhundert bezeichnet wird (von der Französischen Revolution 1789 bis zum Ausbruch des Ersten Weltkriegs 1914), waren keine in sich geschlossene, gleichbleibende Minderheit. Ihre rechtliche Stellung, politischen Mitbestimmungsmöglichkeiten und religiösen Vorstellungen veränderten sich stark.

Zeitstrahl

1789–1815 erste Schritte auf dem Weg zur Emanzipation
- 1791: Verleihung der uneingeschränkten Bürgerrechte durch die Französische Nationalversammlung
- 1812: Emanzipationsgesetz für das Königreich Preußen

1815–1848 rechtliche Rückschritte – kultureller Wandel
- 1819: „Hep-Hep-Unruhen“
- 1848/49: Grundrechtekatalog der Frankfurter Nationalversammlung

1848–1871 der Weg zur rechtlichen Gleichstellung
- 1869: Norddeutscher Bund: „Gesetz betreffend die Gleichberechtigung der Konfessionen in bürgerlicher und staatsbürgerlicher Beziehung“
- 1871: Reichsverfassung

1871–1914 gesellschaftlicher Aufstieg – wachsender Antisemitismus
- 1879–1881: „Berliner Antisemitismusstreit“
- Erster Weltkrieg: von ca. 550.000 deutschen Juden nahmen 100.000 Männer am Krieg teil

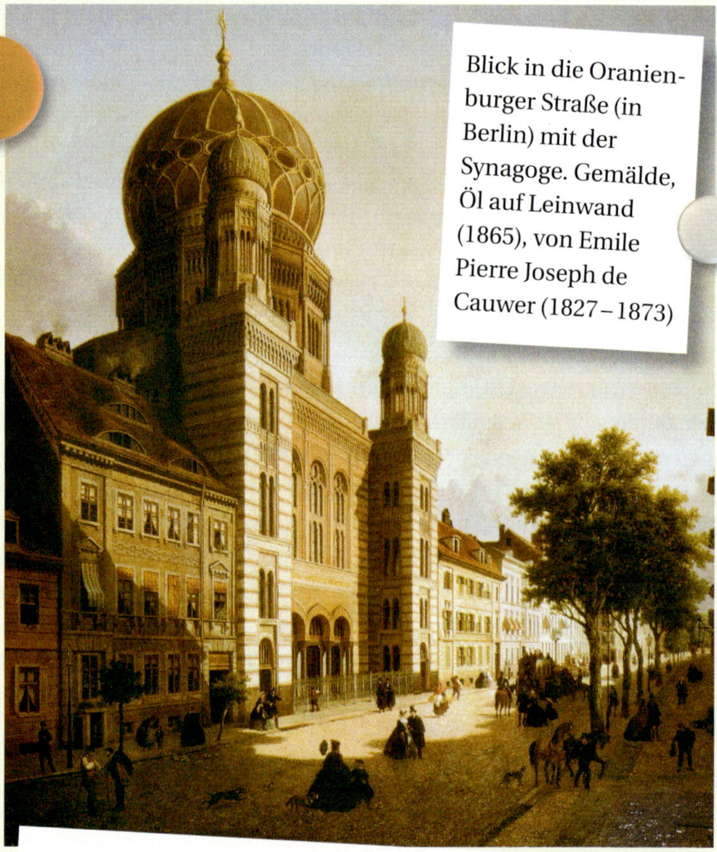

Blick in die Oranienburger Straße (in Berlin) mit der Synagoge. Gemälde, Öl auf Leinwand (1865), von Emile Pierre Joseph de Cauwer (1827–1873)

Das Gemälde der 1866 eingeweihten „Neuen Synagoge“ in der Oranienburger Straße in Berlin zeigt auf den ersten Blick, dass die Juden in der bürgerlichen Gesellschaft angekommen waren. Der Schriftsteller Theodor Fontane hob in einem in der konservativen „Neuen Preußischen Zeitung“ veröffentlichten Artikel anerkennend hervor, dass das „jüdische Gotteshaus“ an „Pracht und Großartigkeit“ die christlichen Kirchen der Stadt in den Schatten stelle. Der von der Berliner Gemeinde bewusst gewählte sogenannte „maurische Stil“ sollte an das spanische Mittelalter erinnern. Diese Epoche galt als Beispiel eines einträchtigen Zusammenlebens der Juden mit ihrer Umwelt. Viele Synagogen in Deutschland wurden in diesem Stil erbaut, der auch auf die orientalische Herkunft der Juden anspielte. Im Kaiserreich wurden allerdings auch judenfeindliche Stimmen immer lauter. So beschwerte sich der Historiker Heinrich von Treitschke in einer öffentlichen Debatte im Jahr 1879, „dass das schönste und prächtigste Gotteshaus der deutschen Hauptstadt eine Synagoge ist“.

Internet-Links zu den Daten der Zeitleiste
Friedrich Battenberg, Judenemanzipation im 18. und 19. Jahrhundert, in: Europäische Geschichte Online (EGO), hrsg. vom Institut für Europäische Geschichte (IEG), Mainz 2010:
http://ieg-ego.eu/de/threads/europaeische-netzwerke/juedische-netzwerke/friedrich-battenberg-judenemanzipation-im-18-und-19-jahrhundert
Tobias Jaecker, Judenemanzipation und Antisemitismus im 19. Jahrhundert:
https://www.jaecker.com/2002/03/judenemanzipation-und-antisemitismus-im-19-jahrhundert/

Themen der Expertengruppen

1. Gabriel Riesser und der Kampf um die Gleichstellung der Juden – ein jüdischer Politiker in der ersten Hälfte des 19. Jahrhunderts
Freunde und Förderer des Leo Baeck Instituts e.V. (Hrsg.):
http://www.gabrielriesser.de/frameset_intro_01.html

2. Antisemitismus im Kaiserreich und die Geschichte des Centralvereins deutscher Staatsbürger jüdischen Glaubens (gegründet 1893) – vergebliche Appelle an die Vernunft?
Katja Deinhardt, Central-Verein deutscher Staatsbürger jüdischen Glaubens, in: LeMO – Lebendiges Museum Online, 09.09.2015:
https://www.dhm.de/lemo/kapitel/kaiserreich/antisemitismus/centralverein.html

Centralverein.net (ohne Verfasserangabe), Otto-Friedrich-Universität Bamberg, Professur für Judaistik: https://centralverein.net/geschichte-des-c-v/

3. Albert Ballin und das Wohlwollen des Kaisers. Geschichte eines gesellschaftlichen Aufstiegs nach der Reichsgründung
Johannes Gerhardt, Der Kaiser, die Honoratioren und die Presse zu Besuch bei Albert Ballin, in: Hamburger Schlüsseldokumente zur deutsch-jüdischen Geschichte, 22.09.2016:
https://juedische-geschichte-online.net/beitrag/jgo:article-17

Dirk Hempel, Albert Ballin. Der Mann, der die Hapag prägte, in: www.ndr.de, 13.8.2017:
https://www.ndr.de/geschichte/chronologie/Der-Mann-der-die-Hapag-war-Albert-Ballin,ballin116.html

4. Rahel Hirsch und die Überwindung traditioneller Rollenmuster. Eine Jüdin als erste deutsche Medizinprofessorin.
Udo Schagen, Rahel Hirsch:
https://gedenkort.charite.de/menschen/rahel_hirsch/
Laura Seibert, Gedenktafel für die erste Medizin-Professorin Preußens, Rahel Hirsch. In: AVIVA-BERLIN.de (Online-Magazin für Frauen), Beitrag vom 09.06.2016:
https://www.aviva-berlin.de/aviva/content_Juedisches%20Leben.php?id=14191931

letzter Zugriff auf alle Adressen: 01.08.2022

Aufgaben

1. **Deutsches Judentum im „langen" 19. Jahrhundert**
   a) Informiert euch im Lexikon der Fachbegriffe in diesem Buch über den Begriff „Emanzipation".
   b) Bearbeitet in Kleingruppen den Zeitstrahl auf Seite 148: Jede Gruppe wählt ein Datum aus. Sucht in den angegebenen Internetadressen gezielt nach Informationen zu eurem Datum und schreibt diese heraus.
   c) Stellt eure Ergebnisse in der Klasse vor.

2. **Deutsches Judentum im „langen" 19. Jahrhundert – Expertengruppen**
   Bildet vier Expertengruppen. Jede Gruppe wählt ein Spezialthema aus. Nutzt die angegebenen Internetadressen und erstellt ein Lernplakat.

1870 1875 1880 1885 1890 1895 1900 1905 1910 1915 1920

1871: Reichsgründung

Bismarck

1878 – 1890: Sozialistengesetz

Sozialgesetzgebung

Wilhelm II.

DATEN

1871:
Reichsgründung

1890:
Entlassung Bismarcks

BEGRIFFE

Deutsches Kaiserreich

Bismarck

Sozialgesetzgebung

Kulturkampf

Sozialistengesetz

Antisemitismus

Reichstag

Konsum

Großstadtleben

Reichsgründung

Dass Deutschland in einem einheitlichen Nationalstaat vereinigt wird, war eine Forderung, die seit Beginn des 19. Jahrhunderts immer wieder erhoben wurde. Diese Hoffnung wurde allerdings erst 1871 – nach einer Reihe von Einigungskriegen – mit der Gründung des Deutschen Kaiserreiches erfüllt.

Die politische Ordnung des Deutschen Kaiserreiches

Der neue Staat war eine konstitutionelle Monarchie, die dem Kaiser und dem von ihm abhängigen Reichskanzler zwar große Macht einräumte, die aber auch dem vom Volk gewählten Reichstag einigen Einfluss zugestand. Das Parlament und die in ihm vertretenen politischen Richtungen (Konservative, Liberale, Sozialdemokraten und Katholiken) gewannen zunehmend an Bedeutung; jedoch wurde die deutsche Politik bis 1890 maßgeblich durch den Reichskanzler Otto von Bismarck bestimmt.

Die Innenpolitik im Zeitalter Bismarcks

Bismarck versuchte, die Katholiken und die immer stärker werdenden Sozialdemokraten politisch zu unterdrücken, was ihm jedoch nur begrenzt gelang. Die Einführung einer für die damalige Zeit modernen Kranken-, Renten- und Unfallversicherung verbesserte die soziale Absicherung von Arbeitnehmern.

Das Deutsche Reich unter Wilhelm II.

Nach Bismarcks Rücktritt versuchte der junge Kaiser Wilhelm II., ein „persönliches Regiment“ auszuüben und die politische Entscheidungsgewalt für sich zu beanspruchen. Innenpolitisch wurden wichtige Reformen versäumt, sodass die inzwischen entstandene moderne Industriegesellschaft in zunehmenden Widerspruch zu der seit der Reichsgründung beibehaltenen politischen Ordnung geriet.

Das Deutsche Kaiserreich

Hinweis: Die folgende Tabelle dient der Selbsteinschätzung deiner erworbenen Kenntnisse, Fähigkeiten und Kompetenzen. Die Auflistung erhebt nicht den Anspruch, vollständig zu sein. Es handelt sich um eine Auswahl, die ggf. erweitert werden kann. In der rechten Spalte findest du Hinweise, wie du eventuell vorhandene Lücken oder auch Unsicherheiten beseitigen kannst.

Ich kann ...	Ich bin sicher.	Ich bin ziemlich sicher.	Ich bin noch unsicher.	Ich habe große Lücken.	Auf diesen Seiten kannst du in HORIZONTE nachlesen	Empfehlungen zur Übung, Wiederholung und Festigung
... die Bedeutung des deutsch-französischen Krieges für das nationale Selbstverständnis im Kaiserreich erklären.					120–125	Zeige anhand der beiden Bilder auf Seite 125, woran du die Bedeutung des Sieges über Frankreich für das Selbstverständnis festmachen kannst.
... die politische Ordnung des Kaiserreiches im Hinblick auf den demokratischen Gehalt beurteilen.					126–129	Löse die Aufgabe 1 auf Seite 126.
... das „Sozialistengesetz“ und dessen gesellschaftliche Auswirkungen erläutern.					130–133	Nimm zu folgender Aussage Stellung: „Bismarck scheiterte mit seinem Sozialistengesetz.“
... die Entstehung des Sozialversicherungssystems erläutern.					130–133	Halte einen Kurzvortrag zum Thema: „Das deutsche Sozialversicherungssystem – eine Antwort auf die Soziale Frage?“
... die Ursachen für die Militarisierung des öffentlichen Lebens in Deutschland erläutern.					120–125 134–137	Beurteile die Stellung des Militärs in der deutschen Öffentlichkeit im Kaiserreich.
... den gesellschaftlichen Wandel im Kaiserreich an Beispielen erläutern und im Hinblick auf Fortschritt und Rückständigkeit beurteilen.					141–147	Wähle eine der folgenden Aufgaben aus, entweder Seite 141, Aufgabe 1 a) bis c) oder Seite 145, Aufgabe 1 a) und Seite 146, Aufgabe 1 a).
...						

ACHTUNG:

bitte nicht beschreiben!

Du findest eine Kopie dieser Seite zur Bearbeitung unter dem Webcode

WES-115614-404

So kolonisiert der Deutsche,

So kolonisiert der Engländer,

So der Franzose

und so der Belgier.

05 DER IMPERIALISMUS

M 1 **„Kolonialmächte“,**

Karikatur aus dem „Simplicissimus“ von Thomas Theodor Heine, Mai 1904

M 2 **„The World's Plunderers“,**

US-amerikanische Karikatur von Thomas Nast, 1885

Das Zeitalter des Imperialismus

Im 19. Jahrhundert teilten die europäischen Mächte sowie die USA und Japan große Teile Afrikas und Asiens unter sich auf. Was machte diese Entwicklung möglich und welche Folgen hatte das für die Bevölkerungen der betroffenen Gebiete?

M 1

Aufgaben

1. Die koloniale Aufteilung der Welt um 1900

a) Erschließe die Karte M1. Verwende dafür den Trainingskasten „Umgang mit Geschichtskarten" auf Seite 32.

b) Bestimme die Lage der europäischen Kolonien.

c) Tauscht euch darüber aus, wo sich mögliche Konfliktherde entwickeln könnten.

d) Die Entstehung von Kolonialreichen wird auch als „Europäisierung der Welt" bezeichnet. Überprüfe, ob der Begriff zutreffend ist. Suche gegebenenfalls nach einer alternativen Bezeichnung.

→ M1, Text auf Seite 155

Vorgeschichte

Seit Beginn der Neuzeit hatten europäische Seefahrer immer mehr Regionen in Amerika, Afrika, Asien und Australien „entdeckt". Ihnen folgten Eroberer, Missionare und Kaufleute, die in den zuvor unbekannten Gebieten Handelsniederlassungen und Missionsstationen errichteten. Aus dem Zusammenschluss dieser verschiedenartigen Besitzungen und Interessen in Übersee entstanden die Kolonialreiche Spaniens, Portugals, Großbritanniens und anderer europäischer Staaten. Damit hatte das Zeitalter der Kolonien begonnen, der Kolonialismus. Für fast alle Kolonialerwerbungen galt der Grundsatz: „The flag follows the trade – Die Flagge folgt dem Handel". Häufig waren private Handelsgesellschaften Hauptträger der Kolonialpolitik. Die Regierungen der Mutterländer förderten diese Gesellschaften, übernahmen für deren Handlungen jedoch nicht die Verantwortung.

Historische Einordnung

Mit der Entstehung rivalisierender Nationalstaaten und der fortschreitenden Industrialisierung veränderte sich das Mächtesystem und der Kolonialismus erweiterte sich zum Imperialismus. Wie kam es dazu?

Getrieben durch Konkurrenz und übersteigerten Nationalismus begannen die großen Industrieländer am Ende des 19. Jahrhunderts damit, aktive Kolonialpolitiken zu betreiben: Statt einzelne „Schutzgebiete" zu erwerben, suchten sie nun, möglichst umfangreiche Herrschaftsräume außerhalb der nationalen Grenzen zu gewinnen. Dieses Streben nach umfassender Beherrschung fremder Gebiete nennt man Imperialismus. Der Imperialismus erreichte sein Ziel, andere Gebiete zu erobern, zu unterwerfen und auszubeuten, indem er militärische Interventionen (Eingriffe), Kapitalexport (Investitionen in den Kolonien) und kulturelle Beeinflussung einsetzte. So machte er die Länder und Bevölkerungen abhängig und schuf die Voraussetzungen zur kolonialen Ausbeutung. Zum einen wollte man aus den Kolonien Rohstoffe nach Europa importieren, zum anderen sah man in den kolonialisierten Ländern überseeische Absatzmärkte. Der Imperialismus umfasste also sowohl politische Machtinteressen als auch wirtschaftliche Ziele.

Die Europäer rechtfertigten ihre imperialistische Herrschaft mit einer angeblichen „Mission des weißen Mannes", die westliche Zivilisation in allen Teilen der Welt zu verbreiten. Dies ging einher mit der festen Überzeugung einer Überlegenheit der sogenannten „weißen Rasse". Diese Vorstellung steht im Zusammenhang mit dem Sozialdarwinismus: Der Forscher Charles Darwin hatte herausgefunden, dass sich im Tierreich die am besten angepasste Art durchsetzt. Diese Erkenntnis wurde auf das menschliche Zusammenleben übertragen, um das Recht des Stärkeren auf Vorherrschaft zu begründen.

Die Aufteilung der Welt

Von den europäischen Staaten betrieb zuerst Großbritannien als früh entwickeltes Industrieland eine imperialistische Politik, Deutschland als spät entstandener Nationalstaat zuletzt. Daneben beteiligten sich vor allem Frankreich, Italien, Japan, Belgien sowie die USA und Russland am Wettlauf um die Aufteilung der Welt. Aber auch die Politik Österreich-Ungarns auf dem Balkan kann als imperialistisch charakterisiert werden.

M 2 Speicherstadt in Hamburg

In der Hafenstadt Hamburg wurde ab 1884 die sogenannte Speicherstadt als Freihafen errichtet, um hier insbesondere sogenannte Kolonialwaren wie Kaffee und Tee zollfrei zwischenzulagern, aktuelle Fotografie.

M 3 Ostafrika

Ein deutscher Kolonialoffizier mit seinen „boys" in Daressalam, um 1905

Britischer Imperialismus

Großbritannien formte als erste europäische Macht aus seinen vorhandenen Kolonien ein „Empire". Welche Ziele verfolgte Großbritannien mit seinem Imperialismus? Und wie reagierten die anderen Nationen darauf?

M 1 Die Welt in der Kralle

Diese französische Karikatur von 1899 zeigt die Welt in den Krallen Großbritanniens. Der Text „Honni soit qui mal y pense"(„Verachtet sei, wer Böses dabei denkt") ist das Motto des sogenannten Hosenbandordens, des höchsten englischen Ordens.

M 2 „The Rhodes Colossus"

„Striding from Cape Town to Cairo"
(to stride = ausschreiten, große Schritte machen), englische Karikatur, 1892. Der Brite Cecil Rhodes (1853 – 1902) war einer der bekanntesten Wortführer und Akteure des britischen Imperialismus.

Aufgaben

1. Karikaturen zum britischen Imperialismus

a) Beschreibe die Karikaturen M1 und M2.

b) Fasse die Grundaussage der Karikaturen zusammen und vergleiche sie.

c) Notiere Fragen, die sich über den britischen Imperialismus für dich ergeben. Beantworte deine Fragen mithilfe des Textes und den Materialien auf den Seiten 157 – 158.

↝ M1, Text auf den Seiten 157 – 158

Großbritannien beherrscht ein Weltreich

Als das Zeitalter des Imperialismus begann, besaß Großbritannien bereits zahlreiche Kolonien. Dieses Kolonialreich zu vergrößern, war das erklärte Ziel des Premierministers Benjamin Disraeli (1868–1880). Er legte den Grundstein zum britischen Empire.

Machtpolitische Grundlage des britischen Empire war die Flotte. Um den Seeweg nach Indien – der wichtigsten Kolonie – zu sichern, erwarb der britische Staat die Aktien des Suezkanals und unterwarf Ägypten 1882 seiner „Schutzherrschaft". Mit dem sogenannten Kap-Kairo-Plan verfolgte London die Absicht, ein geschlossenes Kolonialgebiet von Südafrika bis Ägypten zu errichten. Ein führender Vertreter dieser Politik war der Kolonialminister Joseph Chamberlain.

Direkte und indirekte Herrschaft

Die Bewohner einer Kolonie wollte man durch eine „direkte Herrschaft" kontrollieren. Dazu zerschlug man die in den Kolonien vorhandenen Formen der Verwaltung und des Militärs und ersetzte sie durch neue Strukturen. Dabei übernahmen die Kolonisten selbst die wichtigsten Aufgaben: Sie stellen nicht nur die Regierung, sondern auch die Beamten in der Verwaltung, bei der Polizei und beim Militär. London schuf für die Verwaltung Indiens einen besonderen Dienst: den „Indian Civil Service".

Die britische Regierung übte in einigen Gebieten aber auch eine andere Form der Herrschaft aus, die sogenannte „indirekte Herrschaft" („indirect rule"). Diese zeichnete sich dadurch aus, dass die Kolonialmacht die einheimischen Herrscher in ihren Funktionen beließ und sich auf die wirtschaftliche Ausbeutung konzentrierte. Die lokalen Herrscher übten ihre Macht somit im Dienste der Briten aus, die sich mit einer Art Oberaufsicht begnügten.

M 3

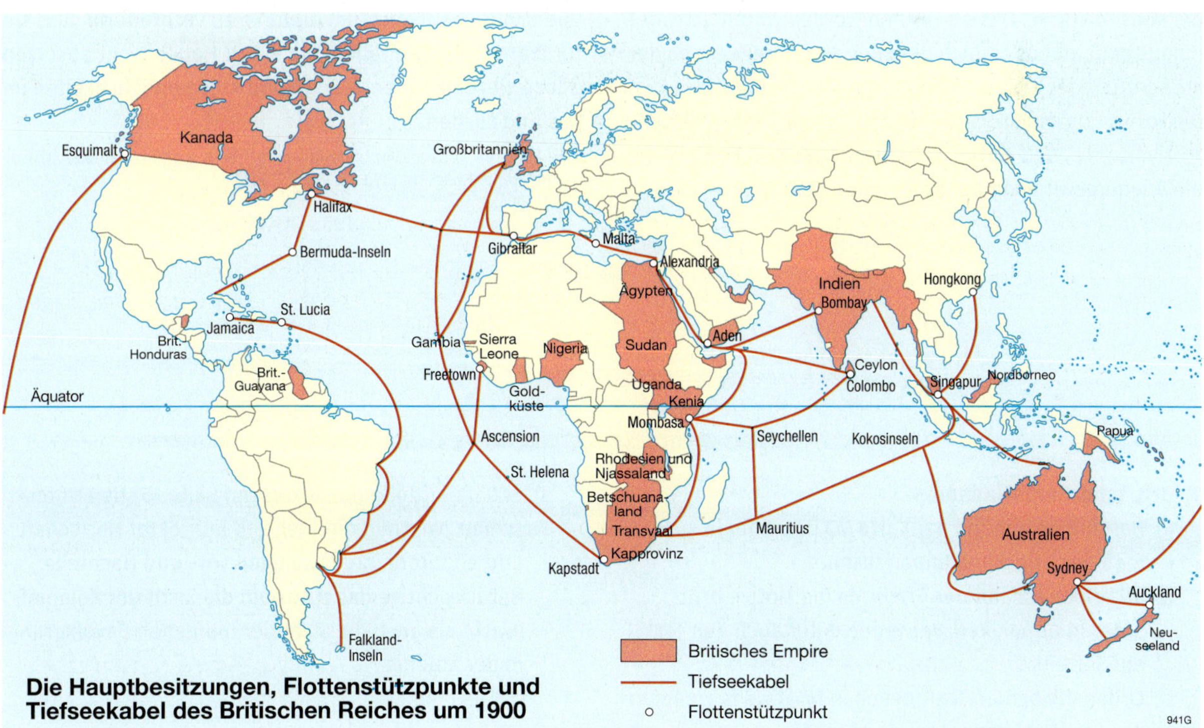

Die Hauptbesitzungen, Flottenstützpunkte und Tiefseekabel des Britischen Reiches um 1900

Motive des Imperialismus am Beispiel Großbritanniens

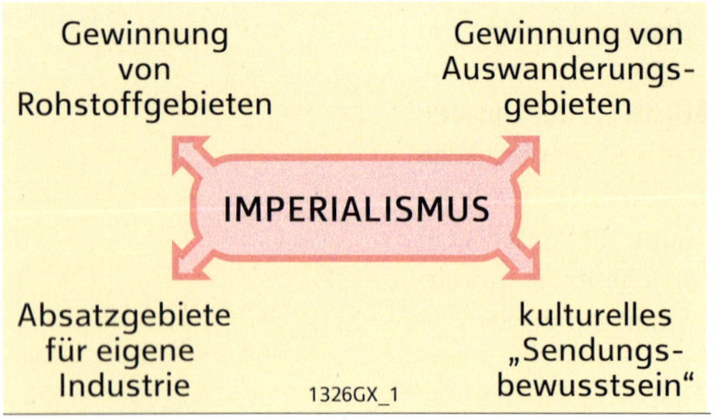

M 4 **Grafik zu Motiven imperialistischer Politik**

M 5 Motive für den britischen Imperialismus – Zwei zeitgenössische Quellen

a) Der britische Kolonialpolitiker Cecil Rhodes schreibt im Jahr 1877:

Ich behaupte, dass wir die erste Rasse in der Welt sind und dass es für die Menschheit umso besser ist, je größere Teile der Welt wir bewohnen. Ich behaupte, dass jedes Stück Land, das unserem Gebiet hinzugefügt wird, die Geburt von mehr Angehörigen der englischen Rasse bedeutet, die sonst nicht ins Dasein gerufen worden wären. Darüber hinaus bedeutet es einfach das Ende aller Kriege, wenn der größere Teil der Welt in unserer Herrschaft aufgeht. [...]
Die Förderung des Britischen Empire, mit dem Ziel, die ganze zivilisierte Welt unter britische Herrschaft zu bringen, die Wiedergewinnung der Vereinigten Staaten, um die angelsächsische Rasse zu einem einzigen Weltreich zu machen. Was für ein Traum! Aber dennoch ist er wahrscheinlich. Er ist realisierbar. [...]
Da [Gott] sich die englischsprechende Rasse offensichtlich zu seinem auserwählten Werkzeug geformt hat, durch welches er einen auf Gerechtigkeit, Freiheit und Frieden gegründeten Zustand der Gesellschaft hervorbringen will, muss es auch seinem Wunsch entsprechen, dass ich alles in meiner Macht Stehende tue, um jener Rasse soviel Spielraum und Macht wie möglich zu verschaffen.

Übers. zit. nach: Wolfgang J. Mommsen, Imperialismus. Seine geistigen, politischen und wirtschaftlichen Grundlagen. Ein Quellen- und Arbeitsbuch, Hamburg: Hoffmann und Campe 1977, S. 48 f.

b) Der britische Wirtschaftswissenschaftler und Journalist John Atkinson Hobson schrieb 1902 in seinem Buch „Der Imperialismus“:

Überall erscheinen übergroße Produktionskräfte, übergroße Kapitalien, die nach Investition verlangen. Sämtliche Geschäftsleute geben zu, dass mehr Güter hervorgebracht werden können, dass mehr Kapital vorhanden ist, als lohnend angelegt werden kann. Diese ökonomische Sachlage bildet die Hauptwurzel des Imperialismus. [...]
Imperialismus ist das Streben der Industriekapitäne, ihren überschüssigen Reichtum dadurch zu verbreitern, dass sie für Waren und Kapitalien, die sie zu Hause nicht absetzen oder anlegen können, Märkte und Anlagemöglichkeiten im Ausland suchen.

John Atkinson Hobson, Der Imperialismus (übers. v. Helmut Hirsch), Köln/Berlin: Kiepenheuer und Witsch 1968, S. 95 f.

Aufgaben

1. Britischer Imperialismus

a) Beschreibe anhand der Karte M3 das globale Ausmaß des britischen Imperialismus.

b) Erläutere anhand der Grafik M4 die Motive britischer Imperialisten. Verwende dafür auch den Text auf Seite 157.

c) Ordne die beiden Textquellen in M5 jeweils einem in der Grafik M4 genannten Motiv zu.

d) Erkläre mithilfe des Textes auf Seite 157 den Unterschied zwischen direkter und indirekter Herrschaft und erläutere ihre jeweiligen Vor- und Nachteile. Berücksichtige dabei sowohl die Sicht der Kolonialmacht als auch die Sicht der indigenen Bevölkerung in der Kolonie.

Text auf Seite 157, M3 – M5

Indien – Das britische „Kronjuwel"

Der indische Subkontinent zerfiel in zahlreiche Fürstentümer, die die Engländer durch Verträge und Waffengewalt nach und nach unter ihre Herrschaft brachten. Daneben bestand Britisch-Indien als unmittelbar unterworfenes Gebiet, das der englischen Verwaltung unterstand. Die indischen Völker mussten durch Steuerzahlungen nicht nur das Militär und die Beamten der Kolonialmacht unterhalten, sondern auch Tribute an die britische Staatskasse entrichten. Große Profite erzielten auch die englischen Kaufleute, denn britische Industriewaren überschwemmten den indischen Markt. Indische Plantagen lieferten Baumwolle, Tee und Jute. Zur besseren Erschließung ihrer Kolonie bauten die Engländer Straßen, Eisenbahnen und Häfen.

Der indische Freiheitskampf

Mit dem aufkommenden Nationalgefühl der Inder wuchs auch die Bereitschaft zum Widerstand. Gebildete Vertreter der Mittelschicht verlangten mehr Einfluss auf die Regierung. Um den Forderungen entgegenzukommen, unterstützten die Briten die Bildung eines National-Kongresses, dessen erste Sitzung 1885 in Bombay stattfand. Aus dem Kongress ging die Kongress-Partei als stärkste Partei des Landes hervor. Hungersnöte, Pestepidemien und die Teilung der Provinz Bengalen stärkten um 1900 die Kampfbereitschaft indischer Nationalisten gegen die britische Herrschaft. Neben Terror wurden auch Streiks und Boykotte gegen englische Einrichtungen und Waren eingesetzt. Als die britische Regierung mit harten Gegenmaßnahmen reagierte, gingen die indischen Nationalisten dazu über, auch entwürdigende Strafen als Opfer für den Freiheitskampf klaglos hinzunehmen. Dieser friedliche Widerstand der Inder bildete die Grundlage für Mahatma Gandhis Politik des passiven Widerstands. Indien stellte Großbritannien im Ersten Weltkrieg über eine Million Soldaten zur Verfügung. Viele Inder erwarteten als Ausgleich dafür die politische Unabhängigkeit, die Großbritannien seinem „Kronjuwel" jedoch erst nach dem Zweiten Weltkrieg 1947 gewährte.

M 1 Krönung des britischen Königs Georg V. zum Kaiser von Indien 1911
Um die Abhängigkeit der Kolonie zu unterstreichen, veranlasste Disraeli die englische Königin Viktoria im Jahr 1877, den Titel einer „Kaiserin von Indien" anzunehmen. Viktoria hat das Land, dessen Kaiserin sie war, nie besucht. Die Verwaltung erfolgte durch einen Generalgouverneur und Vizekönig, Foto, 1911.

2

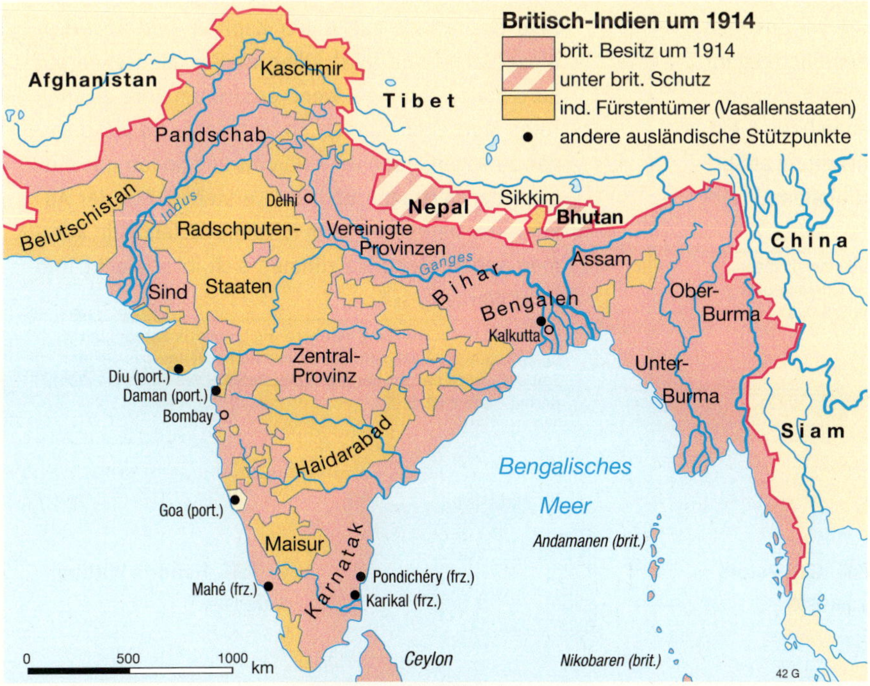

Deutschland als Kolonialmacht

Deutschlands Rolle als Kolonialmacht begann spät. Ab 1884 wurden die ersten Gebiete in Afrika – Deutsch-Südwestafrika, Kamerun und Togo – unter den „Schutz" des Deutschen Reiches gestellt. Ein Jahr später folgte Deutsch-Ostafrika. 1884 bis 1889 kamen noch einige pazifische Inseln und 1897 Kiautschou als kleines Pachtgebiet in China hinzu. Warum erwarb Deutschland Kolonien? Und wie reagierte die lokale Bevölkerung in den Kolonien auf die neuen Machthaber?

M 1 Gründungsmanifest der Gesellschaft für Deutsche Kolonisation

Carl Peters (1856–1918) war einer der bekanntesten Verfechter der Kolonialpolitik im Deutschen Reich. 1884 war er Mitbegründer der Gesellschaft für Deutsche Kolonisation. Der Textauszug entstammt dem Gründungsmanifest vom 28. März 1884:

Die deutsche Nation ist bei der Verteilung der Erde, wie sie vom Ausgang des 15. Jahrhunderts bis auf unsere Tage hin stattgefunden hat, leer ausgegangen. Alle übrigen Kulturvölker Europas besitzen auch außerhalb unseres Erdteils Stätten, wo ihre Sprache und Art feste Wurzel fassen und sich entfalten kann. Der deutsche Auswanderer, sobald er die Grenzen des Reiches hinter sich gelassen hat, ist ein Fremdling auf ausländischem Grund und Boden. Das Deutsche Reich, groß und stark durch die mit Blut errungene Einheit, steht da als die führende Macht auf dem Kontinent von Europa: seine Söhne in der Fremde müssen sich überall Nationen einfügen, welche der unsrigen entweder gleichgültig oder geradezu feindlich gegenüberstehen. Der große Strom deutscher Auswanderung taucht seit Jahrhunderten in fremde Rassen ein, um in ihnen zu verschwinden. Das Deutschtum außerhalb Europas verfällt fortdauernd nationalem Untergang.

Zit. nach: Wolfgang J. Mommsen, Imperialismus. Seine geistigen, politischen und wirtschaftlichen Grundlagen. Ein Quellen- und Arbeitsbuch, Hamburg: Hoffmann und Campe 1977, S. 124 f.

M 2 Carl Peters

Foto, um 1895

M 3 Afrika den Afrikanern!

Hendrik Witbooi, Kapitän des den Nama verwandten Witbooi-Clans, in einem Brief an andere Nama-Chiefs (= Kapitäne) über die Verträge mit den Deutschen, 27.6.1892. Die Nama sind neben den Herero der bedeutendste Volksstamm im Südwesten Afrikas:

Ich bin sehr ungehalten über Euch und alle Kapitäne von Groß-Namaqualand, die Ihr deutschen Schutz angenommen habt und dadurch dem weißen Mann Rechte und Einfluss in unserem Land gebt. Die Sache mit den Deutschen sehe ich mit ganz anderen Augen an. Sie geben vor, Euch vor anderen großen Nationen schützen zu wollen. Mir scheint aber, sie selbst sind die große Nation, die mit Gewalt in unser Land kommen will. Ich sehe sie mit Gewalt regieren und in unserem Land Verbote aufstellen. Ich wünsche deshalb nicht, dass Ihr in unserem Gebiet noch Plätze hergebt, auf denen diese Leute mit (ihren) Gesetzen wohnen, freie Rechte üben und Arbeiten ausführen können. Seid deshalb so gut, lieber Kapitän, und widerruft diese Sache und lasst keine weißen Menschen auf Eure Plätze kommen. Wenn es sich um Eure eigenen roten Menschen handelt, so hätte ich nicht viel dagegen zu sagen, denn wir sind eins und sollen uns miteinander vertragen und uns verstehen. Mit der Ankunft der Deutschen kann ich den Frieden nicht kommen sehen; denn sie rühmen sich ihrer Macht und ihrer Werke zu sehr.

Übers. zit. nach: Wolfgang Reinhard (Hg.), Hendrik Witbooi, Afrika den Afrikanern! Aufzeichnungen eines Nama-Häuptlings aus der Zeit der deutschen Eroberung Südwestafrikas 1884 bis 1894, Bonn/Berlin: Dietz 1982, S. 133.

M 4 Hendrik Witbooi

Foto, 1904

Die Anfänge als Kolonialmacht

Deutschland hat seine ersten Kolonien sehr spät erworben: 1884 hatten andere europäische Länder, allen voran Großbritannien, bereits ein Weltreich errichtet. Das lag zum einen daran, dass das Deutsche Reich erst 1871 gegründet wurde, während sich viele andere Länder bereits in einem Wettlauf um die letzten „weißen Flecken" auf der Erdkarte befanden, also um die noch nicht kolonisierten Territorien. Zum anderen lehnte Reichskanzler Otto von Bismarck den Erwerb von Kolonien jedoch auch grundsätzlich ab: Ihm war die Stabilisierung des Deutschen Reiches im europäischen Mächteverhältnis wichtiger als eine Expansion in Übersee. Bismarck fürchtete, dass das Bündnissystem, das er aufbaute, um Deutschlands Position in der Mitte Europas zu sichern, durch ein außereuropäisches Engagement des Reiches gefährdet werden könnte.

Ab 1880 aber wurde der Ruf im Reich immer lauter, dass Deutschland bei der Aufteilung der Welt nicht länger zusehen dürfe. Bei diesen Stimmen handelte es sich vornehmlich um nationalistische Kräfte, die davon träumten, dass das Deutsche Reich zu einer internationalen Großmacht anwachse. Aber auch Vertreter der Großindustrie sowie deutsche Kaufleute, die schon seit dem 18. Jahrhundert vom Dreieckshandel (u. a. mit Sklaven und Baumwolle) profitiert hatten, verlangten den Erwerb von Kolonien. Sie versprachen sich davon vor allem billige Rohstoffe für die Industrialisierung.

M 5 Adolf Lüderitz

Der Bremer Kaufmann spielte beim Erwerb der Kolonie Deutsch-Südwestafrika eine zentrale Rolle, Zeichnung, um 1885.

WES-115614-501
Hörszene zum Streben des Kaiserreichs nach Kolonien

M 6 Deutsche Kolonien vor 1914

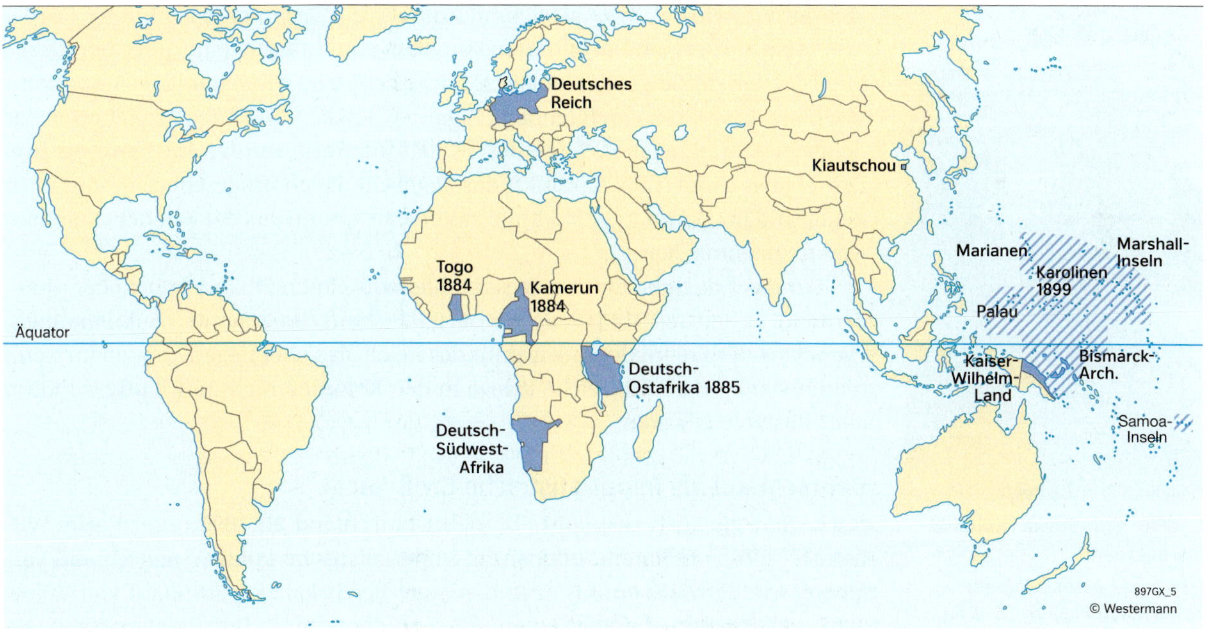

Aufgaben

1. Deutschland als Kolonialmacht

a) Fasse die Argumente zusammen, die Carl Peters (M1) für den Aufbau eines deutschen Kolonialreiches nennt.

b) Lege dar, wie Hendrik Witbooi (M3) das Vorgehen des Deutschen Reiches im Südwesten Afrikas beurteilt.

c) Arbeite das Vorgehen heraus, das Hendrik Witbooi den anderen Nama-Kapitänen empfiehlt.

d) Beurteile die Erfolgsaussichten der Empfehlung von Hendrik Witbooi. Begründe deine Meinung.

→ M1, M3

M 7 Kakaoplantage in Kamerun

Trockenhaus-Anlage einer Kakaoplantage Foto 1907

M 8 Ein „Edeka" Kolonialwarenladen

(Einkaufgenossenschaft der Kolonialwarenhändler: E. d. K.), eröffnet 1901

Der Erwerb von „Schutzgebieten"

1884 erwarb das Deutsche Reich die ersten Kolonien. In diesem Jahr fand in Berlin die sogenannte Kongokonferenz statt: Der belgische König Leopold II. hatte den deutschen Reichskanzler Otto von Bismarck gebeten, eine Konferenz einzuberufen, um die territorialen Interessen der Mächte in Afrika miteinander zu koordinieren. Vertreter von 14 Staaten kamen nach Berlin, allen voran Großbritannien, Frankreich, die USA, Russland und das Osmanische Reich. Beschlossen wurde u. a. die Vermeidung von Streitigkeiten der Mächte um Kolonien und die Beschleunigung der Kolonialisierung Afrikas. Zudem sollte der Kongo eine Privatkolonie Leopolds II. werden.

Vorbereitung und Durchführung der Konferenz lösten im Deutsche Reich eine große Kolonial-Euphorie aus, der sich auch Bismarck nicht länger entziehen konnte. Die Konferenz und das Jahr 1884 markieren somit einen Wendepunkt in der deutschen Kolonialpolitik. Die ab 1884 erworbenen Kolonien wurden „Schutzgebiete" genannt, weil der Staat den Handel deutscher Kaufleute vor Ort schützen sollte. Das Motto dafür lautete: „Die Flagge folgt dem Handel."

Die Bedeutung der Kolonien

Die deutschen Kaufleute erhofften vor allem, aus den Kolonien günstig Rohstoffe einführen zu können. Daneben sollten die Kolonien aber auch als neue Absatzmärkte dienen. Ein begehrtes Einfuhrprodukt war zum Beispiel Palmöl aus Westafrika. Dieses war vielseitig einsetzbar, z. B. zur Herstellung von Margarine, der „Butter der Armen", oder als Schmiermittel für Maschinen. Hamburger Reeder wie Adolph Woermann profitierten vor allem vom Branntweinexport, der für die Menschen in Afrika gravierende gesundheitliche und wirtschaftliche Auswirkungen hatte. Einfuhren von Elfenbein, Bananen, Kakao und Kaffee bereicherten das deutsche Warenangebot. Ende des 19. Jahrhunderts wurden in Hamburg zwei Drittel aller exotischen Waren für das Deutsche Reich umgeschlagen, und noch heute sind im Hamburger Stadtbild zahlreiche Spuren aus der Zeit der „Kolonialwaren" zu entdecken.

Für das Deutsche Reich insgesamt bleib der Kolonialhandel aber eher unbedeutend; er betrug 1914 gerade einmal 0,5 Prozent des gesamten Außenhandels. Die Bilanz der Kolonialpolitik war für das Reich also eher negativ, vor allem wenn man bedenkt, dass zahlreiche Kriege in den Kolonien nicht nur blutig, sondern auch kostspielig waren.

Deutschland als imperialistische Großmacht

Nach dem Rücktritt Bismarcks betrieb Deutschland ab 1890 unter Kaiser Wilhelm II. eine zunehmend offensivere imperialistische Politik. Deutschland verlangte, wie der Außenminister und spätere Reichskanzler Bernhard von Bülow 1897 erklärte, nun ebenfalls einen „Platz an der Sonne". Interessengruppen wie der Alldeutsche Verband und der Flottenverein unterstützten diese Politik lautstark und auf aggressive Art und Weise in der Öffentlichkeit. Die älteren Kolonialmachte waren jedoch entschlossen, ihre Positionen gegen den lästigen Konkurrenten und Störenfried Deutschland zu behaupten. Dadurch kam es einerseits zu einem Wettrüsten zwischen den Großmächten, insbesondere durch den Aufbau von Schlachtflotten. Andererseits häuften sich die internationalen Konflikte, die schnell zu einem Krieg hätten führen können. Die wachsenden Spannungen zwischen den Großmächten waren schließlich ein entscheidender Grund für den Ausbruch des Ersten Weltkriegs 1914.

Imperialismus und Rassismus – Eine zeitgenössische Werbung untersuchen

M 9 „Steckenpferd Lilienmilch Seife – Für zarte, weisse Haut“

Rassistische Werbung aus Deutschland, um 1900

M 10 Rassismus

Die Bundeszentrale für politische Bildung definiert den Begriff „Rassismus“ wie folgt:

Der Rassismus behauptet, dass eine bestimmte Art von Menschen, zum Beispiel die Menschen mit weißer Hautfarbe, besser und zu größeren Leistungen fähig seien als andere Menschen. Meist versuchen Menschen mit solchen unsinnigen Aussagen, den eigenen Stellenwert zu erhöhen und andere, ihnen fremde Menschen und Völker abzuwerten, auf eine niedrigere Stufe zu stellen.

Gerd Schneider/Christiane Toyka-Seid: Das junge Politik-Lexikon von www.hanisauland.de, Bonn: Bundeszentrale fur politische Bildung 2021. https://www.bpb.de/nachschlagen/lexika/dasjunge-politik-lexikon/320996/rassismus [letzter Zugriff: 18.03.2022].

Training

Erklärung des Operators „Untersuchen“

Du sollst aus einem Material (Text, Bild, Statistik, Karte etc.) gezielt wichtige Informationen herausarbeiten. Der Arbeitsauftrag gibt dir genauere Hinweise dazu, welche Inhalte du aus dem Material herausarbeiten sollst. Anschließend musst du deine Untersuchungsergebnisse zusammenhängend und für andere nachvollziehbar formulieren. Das bedeutet, dass du die Inhalte aus dem Material in eigenen Worten erklären können musst. Dabei solltest du auch darauf achten, dass du die Stellen im Material (z. B. Textstelle bzw. Zeile oder Teil eines Bildes) benennst, aus denen du deine Ergebnisse herausgearbeitet hast.

Formulierungshilfen

Aus dem Bild (der Statistik, der Karte, dem Text) kann man entnehmen, dass ...
Anhand der Aussage ... ist zu erkennen, dass ...
Es ist erkennbar, dass ...
Es wird deutlich, dass ...
Das heißt, dass ... Damit ist gemeint, dass ...

Aufgaben

1. Deutschland als Kolonialmacht

a) Erläutere die Gründe dafür, dass Deutschland erst relativ spät Kolonialpolitik betrieb.

b) Vergleiche die geografische Lage der deutschen Kolonien mit jener der Kolonien Großbritanniens und Frankreichs.

→ Text auf den Seiten 161–162, Karte M6 sowie Karte M1 auf Seite 154

2. Imperialismus und Rassismus

a) Beschreibe die Quelle M9 und erläutere das hier zugrunde liegende Bild der indigenen Bevölkerung.

b) Untersuche die Quelle M9 hinsichtlich des darin enthaltenen Rassismus. Verwende dazu die angegebene Kurzdefinition M10 und den Trainingskasten.

c) Begründe, dass die Quelle M9 rassistisch ist.

→ M9, M10, Trainingskasten auf dieser Seite

Die Außenpolitik des Deutschen Reiches 1871–1890

Bismarcks „Alptraum der Koalitionen“

Wie lässt sich nach drei Kriegen und einer erheblichen Veränderung der europäischen Kräfteverhältnisse eine dauerhafte Friedensordnung schaffen? Das war die Frage, die sich nach der Gründung des deutschen Kaiserreichs stellte.

Unter preußischer Führung war ein neuer großer Staat in Mitteleuropa entstanden. Frankreich fühlte sich gedemütigt, weil es nicht nur Elsass und Lothringen an das Deutsche Reich abtreten und hohe Kriegsentschädigungen zahlen musste, sondern auch seine bisher beanspruchte Führungsrolle auf dem europäischen Kontinent eingebüßt hatte. Auch die übrigen Nationen betrachteten die Machtverschiebung zugunsten des neuen deutschen Nationalstaats mehr oder weniger argwöhnisch. Im Gegensatz zur politischen Situation nach dem Zusammenbruch der napoleonischen Herrschaft kam es zu keinem Friedenskongress, sondern es musste ein Interessenausgleich der einzelnen europäischen Staaten erfolgen.

Reichskanzler Bismarck, der auch das Auswärtige Amt leitete, war bemüht, die Existenz des neuen Deutschen Reichs dauerhaft zu sichern. Er folgte dabei mehreren Prinzipien:

- Das Deutsche Reich ist „saturiert“, das heißt es erhebt keine weiteren territorialen Ansprüche und erwirbt keine Kolonien in Übersee.
- Das Deutsche Reich muss verhindern, dass sich andere Staaten gegen Deutschland verbünden. Eine solche Situation betrachtete Bismarck als „Alptraum der Koalitionen“. Insbesondere Frankreich muss politisch isoliert werden.
- Das Deutsche Reich muss darauf bedacht sein, dass sich Spannungen zwischen Staaten nicht im Zentrum Europas entladen, sondern in seinen Randgebieten – der „Peripherie“ – oder in Übersee.

M 1 Das europäische Bündnis- und Vertragssystem unter Bismarck

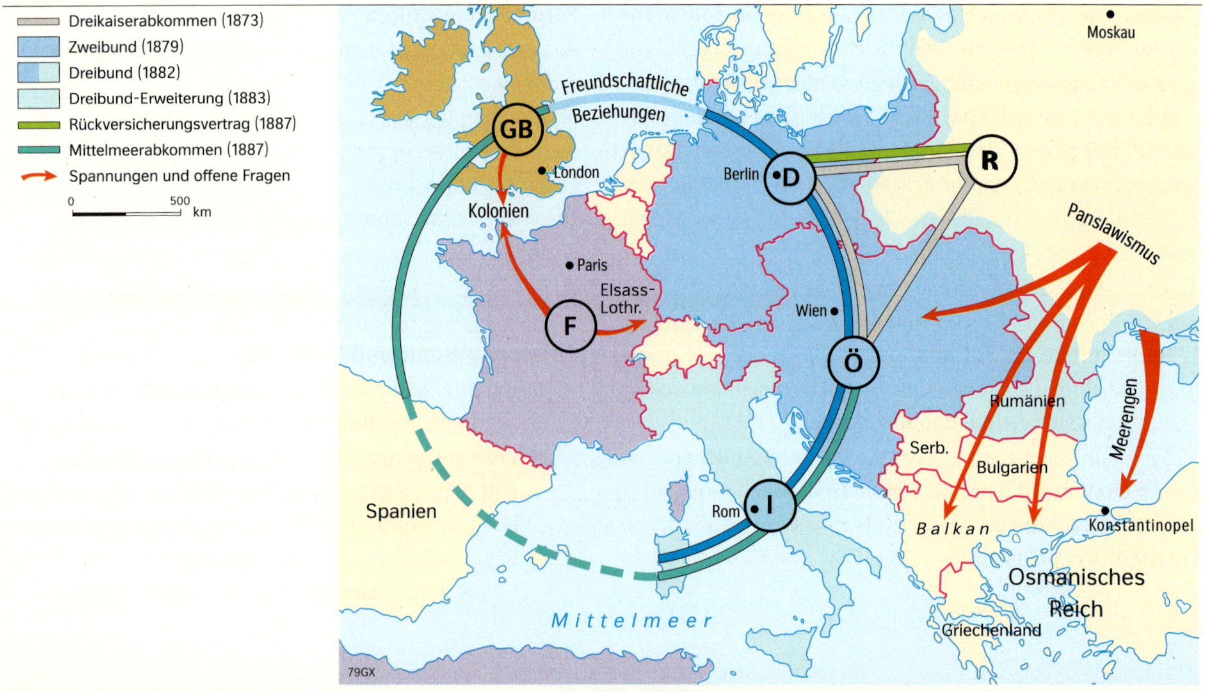

Das Bündnissystem des deutschen Kaiserreiches

Bismarck bemühte sich in den folgenden Jahren, diese Leitlinien umzusetzen, indem er eine Reihe von Bündnissen und Abkommen schloss. Dies gestaltete sich außerordentlich schwierig. Zunächst suchte er den Ausgleich mit Russland, um ein russisches Zusammengehen mit Frankreich zu verhindern. Um außerdem die Beziehungen zwischen Österreich-Ungarn und Russland zu festigen, deren Machtinteressen in Südosteuropa aufeinanderstießen, vermittelte Bismarck das Dreikaiserabkommen von 1873. Damit betonten die drei konservativen Herrscher Russlands, Österreichs und Deutschlands zwar ihre gemeinsamen Interessen, doch kam ein förmliches Bündnis nicht zustande. England hielt sich traditionell von Bündnissen fern und war nur an einem „Gleichgewicht der Mächte" auf dem europäischen Kontinent interessiert.

Konflikte auf dem Balkan

Der Streit der Großmächte um Einfluss auf dem Balkan und im östlichen Mittelmeer war damals ein brennendes politisches Problem. Als es 1877 zum Krieg zwischen dem Osmanischen Reich und Russland kam, konnte Bismarck 1878 auf dem Berliner Kongress einen Ausgleich herbeiführen, da das Deutsche Reich keine eigenen Interessen auf dem Balkan verfolgte. Zwar fand Bismarcks Rolle als „ehrlicher Makler" Anerkennung, trübte aber die Beziehungen zu Russland, weil die zaristische Regierung mehr Zugeständnisse erwartet hatte.

Der Ausbau des Vertragssystems

Da sich das Verhältnis zu Russland nach dem Berliner Kongress abkühlte, vereinbarte Bismarck 1879 ein Verteidigungsbündnis mit Österreich-Ungarn, den sogenannten Zweibund, aus dem nach Italiens Beitritt im Jahr 1882 der Dreibund entstand.

Um jedoch weiterhin ein russisch-französisches Bündnis zu verhindern, schloss Bismarck 1887 den geheimen Rückversicherungsvertrag mit Russland. Die Regierungen in Berlin und St. Petersburg verpflichteten sich darin zur Neutralität, falls einer der Vertragspartner Krieg gegen eine dritte Großmacht führen sollte. Die Verpflichtung zur Neutralität entfiel jedoch, falls Deutschland Frankreich oder Russland Österreich-Ungarn angreifen sollte. Durch diese Vertragsklausel war der Rückversicherungsvertrag zumindest formell mit dem Zweibund vereinbar, der das Deutsche Reich für den Fall eines russischen Angriffs zur Unterstützung Österreichs verpflichtete.

Beurteilung der Außenpolitik

Mit diesem Netz von Verträgen gelang es Bismarck, Russland, Österreich-Ungarn und Italien trotz aller politischen Gegensätze in ein Bündnissystem einzubinden. Vor allem aber verhinderte er ein Bündnis zwischen Russland und Frankreich, das Deutschland von zwei Seiten bedroht hätte, und sicherte damit die Existenz des neuen deutschen Kaiserreichs.

Allerdings wurde das nach und nach entstandene Bündnissystem immer komplizierter und war auch nicht frei von Widersprüchen. Insofern blieb es ständig gefährdet, zumal wenn sich die Spannungen zwischen den europäischen Mächten verschärften.

M 2 Bismarck auf dem Berliner Kongress
mit dem österreichischen Bevollmächtigten Graf Gyula Andrassy (links) und dem russischen Delegierten Graf Peter A. Schuwalow, Ausschnitt aus einem Gemälde von Anton von Werner, 1881

Aufgaben

1. Bismarcks Außenpolitik
a) Fasse die außenpolitischen Zielsetzungen Bismarcks mit eigenen Worten zusammen.
b) Erläutere Bismarcks „Alptraum der Koalitionen".
c) Untersuche die Widersprüchlichkeit in Bismarcks Bündnissystem in Bezug auf die Verträge mit Österreich-Ungarn und Russland.
d) Nenne Gründe für die Geheimhaltung des Rückversicherungsvertrags zwischen Russland und dem Deutschen Reich.

→ Text auf den Seiten 164–165

Der deutsche Kolonialismus in Südwestafrika

Zwischen 1904 und 1908 fand in der Kolonie Deutsch-Südwestafrika, dem heutigen Namibia, ein grausamer Völkermord an den Herero und Nama statt, der bis heute Nachwirkungen hat. Denkmäler aus verschiedenen Zeiten geben Kunde von den Ereignissen.

M 1 Denkmal von 1912 (links) und 2014 (rechts)

Links: Das Standbild wurde 1912 eingeweiht. Es sollte an die Kolonialkriege des deutschen Kaiserreiches gegen die Herero und Nama von 1903 bis 1907 erinnern. Das Reiterdenkmal nach dem Entwurf des Berliner Bildhauers Adolf Kürle zeigte einen überlebensgroßen deutschen Schutztruppenreiter in Uniform. Die Statue war 4,5 Meter hoch, die Gesamthöhe betrug 9,5 Meter. In der Vorderseite des Sockels war eine Widmungstafel eingelassen, die die Opfer der Kolonialkriege auf deutscher Seite aufzählte. Das Reiterstandbild wurde 2013 entfernt.

Rechts: Das am 21. März 2014 eingeweihte „Genozid-Denkmal" vor der Alten Feste in Windhoek. Das „Genozid-Denkmal" (Genozid = Völkermord) erhebt sich dort, wo bis 2013 das Reiterdenkmal stand.

Aufgaben

1. Völkermord an den Herero und Nama

a) Beschreibe die beiden Denkmäler (M1).

b) Analysiere anhand der Denkmäler den Wandel im Umgang mit dem Völkermord.

c) Formuliere ausgehend von den Denkmälern Fragen zum Thema „Der deutsche Kolonialismus in Südwestafrika".

d) Arbeite mit dem Text auf den Seiten 167–168. Gibt er Antworten auf deine Fragen?

e) Recherchiere zum aktuellen Stand der Verhandlungen um eine Aussöhnung zwischen Namibia und Deutschland.

→ M1, Text auf den Seiten 167–168, Internet

Der Südwesten Afrikas wird deutsche Kolonie

Der Südwesten Afrikas, das heutige Namibia, war schon immer und ist bis heute ausgesprochen dünn besiedelt. Namibia ist etwa zweieinhalb Mal so groß wie die Bundesrepublik und hat ca. zwei Millionen Einwohner. Große Teile Namibias sind Wüsten – die Namib-Wüste erstreckt sich entlang der Küste, die Kalahari-Wüste liegt im Nordosten des Landes. Der Rest ist überwiegend Savanne. Zur Landwirtschaft ist Namibia weitgehend ungeeignet. Vor der Kolonialisierung lebten hier verschiedene Volksgruppen, sechs größere (San, Herero, Nama, Damara, Himba und Ovambo) und einige kleinere.

Für die Europäer war das karge Land lange Zeit uninteressant. 1883 erwarb jedoch der Bremer Kaufmann Adolf Lüderitz mit fragwürdigen Methoden einen Küstenstreifen südlich von Walfish Bay, die heute nach ihm benannte Lüderitzbucht. Kurze Zeit darauf bat er die deutsche Regierung um Schutz, weil er eine englische Intervention befürchtete. Ein Jahr später erfolgte eine Schutz-Zusage durch die deutsche Reichsregierung. Dies war die Geburtsstunde des deutschen Kolonialismus.

Ab 1890 übernahm der deutsche Staat die Kolonialverwaltung und ließ Siedlungen sowie eine Eisenbahnlinie zur Erschließung des Landes bauen. Kurz darauf setzte auch der Zuzug von deutschen Kolonialbeamten, Farmern, Kaufleuten, Handwerkern und Missionaren ein. Bis 1903 stieg die Zahl weißer Siedler auf 4700, bis 1914 auf 12 000.

Die Besiedlung führte zu erheblichen Konflikten mit den indigenen Völkern. Das Land war für die Viehzucht der weißen Siedler nicht geeignet: Die Savanne war schnell abgegrast und verwüstet, woraufhin die Viehzüchter immer mehr Land benötigten. Dieses Land fehlte dann sowohl den Herero als auch den Nama. 1897 führte eine Rinderpest zur Eskalation der Lage: Die Herero verloren ihre Herden und damit ihre Lebensgrundlage, wodurch sie in Abhängigkeit von den Siedlern gerieten.

M 2 „Deutsch-Südwestafrika"

M 3 **Die Lüderitzbucht in Deutsch-Südwest**

Foto, um 1910

Info

Rassismus in der Sprache

Die Nama wurden von den Deutschen als „Hottentotten" bezeichnet. Der Begriff geht auf das Afrikaans (Sprache der Buren in Südafrika) zurück. Er bedeutet sinngemäß „Stotterer". Die Bezeichnung rührt daher, dass die Sprache der Nama sehr viele Schnalz- und Klicklaute enthält, die für europäische Ohren ungewohnt sind. Daher wurden die Nama entwürdigend als Stotterer bezeichnet.

M 4 **Samuel Maharero, Anführer der Herero**
Foto, 1905

Der Völkermord an den Herero und Nama

1904 lehnten sich die Herero unter der Führung von Samuel Maharero gegen die deutsche Kolonialmacht auf, kurz darauf auch die Nama unter Hendrik Witbooi. Sie griffen deutsche Farmen an und töteten ungefähr 125 deutsche Siedler. Da die deutschen „Schutztruppen" vor Ort zunächst nicht in der Lage waren, die Revolte niederzuschlagen, wurden 14 000 zusätzliche Soldaten unter dem Kommando des Generalleutnants Lothar von Trotha (1848–1920) aus Deutschland entsandt.

Trotha setzte auf unbarmherzige Härte gegen die indigene Bevölkerung und bedingungslose Unterordnung. Unter seiner Führung besiegten die Kolonialtruppen die Herero und die mit diesen verbündeten Nama am 11. August 1904 in der Schlacht am Waterberg. In einem Ultimatum forderte Trotha die Herero auf, das Territorium zu verlassen. Die meisten Herero flüchteten daraufhin in die Kalahari-Wüste, wo Trotha ihnen die Nahrungs- und Wasserversorgung abschneiden ließ. Dies führte zu einem Massensterben durch Verhungern und Verdursten. Grobe Schätzungen belaufen sich auf 65 000 getötete Herero (80 Prozent des Volkes) und 10 000 getötete Nama (50 Prozent des Volkes). Die Ereignisse gelten heute als erster Völkermord im 20. Jahrhundert. Die Brutalität Trothas löste nicht nur im Deutschen Reich allgemeines Entsetzen aus.

Die wenigen Überlebenden des Völkermordes wurden auf Atlantikinseln in umzäunte und bewachte Lager gesperrt. Hier setzte sich das Massensterben fort, auch weil die Inseln feucht und kalt waren, also ein völlig anderes Klima hatten, als die Nama und Herero gewohnt waren. Die übrigen Völker Namibias gerieten nunmehr in eine totale Abhängigkeit von den deutschen Kolonialbehörden.

1915 endete die deutsche Kolonialgeschichte in Südwestafrika mit der Kapitulation der deutschen Truppen vor südafrikanischen Einheiten. Völkerrechtlich wurde der Verlust der Kolonien durch den Versailler Vertrag (1919) besiegelt.

M 5 **Deutsche Soldaten in Südwestafrika**
Foto, 1904

Aufgaben

1. **Der Kolonialkrieg gegen die Herero und Nama**
   a) Stelle in eigenen Worten den Kolonialkrieg der Deutschen gegen die Nama und Herero dar.
   b) Fertige dazu eine Tabelle an, in der du Ursachen, Verlauf und Folgen des Krieges notierst.
   → Text auf den Seiten 167–168
2. **Völkermord an den Herero und Nama**
   a) Beschreibe anhand der Quellen M6–M8, wie das deutsche Militär gegen die Nama und Herero vorgegangen ist.
   b) Trage aus den Quellen M6–M8 zusammen, was dafür spricht, bei dem Vorgehen der deutschen Truppen von einem Völkermord zu sprechen. Berücksichtige auch die Opferzahlen.
   c) Beschreibe, wie der Krieg auf dem Sammelbildchen (M8) dargestellt wird. Tauscht euch darüber aus: Warum heißt es hier Aufstand und nicht Krieg (oder Völkermord)?
   → M6–M8, Text auf den Seiten 167–168

Völkermord an den Herero und Nama

M 6 Drei Textquellen

a) Proklamation des General von Trotha nach der Schlacht am Waterberg und der Flucht der Herero in die Omaheke-Wüste, 2.10.1904:

Die Hereros sind nicht mehr deutsche Untertanen. Sie haben gemordet und gestohlen, haben verwundeten Soldaten Ohren und Nasen und andere Körperteile abgeschnitten, und wollen jetzt aus Feigheit nicht mehr kämpfen. Ich sage dem Volk: Jeder, der einen der Kapitäne an eine meiner Stationen als Gefangenen abliefert, erhält tausend Mark, wer Samuel Maharero bringt, erhält fünftausend Mark. Das Volk der Herero muss jedoch das Land verlassen. Wenn das Volk dies nicht tut, so werde ich es mit dem Groot Rohr [= ein Geschütz] dazu zwingen. Innerhalb der deutschen Grenze wird jeder Herero mit oder ohne Gewehr, mit oder ohne Vieh erschossen, ich nehme keine Weiber und Kinder mehr auf, treibe sie zu ihrem Volk zurück, oder lasse auf sie schießen.

Zit. nach: Jürgen Zimmerer/Joachim Zeller (Hg.), Völkermord in Deutsch-Südwestafrika. Der Kolonialkrieg (1904–1908) in Namibia und seine Folgen, Berlin: Ch. Links 2003, S. 51.

b) Aus dem Bericht des deutschen Generalstabs 1907 zu den Folgen der Schlacht am Waterberg:

Diese kühne Unternehmung zeigt die rücksichtslose Energie der deutschen Führung bei der Verfolgung des geschlagenen Feindes in glänzendem Lichte. Keine Mühen, keine Entbehrungen wurden gescheut, um dem Feinde den letzten Rest seiner Widerstandskraft zu rauben; wie ein halb zu Tode gehetztes Wild war er von Wasserstelle zu Wasserstelle gescheucht, bis er schließlich willenlos ein Opfer der Natur seines eigenen Landes wurde. Die wasserlose Omaheke sollte vollenden, was die deutschen Waffen begonnen hatten: Die Vernichtung des Hererovolkes.

Zit. nach: Jürgen Zimmerer/Joachim Zeller (Hg.), Völkermord in Deutsch-Südwestafrika. Der Kolonialkrieg (1904–1908) in Namibia und seine Folgen, Berlin: Ch. Links 2003, S. 45.

c) Das Lied wurde vermutlich von den Nachfahren der Herero in Erinnerung an die Kolonialzeit gedichtet. Es lebt aber ganz deutlich von den Erinnerungen der Überlebenden an die Ereignisse von 1904:

Sie werden schießen [...] bereitet euch vor, lass uns gehen
Johana, lass uns gehen und aus den flachen Wasserstellen trinken. Seid bereit.
Lasst uns gehen, lass uns aus den Wasserstellen trinken.
Die Ochsen mit den weißen Streifen – Schüsse –
Lass uns gehen, lass uns gehen [...]
Johana nimm das Kind auf Deinen Rücken,
lass uns gehen. Das Kind, mein Kind, wo ist mein Kind?
Es ist gefallen, getötet.
Lass uns gehen, die Sonne geht schon unter,
Du nimmst das Pferd, lass uns gehen!
Johana sagt, ich werde das Pferd nicht reiten, es wird mich abwerfen!
Komm zu meinem Pferd, es ist schwarz und weiß.
Samuel höre die Gewehre. Die Menschen sind verzweifelt, das Kind hat seine Mutter verloren, die Mutter hat ihren Ehemann verloren, die Lämmer säugen die Geißen.
Lass uns gehen, wir müssen gehen, wir müssen gehen.
Schüsse, sie schießen.

Übers. zit. nach: Jürgen Zimmerer/Joachim Zeller (Hg.), Völkermord in Deutsch-Südwestafrika. Der Kolonialkrieg (1904–1908) in Namibia und seine Folgen, Berlin: Ch. Links 2003, S. 142.

M 7 Gefangene Herero in Ketten
Foto, 1904

M 8 „Herero-Aufstand in Deutsch-Südwest-Afrika"
Sammelbildchen von „Aecht Franck Kaffeezusatz", um 1908

Das koloniale Erbe – Ein Fallbeispiel zur Geschichte und Gegenwart: Der Kongo

In vielen europäischen Ländern finden sich Denkmäler, die an die Kolonialzeit erinnern. In den letzten Jahren sind jedoch etliche von ihnen geschändet oder nachträglich verändert worden. Ein Beispiel ist das Reiterdenkmal des belgischen Königs Leopold II. Woran sollen solche kolonialen Standbilder erinnern und welche Absichten stecken hinter den Attacken auf derartige Denkmäler?

M 1 Standbild von Leopold II. vor dem Königspalast in Brüssel (Tervuren)

Leopold II. war 1884 das Gebiet des Kongo auf der Kongokonferenz in Berlin 1884 als „private Kolonie" zugesprochen worden. Im Königspalast erinnert eine Dauerausstellung an die belgische Kolonialzeit, die in den letzten Jahren gründlich überarbeitet wurde. 2020 wurde das Denkmal vor dem Palast geschändet. Ein Unbekannter hat seine rechte Hand und sein Gesicht „blutig"-rot beschmiert, auf seine Brust „Pardon" (= Vergebung, Entschuldigung), auf das Pferd mit gelber Farbe „Racism" (= Rassismus) und auf den Sockel „Assasin" (= Mörder) gesprüht.

Aufgaben

1. Erinnerungskultur in der Kritik

a) Erläutere, woran das Reiterdenkmal M1 erinnern soll. Beschreibe auch, wie es auf dich wirkt.

b) Stelle Vermutungen an, was der unbekannte Täter mit seiner Schändung bewirken wollte.

c) Urteile: Findest du solche Denkmäler zur Erinnerung an den Kolonialismus zeitgemäß? Welche anderen Formen der Erinnerung wären deiner Meinung nach möglich?

d) Halte stichwortartig fest, welche Informationen du benötigst, um zu einem begründeten Urteil zu gelangen. Lies danach die Darstellungstexte auf den folgenden Seiten.

→ M1, Text auf den Seiten 171–172

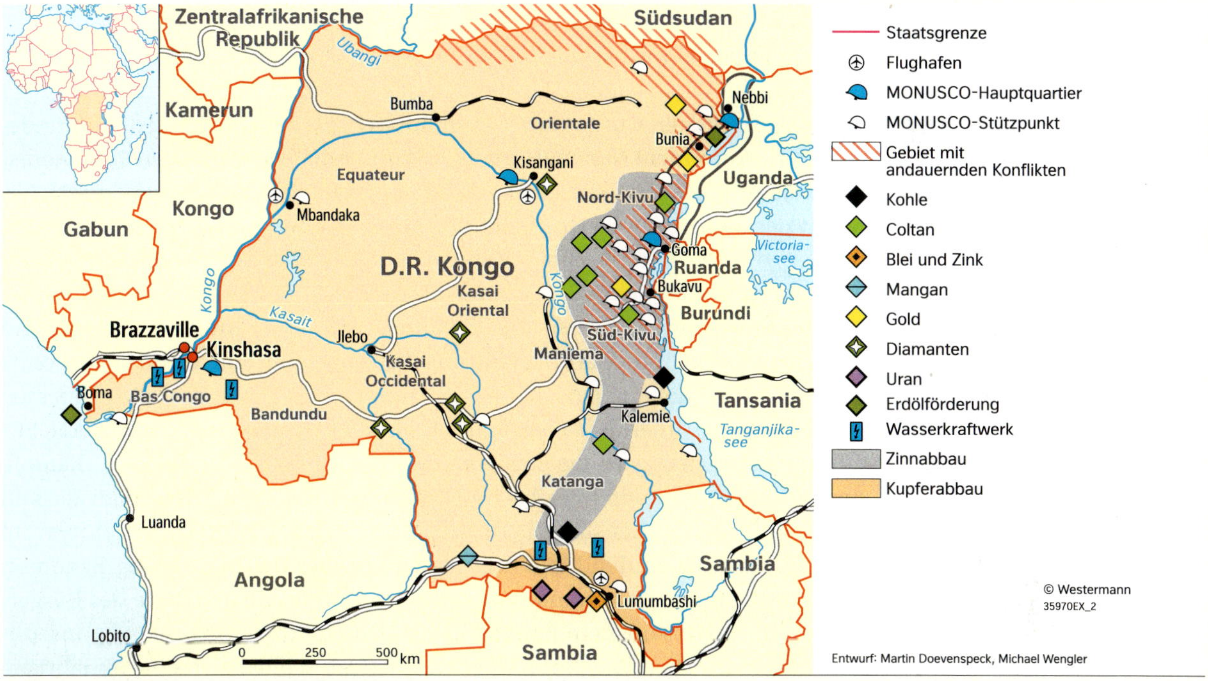

M 2 **Demokratische Republik Kongo**
Bodenschätze, aktuelle Karte

Der Kongo unter der Herrschaft Leopold II.

Ab 1885 beanspruchte der belgische König Leopold II. (1835–1909) den Kongo als Privatbesitz. Nach außen hin versuchte Leopold stets, seine Herrschaft als humanitäres Handeln darzustellen: Seine Ziele wären die Unterbindung des Sklavenhandels, die Verbreitung des Christentums, Freihandel, der Ausbau von Straßen und Eisenbahnen sowie die Gründung von Städten wie „Léopoldville", das heutige Kinshasa. Die Wirklichkeit sah jedoch anders aus.

Tatsächlich ging es dem belgischen König um die Aneignung von Rohstoffen. Zunächst stand der Handel mit Elfenbein im Vordergrund, bald jedoch rückten Gewinnung und Export von Kautschuk in den Vordergrund. Eine Söldnertruppe sorgte dafür, dass möglichst viel Kautschuk in Sklavenarbeit gewonnen wurde. Diese Armee bestand aus 19000 afrikanischen Soldaten, die von europäischen Offizieren befehligt wurden. Die Truppe zerstörte Dörfer, vergewaltigte Frauen und verstümmelte Kautschuksammler, wenn sie nicht die geforderte Menge ablieferten. Das Abhacken von Händen war eine alltägliche Strafe, die zugleich der Abschreckung dienen sollte.

Man vermutet, dass bis zu 15 Millionen Menschen Leopolds Gewaltherrschaft zum Opfer gefallen sind. Die als „Kongogräuel" in die Geschichte eingegangenen Untaten führten zwar dazu, dass Leopold 1908 gezwungen war, seinen afrikanischen „Privatbesitz" an den belgischen Staat zu verkaufen. Die wirtschaftliche und soziale Ausbeutung und die politische Unfreiheit blieben aber auch als offizielle belgische Kolonie weiter bestehen. In dem als „Belgisch-Kongo" bezeichneten Gebiet gab es keine sozialen Einrichtungen, keine medizinische Versorgung und kein funktionsfähiges Bildungssystem.

M 3 **„In the Rubber Coils" (In der Schlinge des Gummis)**
Englische Karikatur zur Herrschaft des belgischen Königs Leopolds II. im Kongo, 1906

M 4 **Patrice Lumumba (1925–1961)**

Von 1960 bis 1961 erster Ministerpräsident des unabhängigen Kongo, am 17. Januar 1961 ermordet, Foto, 1959.

Die weitere Entwicklung der Kolonie

Wie in anderen europäischen Kolonien wuchs nach dem Zweiten Weltkrieg auch im Kongo der Widerstand gegen die Kolonialherrschaft. Zum zentralen Vertreter dieses Widerstandes wurde Patrice Lumumba (1925–1961). Seine 1958 gegründete Partei „Mouvement National Congolais-Lumumba" wurde bei den Parlamentswahlen am 25. Mai 1960 die stärkste Kraft. Aufgrund der grausamen Vorgeschichte war der internationale Druck auf Belgien inzwischen so groß geworden, dass der Kongo am 30. Juni 1960 überraschend in die Unabhängigkeit entlassen wurde.

Lumumba übernahm gegen den Widerstand der weißen Siedler das Amt des Ministerpräsidenten. Er versuchte, die unterschiedlichen Kräfte in seinem Land zu vereinen. Sein Bestreben, die Führung der Vereinigten Staaten für seine Politik zu gewinnen, scheiterte jedoch: Die USA waren der Ansicht, dass die Interessen amerikanischer Unternehmen gefährdet seien. Als Lumumba daraufhin eine Bitte um Unterstützung an die Sowjetunion richtete, eskalierte die Lage: Kämpfe brachen aus und Lumumba selbst fiel einem politischen Mord zum Opfer, der von westlichen Geheimdiensten organisiert worden war. Große Unternehmen im Kongo unterstützten den Mord und die Gewalt, der belgische König Baudouin (1930–1997) nahm sie zumindest billigend in Kauf. Es folgten Jahre des Bürgerkrieges, der sogar zu einem Eingreifen der UNO führte. Ein Putsch von Joseph-Désiré Mobutu beendete den Bürgerkrieg, jedoch schloss sich eine 30-jährigen Diktatur an, die dem Land weder Ruhe noch wirtschaftliche Erholung brachte.

M 5 **UN-Truppen im Kongo 1961**

Schwedische UN-Soldaten transportieren einen verwundeten Kameraden, Foto, 1961.

Aufgaben

1. **Ein Fallbeispiel zur Geschichte und Gegenwart: Der Kongo**
   a) Fasse die Inhalte der Redenausschnitte des belgischen Königs Baudouin und des kongolesischen Politikers Lumumba zusammen (M6).
   b) Beurteile vor dem Hintergrund deiner Kenntnisse über die Kolonisierung des Kongo die beiden Redeausschnitte und formuliere dein Urteil in zwei bis drei Sätzen.
   c) Überprüfe dein erstes Urteil zum Denkmal (siehe S. 170) und ergänze (oder revidiere) deine Argumentation.
   d) Erstelle in Kenntnis der historischen Vorgänge einen Vorschlag für ein Denkmal, das an die belgische Kolonialpolitik erinnert.
   → M1, M6, Text auf den Seiten 171–172

M 6 Reden zur Unabhängigkeit

a) Am 30. Juni 1960 wurde Belgisch-Kongo zur unabhängigen Republik Kongo. Im Rahmen einer feierlichen Zeremonie wird in Léopoldville, dem heutigen Kinshasa, die Unabhängigkeit gewährt. In diesem Rahmen hält der belgische König Baudouin eine Rede:

Die Unabhängigkeit des Kongo stellt die Vollendung des vom genialen König Leopold II. begonnenen Werkes dar [...]. 80 Jahre lang hat Belgien dem Kongo seine besten Söhne geschickt, zuerst, um das Kongo-Becken von abscheulichen Sklavenhandel zu befreien, der die Bevölkerung dezimiert hatte; dann um die verfeindeten Stämme zusammenzubringen, die nun den größten aller unabhängigen Staaten Afrikas ausmachen werden; und schließlich um ein glücklicheres Leben für die verschiedenen Regionen des Kongo, die Sie hier vereint im Parlament repräsentieren, zu beanspruchen. [...]
Als Leopold II. sein großes Werk unternahm, das heute seine Krönung erfährt, da kam er nicht als Eroberer zu Ihnen, sondern als Zivilisator. [...]
Der Kongo wurde mit Eisenbahnen, Straßen, See- und Luftwegen ausgestattet, die indem sie ihre Bevölkerung vernetzen, deren Einigkeit fördern und das Land für die Welt öffneten. Ein Gesundheitssystem, dessen Fertigstellung Jahrzehnte dauerte, wurde geduldig organisiert und rettete sie vor unglaublich verheerenden Krankheiten. Zahlreiche und beeindruckend ausgestattete Krankenhäuser wurden gebaut. Die Landwirtschaft wurde verbessert und modernisiert. Große Städte wurden gebaut und die Lebens- und Hygienebedingungen im gesamten Land machten bemerkenswerte Fortschritte. Industrieunternehmen ermöglichten es, die natürlichen Reichtümer des Bodens besser zu nutzen.

Übers. zit. n.: Karel Van Nieuwenhuyse/Idesbald Goddeeris: Die Reden von Baudouin I. und Patrice Lumumba am 30. Juni 1960; in: Uta Fenske/Daniel Groth/Klaus-Michael Guse/Bärbel P. Kuhn (Hg.), Kolonialismus und Dekolonisation in nationalen Geschichtskulturen und Erinnerungspolitiken in Europa, Frankfurt a. M.: Peter Lang 2015, S. 159 ff.

b) Nach der Rede des belgischen Königs ergriff der Präsident Kasavubu das Wort. Er hielt eine zurückhaltende und versöhnliche Ansprache. Obwohl das Protokoll der Zeremonie keinen weiteren Redebeitrag vorsah, antwortete der Ministerpräsident Lumumba auf die Rede des belgischen Königs:

Wenn wir heute auch die Unabhängigkeit des Kongo im Einvernehmen mit Belgien verkünden, einem befreundeten Land, mit dem wir von gleich zu gleich verhandeln, wird kein Kongolese, der dieses Namens würdig ist, jemals vergessen können, dass diese Unabhängigkeit im Kampf errungen wurde (Beifall), in einem täglich geführten idealistischen und aufopferungsvollem Kampf, in dem wir keine Entbehrung und kein Leiden gescheut und weder unsere Kräfte noch unser Blut geschont haben. Wir sind zutiefst stolz auf diesen Kampf von Tränen, der ein Kampf von Tränen, Feuer und Blut war, denn es war ein edler und gerechter Kampf, ein Kampf der unvermeidlich war, um die erniedrigende Sklaverei zu beenden, in die wir mit Gewalt gezwungen wurden. [...]
Wir haben erfahren müssen, dass unser Land geraubt wurde im Namen von angeblich rechtmäßigen Gesetzen, die lediglich das Recht des Stärkeren anerkannten. [...]
Wir haben das schreckliche Leiden derjenigen erlebt, die wegen ihrer politischen Meinung oder religiösen Überzeugung verurteilt wurden; in ihrem eigenen Land ausgestoßen, war ihr Los schlimmer als der Tod.
Wir haben erfahren, dass es in den Städten prächtige Häuser für die Weißen gab, aber nur verfallenen Strohhütten für die Schwarzen; dass Schwarzen der Zutritt zu den Europäern vorbehaltenen Kinos, Restaurants oder Geschäften versagt wurde [...].
Aber wir, die wir durch die Stimmen Eurer gewählten Vertreter das Recht erhalten haben, um unser Land zu leiten, wir, die an unserem eigenen Körper und mit unserem eigenen Herzen die kolonialistische Unterdrückung erltten haben, wir sagen Euch mit lauter Stimme, all dies ist nun vorbei.

Übers. zit. n.: Nieuwenhuyse/Goddeeris, a. a. O.

M 7 König Baudouin (1940–1993)

Bei der Feier zur Unabhängigkeit des Kongo, Léopoldville, Foto, 30. Juni 1961

Umgang mit kolonialen Relikten – Das Humboldt-Forum

Die Erinnerungskultur zum Zeitalter des Imperialismus wird in den letzten Jahren in ganz Europa sehr kontrovers diskutiert. Sowohl regional, z. B. bei der Benennung von Straßen, als auch überregional gibt es viele Initiativen, die einen kritischeren Umgang mit der jeweiligen kolonialen Vergangenheit fordern. Das Humboldt-Forum in Berlin ist in Deutschland wohl das prominenteste Beispiel.

M 1 Das Humboldt-Forum in Berlin-Mitte
Foto, 2021

M 2 Eine Kritik

Die französische Kunsthistorikerin Bénédicte Savoy gehörte bis 2017 dem Expertenrat des Humboldt-Forums an. Sie trat u. a. wegen des Umgangs mit Relikten aus der Kolonialzeit von ihrer Tätigkeit zurück. 2017 äußert sie im Interview mit der Süddeutsche Zeitung (SZ) zur Frage der Herkunft der Ausstellungstücke ihre Kritik:

Es fängt bei der Rekonstruktion des Schlosses an: Die Architektur signalisiert, dass man Geschichte rückgängig machen kann. Doch den Leuten, die um Rückgabe gestohlener Objekte bitten, erklärt man, Geschichte lasse sich nicht rückgängig machen. Das ist ein unlösbarer Widerspruch, mit dem sich das Humboldt-Forum ewig plagen wird. [...]

SZ: Was wäre am wichtigsten?

Die Aufklärung der Provenienzen [Provenienz = Herkunft]. Das kostet viel Geld, es ist ein undankbares Geschäft. Man arbeitet auch mal zehn Jahre lang an einer Sammlung und ist am Ende kaum schlauer. Aber ohne diese Forschung darf heute kein Humboldt-Forum und kein ethnologisches Museum eröffnet werden. Provenienzforschung müsste das Ding sein. Zweitens müssen diese Provenienzen in verständlicher Form dargestellt werden. Dass an Museumswänden nichts darüber steht, woher die Werke kommen, geht nicht mehr. Wenn man nichts findet, schreibt man: Wir haben getan, was wir konnten, wir haben alle Dokumente digitalisiert, für jeden zugänglich, das ist der Stand von 2019. Es ist auch eine Frage des Respekts den Leuten gegenüber, denen man diese Objekte weggenommen hat.

SZ: Es geht also vor allem um Aufklärung.

Für mich ist es weniger wichtig zu wissen, welche Funktion ein Gegenstand in Namibia hatte, als zu erfahren, unter welchen Umständen er hierher gekommen ist.

Bénédicte Savoy/Jörg Häntzschel: „Das Humboldt-Forum ist wie Tschernobyl"; in: Süddeutsche Zeitung (20.07.2017) https://www.sueddeutsche.de/kultur/benedicte-savoy-ueber-das-humboldt-forum-das-humboldt-forum-ist-wie-tschernobyl-1.3596423-0?reduced=true [letzter Zugriff: 18.03.2022].

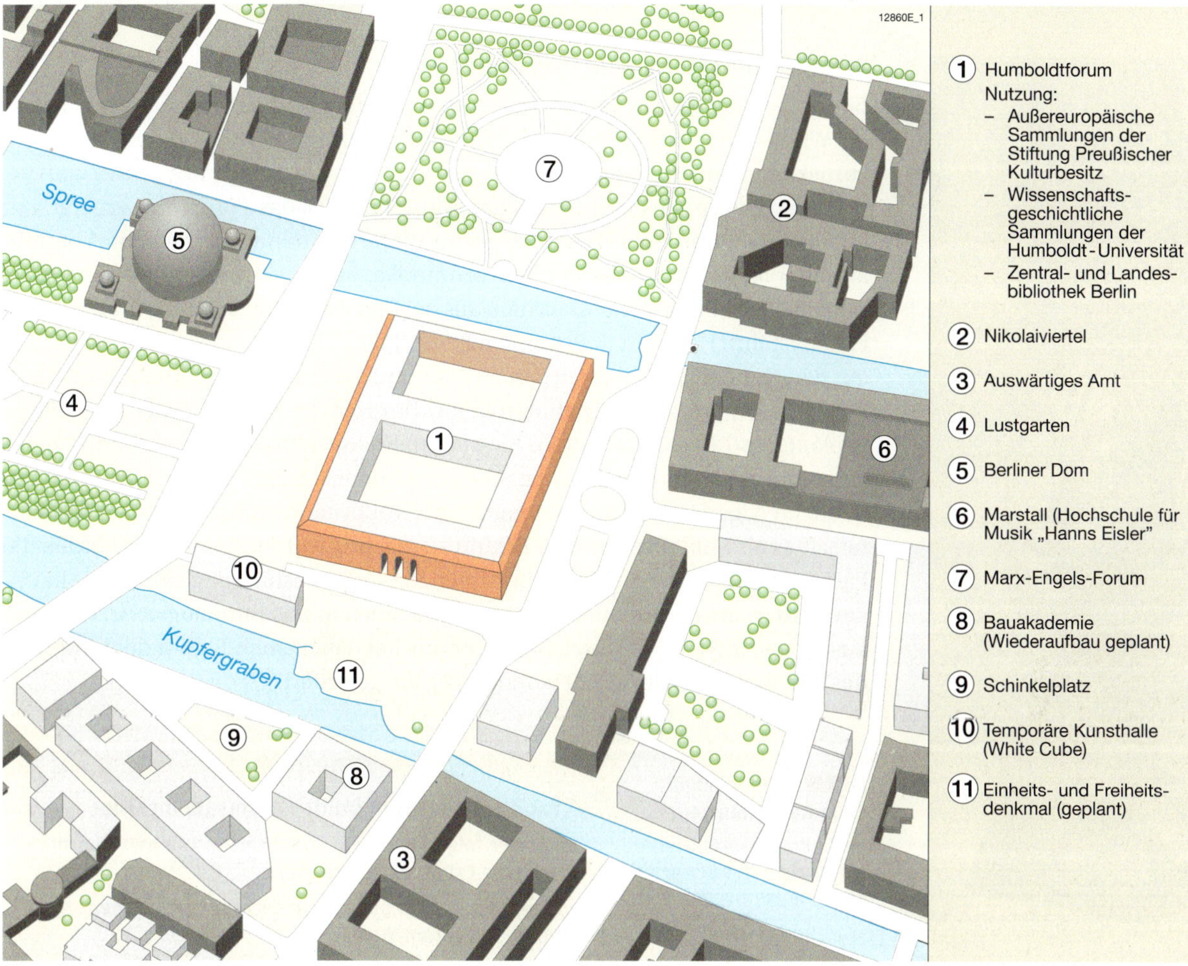

M 3

Die Eröffnung des Humboldt-Forums

Am 21. Dezember 2020 wurde in Berlin das Humboldt-Forum eröffnet. Es ist nach eigener Darstellung ein Ort für Kultur und Wissenschaft und beherbergt eine Vielzahl von Museen. Erbaut wurde es in der Mitte Berlins auf dem Gelände des ehemaligen Stadtschlosses, das im Zweiten Weltkrieg zerstört wurde. Die äußere Fassade des Forums ist ein Nachbau des Schlosses, innen ist es sehr modern gestaltet. In unmittelbarer Umgebung befindet sich der Berliner Dom, die Humboldt-Universität, das Deutsche Historische Museum und die Museumsinsel mit vielen weiteren Museen. Benannt wurde das Forum nach den Humboldt-Brüdern: Wilhelm von Humboldt (1767–1835), dem Schriftsteller, Staatsmann und preußischen Bildungsreformer, und Alexander von Humboldt (1769–1859), dem Universalgelehrten und Forschungsreisenden.

Aufgaben

1. Das Beispiel Humboldt-Forum – Eine Kritik

a) Gib die Kritik, die die Kunsthistorikerin Bénédicte Savoy (M2) äußert, mit eigenen Worten wieder.

b) Formuliere Fragen, die sich aus den Kritikpunkten für dich ergeben.

c) Versuche, die Fragen mithilfe der Texte und Materialien auf den Seiten 175–176 zu beantworten.
↝ M2, Text auf den Seiten 175–176

Das Ethnologische Museum in der Kritik

Bereits der Bau des Forums war äußerst umstritten. Kritiker argumentierten, dass der Wiederaufbau des Schlosses als Versuch zu werten sei, das Rad der Geschichte zurückzudrehen.

Das Konzept des Ethnologischen Museums, das das Forum beherbergt, hat aber noch schärfere Kritik auf sich gezogen. Die Sammlung des Museums besteht aus über 500 000 Objekten aus Afrika, Amerika, Asien, Australien und der Südsee. Etliche Ausstellungsstücke stammen aus der Zeit des Kolonialismus, und in vielen Fällen ist ihre Herkunft (= Provenienz) ungeklärt. Viele Exponate sind vermutlich aus den ehemaligen Kolonien geraubt worden; daher spricht man auch von Raubkunst. Besonders die sogenannten Benin-Bronzen, als Herzstück der Ausstellung geplant, sind hoch umstritten. Sie stammen aus dem Königreich Benin, einer vorkolonialen hoch entwickelten Monarchie, deren Hauptstadt im Südwesten des heutigen Nigerias lag. Die Kolonialmacht Großbritannien hat das Reich vernichtet, als es als Konkurrenz in der Region zu mächtig wurde. Zuvor aber wurden die Paläste geplündert. Über Privatpersonen und Auktionshäuser gelangte die Raubkunst so in die europäischen Museen, u. a. auch in das Ethnologische Museum. Yusuf Tuggar, Nigerias Botschafter in Berlin, hat daher einen Tag vor der Eröffnung des Humboldt-Forums 2020 deren Rückgabe gefordert.

M 4 Gedenkkopf einer Königsmutter

Benin-Bronze im Ethnologischen Museum in Berlin, 16. Jahrhundert

Info

Exponate des Humboldt-Forums im Internet

Auf der folgenden Seite könnt ihr euch einen Überblick über die Exponate verschaffen:

https://www.smb.museum/museen-einrichtungen/humboldt-forum/home/

M 5 „Kolonialismus nicht ernst genommen"

Im Folgenden wird das Gespräch mit dem Historiker Jürgen Zimmerer, das die Redakteurin des Deutschlandfunks Gabi Wuttke 2020 führte, zusammengefasst:

„Ich denke, dass man diese Bronzen nicht hergeben will, weil auch lange Zeit kein Unrechtsbewusstsein da war, eine koloniale Amnesie in Deutschland herrschte. Das heißt, man hat den deutschen Kolonialismus nicht ernst genommen." Dabei seien die Benin-Bronzen „ein eindeutiger Fall, wahrscheinlich der berühmteste Fall von kolonialer Beutekunst". Und dass man sie bis heute nicht zurückgeben habe, zeige auch, dass die politische Rhetorik mit der politischen Realität immer weiter auseinanderklaffe. „Die Schlussfolgerung ist, es fehlt der politische Wille, das zu tun."

Vor Jahren schon habe der Historiker gesagt: „Wenn man das Humboldt-Forum eröffnet, ohne dass die Frage der Benin-Bronzen befriedigend geklärt wird, dann richtet man im Grunde die Suchscheinwerfer der Welt auf das Problem koloniale Raubkunst und damit Deutschland in eine sehr wenig vorteilhafte Position." Das räche sich jetzt, weil das Humboldt-Forum jetzt „im Grunde von Anfang an nicht nur mit der Hypothek eines preußischen Disneylands, also dieses Schlosses, behaftet ist, sondern eben auch mit der Unfähigkeit, diesen großen Wurf zu vollbringen".

Man habe die Chance verpasst, radikal mit der Frage der Dekolonisation umzugehen und zu Beutekunst zurückzugeben. Zimmerer hätte sich gewünscht, „die Benin-Bronzen zu restituieren, dann als Leihgabe aus Nigeria auszustellen und einen Teil des Humboldt-Forums dann Benin-Forum zu nennen". So hätte man das Historische mit einer kritischen Auseinandersetzung verbinden können.

Jürgen Zimmerer, Gabi Wuttke: „Eröffnung des Humboldt Forums: ‚Es fehlt der politische Wille, koloniale Raubkunst zu restituieren'"; in: Deutschlandradio, Köln, 15.12.2020, https://www.deutschlandfunkkultur.de/eroeffnung-des-humboldt-forums-es-fehlt-der-politische.1013.de.html?dram:article_id=489346 [letzter Zugriff: 18.03.2022].

Eine Website erschließen und prüfen

Begriffsklärungen:

Homepage: Eigentlich Bezeichnung für die Startseite einer Webpräsenz. Oft wird der Begriff aber für einen Webauftritt insgesamt verwendet.

Website: Bezeichnung für die gesamte Webpräsenz unter einer Adresse im Word Wide Web (WWW).

Webseite: spezielle Unterseite einer Website

Oft stellt sich erst beim Besuch eines Internetangebots heraus, ob die Website die gewünschte Information liefert oder nicht und ob sie auch seriös und vertrauenswürdig ist. Es gibt keine Kontrollinstanz für die Veröffentlichung von Inhalten im Internet, jeder darf hier seine Meinung kundtun. In vielen Fällen findet man seriöse, umfassende und hochaktuelle Inhalte, doch dafür gibt es keine Garantie. Oft trifft man auch auf unbewusste oder bewusste Fehlinformationen, z. T. auch auf Propaganda.

Folgende Aspekte und Kriterien können bei der Erschließung und Prüfung einer Website helfen:

Betreiber/Herausgeber/Verfasser
- Wer betreibt das Internetangebot? Wer ist für die Website verantwortlich? (Angaben hierzu finden sich im Impressum der Website.)
- Handelt es sich um ein Angebot einer öffentlichen Einrichtung (Behörde, Museum), eines privaten Unternehmens oder einer Privatperson?
- Wer hat den Text/die Seite verfasst?
- Ist der Verfasser vertrauenswürdig?
- Findet sich Werbung auf der Website oder ist sie frei von Werbung?

Adressaten/Zielpublikum
- Für wen/für welches Zielpublikum wurde die Seite geschrieben (z. B. Allgemeinheit, Schüler, Studierende, Wissenschaftler, ...)?
- Gibt es Hinweise, die auf das Zielpublikum schließen lassen (Umfang, Schwierigkeitsgrad/Komplexität der Texte, Verwendung von Fachbegriffen und Fremdwörtern, ...)?

Aufbau und Gestaltung
- Wie ist die Website aufgebaut und gestaltet?
- Ist der Aufbau übersichtlich und ansprechend?
- Findet man sich auf der Website und ihren Unterseiten zurecht?
- Sind die Texte fehlerfrei?
- Sind Links innerhalb der Website vorhanden? Sind sie sinnvoll angeordnet?

Ausrichtung und Qualität der Inhalte
- Welche Inhalte werden präsentiert?
- Wird nur eine einzige, ggf. einseitige Sichtweise vertreten?
- Werden unüberprüfbare Behauptungen (Stichwort: Verschwörungstheorien) aufgestellt?
- Führen externe Links auf weitere, ergiebige Informationsquellen oder auf eher zweifelhafte Angebote?

Glaubwürdigkeit/Seriosität
- Sind die Inhalte der Website glaubwürdig?
- Gibt es Quellenangaben?
- Wird von anderen Seiten auf die Website verwiesen?

Aktualität
- Von wann sind die Einträge?
- Ist ein Datum für die letzte Aktualisierung vorhanden?
- Sind die Informationen aktuell?

Aufgaben

1. **Das Humboldt-Forum in der Kritik – Medienbildung**
Recherchiert zu der Diskussion über die Ausstellung von Exponaten aus der Kolonialzeit im Humboldt-Forum. Konzentriert euch dabei vor allem auf den Stand der Diskussion um die Benin-Bronzen (M4). Verwendet dafür auch den Trainingskasten auf dieser Seite. Beginnt auf den folgenden Seiten:
   - https://www.humboldtforum.org/de/kolonialismus-und-kolonialitaet/
   - https://www.deutschlandfunkkultur.de/eroeffnung-des-humboldt-forums-es-fehlt-der-politische-100.html

→ M4, M5, Text auf den Seiten 175–176, Trainingskasten auf dieser Seite, Internet

Der „neue Kurs" in der deutschen Außenpolitik ab 1890

Nach dem Regierungsantritt Wilhelms II. versuchte dieser, auch angestachelt von seinen Beratern, die deutsche Machtpolitik durch seinen „Neuen Kurs" aggressiver zu betreiben. Wie sah dieses Bündnissystem vor dem Ersten Weltkrieg aus? Die folgende Geschichtskarte gibt Auskunft.

M 1 Das europäische Bündnissystem vor dem Ersten Weltkrieg

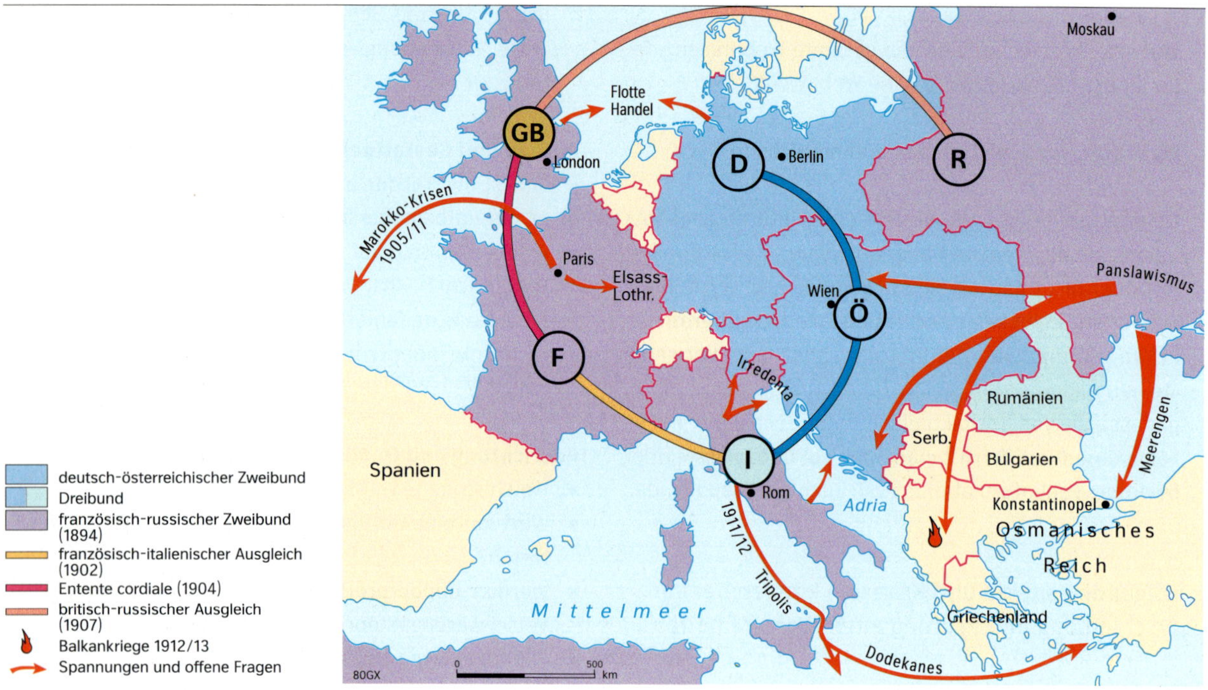

M 2 „Wie sollen wir uns da die Hand geben?"

Karikatur aus der deutschen Zeitschrift „Simplicissimus" zu den Verhandlungen zwischen Deutschland und Großbritannien, 1912

	Großbritannien	Deutschland
1904/05	2	–
1905/06	2	–
1906/07	3	2
1907/08	3	3
1908/09	2	4
1909/10	10	4
1910/11	5	4
1911/12	5	4
1912/13	5	2
1913/14	5	3
Summe	42	26

M 3 Bau von Großkampfschiffen

Der Wechsel in der deutschen Außenpolitik nach 1890

Gemäß den politischen Zielen Wilhelms II. wurde die Kriegsflotte seit 1897 ständig vergrößert. Die neuen Großkampfschiffe sollten Großbritannien zu einem Bündnis mit dem Deutschen Reich oder wenigstens zur Neutralität veranlassen. Die deutsch-britischen Gespräche scheiterten jedoch, da schnell deutlich wurde, dass Wilhelm II. und sein Flottenchef, Großadmiral Alfred von Tirpitz, vom Ausbau der deutschen Kriegsflotte nicht abgehen würden. Dies weckte in Großbritannien das Gefühl einer Bedrohung der eigenen Vorherrschaft zur See.

Zudem wurde der wichtige „Rückversicherungsvertrag“ mit Russland nicht verlängert, was den defensiven Charakter der deutschen Außenpolitik beendete. Auch mit der Heeresverstärkung 1913 auf 780 000 Mann machten die verantwortlichen Politiker des Deutschen Reiches klar, dass man bei einem allgemeinen Rüstungswettlauf nicht ins Hintertreffen geraten wollte.

M 4 Kaiser Wilhelm II.
Postkarte (Ausschnitt), 1900

Die Formierung von zwei Machtblöcken

Vor diesem Hintergrund kam es zu einer Annäherung zwischen Großbritannien und Frankreich. Beide Großmächte einigten sich über eine Abgrenzung ihrer Interessengebiete in Nordafrika und schlossen die sogenannte „Entente cordiale“ („herzliche Übereinkunft“). Diese Vereinbarung machte deutlich, dass eine Verständigung zwischen den rivalisierenden Kolonialmächten trotz aller Gegensätze möglich war.

Als schließlich Großbritannien und Russland 1907 ihre Besitzansprüche in Asien abgrenzten und die „Entente cordiale“ zur Triple-Entente erweiterten, wurde Bismarcks Alptraum Wirklichkeit: Deutschlands mögliche Gegner in Ost und West hatten sich angenähert und verbündet.

Auf der anderen Seite waren Deutschland und Österreich-Ungarn Bündnispartner, sodass sich in Europa zwei zunehmend feindlich gesinnte Mächtegruppen gegenüberstanden. Während die Entente-Mächte eine deutsche Vorherrschaft in Europa fürchteten, fühlte sich das Deutsche Reich durch die Allianz Großbritanniens, Frankreichs und Russlands eingekreist und bedroht. Die gegenseitigen Ängste führten zu einer immer stärkeren Aufrüstung der Großmächte.

Seit etwa 1890 hatte sich die internationale politische Lage grundlegend gewandelt. Sie war geprägt von verschärften Spannungen zwischen den Staaten Europas. Wegen seiner aggressiven Politik stellte das kaiserliche Deutschland einen für die anderen Mächte schwer einschätzbaren Unruhefaktor dar. Dieser bildete ein wichtiges Element auf dem Weg zum Ersten Weltkrieg, auch wenn an seinem Beginn im Sommer 1914 noch andere Ursachen beteiligt waren.

M 5 Französisch-britische Annäherung
Britische Karikatur, 1904

Aufgaben

1. **Das europäische Bündnissystem vor dem Ersten Weltkrieg – Mit einer Geschichtskarte arbeiten**
   a) Erschließe die Geschichtskarte M1. Verwende dafür den Trainingskasten auf Seite 32.
   b) Beurteile die Bündnissituation im Hinblick auf die Stabilität der Beziehungen zwischen den Staaten.
   → M1, Trainingskasten auf Seite 32

2. **Der Ausbau der deutschen Flotte**
   a) Erläutere die Grundprinzipien der deutschen Außenpolitik nach 1890.
   b) Diskutiere mögliche, aus der deutschen Flottenpolitik resultierende Probleme. Berücksichtige dazu auch die Karikaturen M2 und M5.
   → Text auf dieser Seite, M2, M5

Auf dem Weg zum Ersten Weltkrieg

Aus heutiger Sicht haben die Ereignisse vor 1914 eine andere Bedeutung als für die Zeitgenossinnen und Zeitgenossen. Während diese nicht wussten, dass die weitere Entwicklung in einer militärischen Auseinandersetzung münden würde, erscheint uns heute vieles als Vorgeschichte des Ersten Weltkriegs. So ist im Rückblick auffallend, dass sich nach der Jahrhundertwende die internationalen Krisen häuften. Zum einen brachte die Aufteilung der Welt zwischen den imperialistischen Mächten Konflikte mit sich, wobei es insbesondere um Marokko Auseinandersetzungen gab. Zum anderen gab es innerhalb Europas Spannungen. Hier erwies sich die Situation am Balkan als besonders explosiv. Welche Bedeutung hatten diese Gebiete am Rande Europas?

M 1 „The Boiling Cauldron" („Der Dampfkessel")

Englische Karikatur aus „Punch", 2. Oktober 1912.

Auf dem Kessel steht: „Balkan Troubles" („Unruhen auf dem Balkan").

Dargestellte Personen auf dem Deckel (von links): russischer Zar, John Bull als Symbol Englands, Deutscher Kaiser, Soldat in französischer Uniform, Kaiser von Österreich-Ungarn

Der Krisenherd auf dem Balkan

Ebenso wie heute lebte damals auf dem Balkan eine Vielzahl von Völkern, z. B. Kroaten, Serben, Bulgaren, Albaner, Mazedonier. Ihr Streben nach nationaler Unabhängigkeit bedrohte zwei Vielvölkerstaaten, die bis 1914 den Balkan beherrschten: Das Osmanische Reich und Österreich-Ungarn. Neben Rumänien, Montenegro und Bulgarien hatte auch Serbien die Unabhängigkeit vom Osmanischen Reich erhalten. Die Forderungen reichten aber weiter: Die Sammlungsbewegung des sogenannten Panslawismus wollte alle Slawen auf dem Balkan in einem eigenen Staat vereinen. Dies gefährdete den Bestand Österreich-Ungarns. Hinzu kam, dass auch Russland Interessen auf dem Balkan besaß: Es sah sich als Schutzherr der Sammlungsbewegung aller Slawen, wollte aber auch den Bosporus und die Dardanellen, also die Verbindung zwischen Schwarzem Meer und Mittelmeer, unter seine Kontrolle bringen. Großbritannien befürchtete, dass der erstarkte russische Einfluss auf dem Balkan seine Stellung im Mittelmeer und das europäische Gleichgewicht gefährdete.

M 2 Der Balkan 1913

Balkankrieg von 1912

1912 kam es zum offenen Krieg, als Serbien, Griechenland, Montenegro und Bulgarien das Osmanische Reich angriffen. Binnen kürzester Zeit verlor dieses fast seine gesamten europäischen Besitzungen. Die Balkanstaaten stritten jedoch im Anschluss über die Verteilung der eroberten Gebiete. Dies führte noch im selben Jahr zum Zweiten Balkankrieg. Im Frieden von Bukarest, der den Krieg beendete, verlor Bulgarien einen Großteil seiner Gewinne aus dem Ersten Balkankrieg. Aus den Konflikten ging vor allem Serbien gestärkt hervor. Da Österreich-Ungarn 1908 Bosnien und Herzegowina annektiert hatte, empfand man sich von einer Fremdherrschaft bedrückt. Besonders serbische Nationalisten strebten nach deren Abschüttelung. Die Konflikte auf dem Balkan wurden schließlich Auslöser für den Ersten Weltkrieg.

Training

Erklärung des Operators „Beschreiben“

Du sollst die Einzelheiten eines Bildes oder einer Grafik genau und ausführlich wiedergeben, sodass ein anderer es verstehen und nachvollziehen kann.

Formulierungshilfen

Ich sehe ... /... nehme ... wahr ... / ... erkenne ...
Man sieht/erkennt ...
Das Bild/Gemälde/Foto zeigt ... / stellt dar ... /
Auf dem Bild ist ... zu sehen / wird ... dargestellt / ist ... abgebildet / wird ... gezeigt

Für die Orientierung auf dem Bild:
oben, unten, auf der rechten/linken Seite/Bildhälfte/Bildrand, links/rechts von, neben, im Vordergrund/vorne, im Hintergrund/hinten, im Zentrum/zentral, in der Mitte, an der/auf der Oberfläche ...

Für die Verknüpfung deiner Aussage bei der Beschreibung eines Bildes:
zunächst, dann, außerdem, des Weiteren, weiterhin, ebenfalls, zusätzlich, abschließend, zum Schluss ...

Aufgaben

1. Der Krisenherd auf dem Balkan

a) Beschreibe die Karikatur M1. Achte insbesondere auf die Darstellung der einzelnen Staaten und verwende dafür den Trainingskasten auf dieser Seite.

b) Stelle auf Grundlage der Karikatur M1 Vermutungen an über die politische Situation und das Handeln der dargestellten Mächte auf dem Balkan.

c) Überprüfe deine Vermutungen mithilfe des Textes auf dieser Seite. Berücksichtige insbesondere die Interessen Russlands und Österreich-Ungarns in dieser Region.

d) Weise nach, dass das Handeln der Großmächte die Situation auf dem Balkan verschärfte.

→ M1, Text auf dieser Seite, M2

1870 1875 1880 1885 1890 1895 1900 1905 1910 1915 1920

1871: Reichsgründung

1884: Erste deutschen Schutzgebiete

Deutsche Flottenpolitik

1904/05: Aufstand der Herero und Nama

Deutsch-britischer Gegensatz

1914–1918: Erster Weltkrieg

DATEN

1884:
Erste deutsche „Schutzgebiete“

1904/08:
Völkermord an den Herero und Nama

BEGRIFFE

Militarisierung

Entente Cordiale

Flottenrüstung

Das Zeitalter des Imperialismus

Obwohl bereits seit dem Zeitalter der Entdeckungen europäische Staaten in anderen Erdteilen Handelsstationen errichtet hatten und die neuen Gebiete zum Teil wirtschaftlich und militärisch kontrollierten, setzte erst im 19. Jahrhundert ein beschleunigter Wettlauf nach eigener Machtentfaltung in fremden Gebieten ein. Nationales Sendungsbewusstsein spielte hierbei ebenso eine entscheidende Rolle wie das Gefühl eigener kultureller, zivilisatorischer und technischer Überlegenheit.

Zwar wurde die Weitergabe mancher Errungenschaften an die eroberten und kontrollierten Gebiete als „Geschenk der überlegenen Zivilisation“ dargestellt, es dominierte aber meist das Interesse an wirtschaftlicher Ausbeutung der Kolonien und Unterdrückung der einheimischen Bevölkerung. Dieser wurde jegliches Mitspracherecht in politischen und wirtschaftlichen Belangen verweigert. Auch die willkürliche Grenzziehung ohne Rücksicht auf gewachsene Strukturen legte den Grundstein für teilweise heute noch existierende Probleme.

Spannungen zwischen den Großmächten

Der „Wettlauf“ um neue Gebiete führte zunehmend zu Spannungen zwischen den beteiligten Mächten. Neben den etablierten Kolonialmächten wie etwa Spanien, Großbritannien und Frankreich traten auch Deutschland, Italien, Japan und die USA als junge Staaten in den Wettbewerb um Macht, Prestige sowie militärische und wirtschaftliche Vorteile ein.

Imperialismus und Erster Weltkrieg

Die imperialistischen Bestrebungen der Großmächte und die daraus resultierenden Spannungen trugen einen wesentlichen Teil zum Ausbruch des Ersten Weltkrieges 1914 bei. Die Kolonien spielten im Verlauf des Ersten Weltkrieges (1914–1918) nur eine untergeordnete Rolle.

Fragebogen zum Thema: Der Imperialismus

Hinweis: Die folgende Tabelle dient der Selbsteinschätzung deiner erworbenen Kenntnisse, Fähigkeiten und Kompetenzen. Die Auflistung erhebt nicht den Anspruch, vollständig zu sein. Es handelt sich um eine Auswahl, die ggf. erweitert werden kann. In der rechten Spalte findest du Hinweise, wie du eventuell vorhandene Lücken oder auch Unsicherheiten beseitigen kannst.

Ich kann ...	Ich bin sicher.	Ich bin ziemlich sicher.	Ich bin noch unsicher.	Ich habe große Lücken.	Auf diesen Seiten kannst du in HORIZONTE nachlesen	Empfehlungen zur Übung, Wiederholung und Festigung
... zentrale Motive, Formen und Folgen des Imperialismus Großbritanniens erläutern.					154–155 156–159 = Großbritannien	Erstelle zu den Motiven, Formen und Folgen des britischen Imperialismus eine Mind Map.
... das Wilhelminische Kaiserreich als Kolonialmacht beschreiben.					160–163 166–169	Stelle in einem Flussdiagramm die Entwicklung des Deutschen Kaiserreichs zur Kolonialmacht dar.
... mich mit dem Völkermord an den der Herero und Nama auseinandersetzen.					166–169	Fasse die zentralen Ereignisse des Völkermordes an den Herero und Nama in einem kurzen Zeitungskommentar zusammen und beende ihn mit deiner begründeten Meinung.
... am Beispiel des Humboldt-Forums den Umgang mit deutscher Kolonialgeschichte unter Berücksichtigung digitaler Angebote bewerten.					174–177	Untersuche mithilfe der Trainings-Seite „Eine Website erschließen und prüfen“ auf Seite 177 eine Website zum Humboldt-Forum.“
... die Konkurrenz zwischen den Kolonialmächten am Vorabend des Ersten Weltkriegs erläutern.					178–179 180–181	Notiere in einem Zeitstrahl die Krisen und die Streitpunkte.
...						

ACHTUNG:

bitte nicht beschreiben!

Du findest eine Kopie dieser Seite zur Bearbeitung unter dem Webcode

WES-115614-502

Ausflug nach Paris
Auf Wiedersehn auf dem Boulevard
den Kampf mir juckt die Säbelspitze
9.

Gasangriff.

06

DER ERSTE WELTKRIEG (1914 – 1918)

M 1 **Deutsche Soldaten auf dem Weg an die Westfront,** Foto, Berlin, August 1914
M 2 **Französische Soldaten im Schützengraben,** Fotografie, Juni 1915
M 3 **Im Schützengraben,** Fotografie, um 1916
M 4 **Produktion von Granaten,** Foto, Berlin, 1916
M 5 **Deutsche Propagandapostkarte,** 1914
M 6 **„Horrors of War“,** Gemälde von John Singer Sargent, 1918/19
M 7 **Amerikanisches Propagandaplakat,** 1917

Der Ausbruch des Ersten Weltkrieges

Am 28. Juni 1914 erschoss ein serbischer Attentäter den österreichischen Thronfolger Franz Ferdinand und seine Frau Sophie während ihrer Fahrt durch die bosnische Hauptstadt Sarajewo. Dieses Gebiet war seit 1908 ein Teil von Österreich-Ungarn, was auf den Widerstand anderer Mächte und der serbischen Bevölkerung stieß. Der Plan Franz Ferdinands, den Slawen im Habsburgerreich mehr Selbstständigkeit zu gewähren, hatte unter den Nationalisten Serbiens Hass hervorgerufen: Sie träumten von einem eigenen Großreich und bekämpften den Vielvölkerstaat. Das Attentat von Sarajewo bot der österreichischen Regierung zwar einen Anlass gegen Serbien vorzugehen, doch schien sich zunächst nur eine der üblichen politischen Krisen anzubahnen. Im Juli 1914 verschärfte sich aber die politische Lage und im August 1914 befanden sich die Großmächte bereits im Krieg.

Um zu verstehen, warum es zum Krieg kam, ist es hilfreich, zwischen Anlass und Ursachen zu unterscheiden.

M 1 „Die Ermordung des österreich-ungarischen Thronfolgers Erzherzog Franz Ferdinand und seiner Gattin durch Gavrilo Princip (am 28. Juni 1914) in Sarajevo"

Titelblatt aus „Le Petit Journal", 12. Juli 1914

Die Julikrise

In Wien herrschte zunächst keine einheitliche Meinung über die weitere Vorgehensweise. Während die militärische Führung ein sofortiges gewaltsames Eingreifen befürwortete, befürchteten manche Politiker eine Einmischung Russlands, das eigene Interessen auf dem Balkan verfolgte. Es unterstützte panslawistische (= alle Slawen umfassende) Bestrebungen mit dem Ziel, ein slawisches Großreich unter russischer Vorherrschaft zu errichten. Vieles hing davon ab, ob Österreich-Ungarn Rückendeckung von Deutschland erhalten würde.

Da das Deutsche Reich Russlands militärische Stärke fürchtete und ein Interesse an der Erhaltung der Habsburger Monarchie als einzigem Bündnispartner hatte, sagte Wilhelm II. dem österreichischen Kaiser Franz Joseph am 6. Juli unbedingte Bündnistreue zu. Dieser sogenannte „Blankoscheck“ ermutigte die Regierung in Wien, Serbien am 23. Juli ein Ultimatum zu überreichen, das auf 48 Stunden befristet war. Es forderte unter anderem, dass Österreich an der Verfolgung, Verhaftung und Bestrafung der Attentäter beteiligt sein sollte. Dies hätte einen Eingriff in die inneren Angelegenheiten Serbiens und eine Verletzung seiner Souveränität bedeutet und war daher unannehmbar.

Großbritannien versuchte den Konflikt zu entschärfen, machte aber erst sehr spät deutlich, dass es im Kriegsfall an der Seite Russlands und Frankreichs stehen würde. Trotz dieser Versuche bestanden die Spannungen fort und verschärften sich weiter. Schließlich erklärte Österreich-Ungarn am 28. Juli 1914 Serbien den Krieg.

Der Weltkrieg beginnt und die Frage nach der Schuld

Versuche der deutschen Regierung, den Bündnispartner Österreich-Ungarn zu bremsen, kamen zu spät. Am 30. Juli begann Russland mit der Mobilmachung, d.h. mit der Vorbereitung der Streitkräfte auf den vermutlich bevorstehenden Krieg. Deutschland forderte mit einem Ultimatum die sofortige Einstellung und ordnete am 1. August (gleichzeitig mit Frankreich) ebenfalls die Mobilmachung an. Letzte Versuche Kaiser Wilhelms, durch persönliche Telegramme an die mit ihm verwandten Herrscher Englands und Russlands eine Begrenzung des Kriegs zu erreichen, blieben erfolglos. Der Mechanismus der Bündnisse setzte sich in Bewegung und nach der deutschen Kriegserklärung an Frankreich am 3. August und dem deutschen Einmarsch in Belgien folgten gegenseitige Kriegserklärungen, die Militärmaschinerie rollte. Binnen weniger Tage, ja Stunden, befanden sich die größten europäischen Mächte im Krieg.

Die Frage, wer für den Ausbruch des Ersten Weltkriegs verantwortlich sei, war bereits 1914 umstritten und erregte in der Folgezeit immer wieder die Gemüter. Die Antworten reichten von eindeutigen Schuldzuweisungen an einzelne Staaten bis hin zu der Aussage, alle Mächte seien mehr oder weniger unbeabsichtigt in den Krieg hineingeraten. Viele Historikerinnen und Historiker gehen von einer besonderen Schuld Deutschlands und der Habsburger Monarchie aus. Entscheidend für eine Beurteilung ist, wie man das Verhalten der Staaten in der Julikrise bewertet.

M 2 „Ich habe den Krieg nicht gewollt!“
Deutsche Postkarte, 1914

Aufgaben

1. **Der Beginn des Ersten Weltkrieges**
   a) Benenne den Anlass des Ersten Weltkrieges.
   b) Erläutere den Zusammenhang zwischen dem Attentat vom 28. Juni 1914 in Sarajewo und dem Ausbruch des Ersten Weltkrieges.
   c) Stelle auf der Grundlage deiner Kenntnisse über den Imperialismus, die deutsche Außenpolitik vor 1914 sowie die Balkankrisen vor 1914 mögliche Ursachen für den Kriegsausbruch zusammen. Überprüfe diese anhand der Materialien auf den beiden folgenden Seiten.
   → M1, Text auf dieser Seite, folgende Doppelseite

Der Erste Weltkrieg – Anlass, Ursachen und das Handeln der Akteure

M 3 Grafik: Anlass und Ursachen des Ersten Weltkrieges

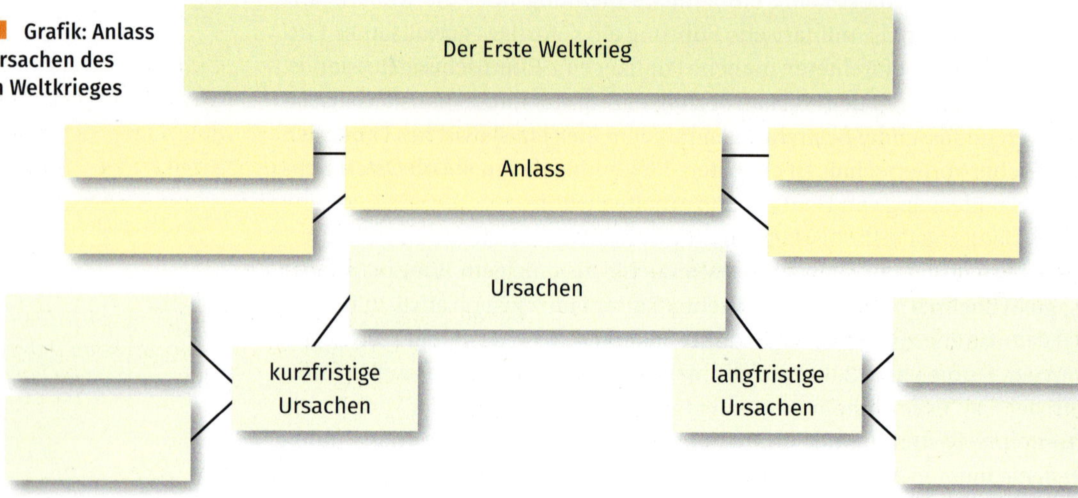

Wettrüsten zwischen Großbritannien und Deutschland	Ultimatum Österreichs an Serbien	Konflikte zwischen den imperialistischen Mächten	Attentat in Sarajewo
Bündnissysteme	„Blankoscheck“ Deutschlands für Österreich-Ungarn	Mobilisierung der Armeen	Österreichische Kriegserklärung an Serbien
Interessengegensätze auf dem Balkan	Rivalität zwischen Russland und Österreich-Ungarn	Feindschaft zwischen Frankreich und Deutschland	...

M 4 Eine Auswahl an möglichen Anlässen und Ursachen für den Ersten Weltkrieg

Aufgaben

1. Anlass und Ursachen des Ersten Weltkriegs
Es wird bei geschichtlichen Ereignissen oft zwischen dem Anlass, d. h. dem unmittelbaren Auslöser, und den Ursachen, d. h. den tiefer liegenden Gründen, unterschieden. Letztere lassen sich in kurzfristige, die erst seit kurzem bestehen, und langfristige, die weiter zurückreichen, unterscheiden.

a) Übertrage die Grafik M3 in dein Heft. (Lass unter dem Anlass und den kurzfristigen und langfristigen Ursachen Platz für Eintragungen.)
b) Ordne die genannten Ereignisse (M4) richtig zu.
c) Ergänze gegebenenfalls weitere Ereignisse.

→ M3, M4

2. Das Handeln der Akteure in der Julikrise

a) Fertige auf Grundlage des Textes auf Seite 187 eine Zeitleiste zur Julikrise an.
b) Die Darstellung von Gerhard Henke-Bockschatz (M5) skizziert das Handeln und wichtige Motive der beteiligten Staaten in der Julikrise 1914: Deutschland, Österreich-Ungarn, Serbien, Russland, Frankreich und Großbritannien. Notiere in deiner Zeitleiste das Handeln und die Motive der beteiligten Staaten.
c) Gib die Position von Christopher Clark (M6) mit eigenen Worten wieder.
d) In beiden Darstellungen geht es auch um die Verantwortung für den Ausbruch des Krieges. Formuliere die beiden Positionen jeweils in einem Satz: „Christopher Clark behauptet im Hinblick auf den Ausbruch des Krieges: ...“. „Gerhard Henke-Bockschatz behauptet im Hinblick auf den Ausbruch des Krieges: ...“
e) Beurteile abschließend das Handeln der beteiligten Staaten im Hinblick auf beabsichtigte und unbeabsichtigte Folgen.

→ Text auf Seite 187, M5, M6

Das Handeln der Akteure – Historikertexte analysieren

M 5 Die Julikrise

Der Historiker Gerhard Henke-Bockschatz lehrte an der Universität in Frankfurt am Main. Er schreibt über das Handeln der beteiligten Staaten in der Julikrise (2014):

Mit Blick auf das unmittelbare Geschehen im Juli 1914 kommt gewiss der deutschen Politik entscheidende Bedeutung zu, weil Österreich-Ungarn ohne die Unterstützung und ohne das Drängen aus Berlin den Konflikt mit Serbien höchstwahrscheinlich nicht derartig rücksichtslos gegen die russischen Interessen eskaliert hätte. Wie sich allerdings Frankreich und England auf das Geschehen bezogen, legt zumindest den Verdacht nahe, dass ein kontinentaleuropäischer Krieg auch ihnen in ihr außenpolitisches Kalkül [= Berechnung] passte. So hätte etwa ein frühzeitiges und unmissverständliches Signal aus England, dass man an der Seite Frankreichs und Russlands in den Krieg eintreten werde, das Deutsche Reich davon abbringen können, mit einer neutralen Haltung der Briten zu rechnen. Wenn sich der Blick hingegen auf den schon lange schwelenden „Krisenherd" Balkan richtet, so tritt der von eigenen Machtinteressen bestimmte Umgang der beiden Großmächte Österreich-Ungarn und Russland mit den slawischen Völkern in den Vordergrund. Beide wollten von dem Machtzerfall des Osmanischen Reiches auf dem Balkan profitieren, aus panslawistischen Erwägungen, aus Gründen territorialer Expansion oder zwecks Verhinderung zu großer neuer Staaten in ihrer Nachbarschaft. [...]

Das Attentat von Sarajewo wurde von der deutschen Regierung als eine Gelegenheit betrachtet, um sich zu einem von ihr noch als günstig betrachteten Zeitpunkt aus einer außenpolitischen Defensive zu befreien, in die sie in den Jahren und Jahrzehnten vorher geraten war. Theobald von Bethmann Hollweg, der Reichskanzler, und Gottlieb von Jagow, der Staatssekretär des Äußeren, glaubten, das Attentat von Sarajewo benutzen zu können, um den Zusammenhalt der deutschen Gegner diplomatisch zu sprengen. Für den Fall eines Misslingens dieser Strategie gingen sie das Risiko eines Krieges bewusst ein. Hierin liegt „die initiierende [=anfängliche] Verantwortung des Deutschen Reiches für den Verlauf der Julikrise und den Ausbruch des Ersten Weltkrieges" [Zitat des Historikers Klaus Hildebrandt].

Das politisch-strategische Denken in Berlin war von einer gewissen Jetzt-oder-nie-Mentalität bestimmt. Man hielt in fatalistischer [= schicksalhaft unausweichlicher] Manier [=Art] einen großen Krieg zwischen den europäischen Kontinentalmächten für unumgänglich und setzte sich selbst unter einen verhängnisvollen Zeitdruck, weil man den entscheidenden militärischen Erfolg durch ein möglichst schnelles und massives Losschlagen erzielen wollte.

Gerhard Henke-Bockschatz, Der Erste Weltkrieg. Eine kurze Geschichte, Stuttgart: Reclam 2014, S. 30 ff.

M 6 „Die Schlafwandler"

Der australische Historiker Christopher Clark (geb. 1960) lehrt Moderne Europäische Geschichte an der Universität Cambridge. Sein Buch „Die Schlafwandler" (2013) wurde in Deutschland ein Bestseller:

Der Kriegsausbruch von 1914 ist kein Agatha-Christie-Thriller, an dessen Ende wir den Schuldigen [...] über einen Leichnam gebeugt auf frischer Tat ertappen. In dieser Geschichte gibt es keine Tatwaffe als unwiderlegbaren Beweis, oder genauer: Es gibt sie in der Hand jedes einzelnen wichtigen Akteurs. So gesehen, war der Kriegsausbruch eine Tragödie, kein Verbrechen. Wenn man dies anerkennt, so heißt das keineswegs, dass wir die kriegerische und imperialistische Paranoia [Wahnvorstellungen] der österreichischen und deutschen Politiker kleinreden sollten [...]. Aber die Deutschen waren nicht die einzigen Imperialisten, geschweige denn die einzigen, die unter einer Art Paranoia litten. Die Krise, die im Jahr 1914 zum Krieg führte, war die Frucht einer gemeinsamen politischen Kultur. [...]

So gesehen waren die Protagonisten von 1914 Schlafwandler – wachsam, aber blind, von Albträumen geplagt, aber unfähig, die Realität der Gräuel zu erkennen, die sie in Kürze in die Welt setzen sollten.

Christopher Clark, Die Schlafwandler. Wie Europa in den Ersten Weltkrieg zog (übers. v. Norbert Juraschitz), München: DVA 2013, S. 715–718.

Krieg in Europa und in der Welt

WES-115614-601
Film über den Beginn des Ersten Weltkriegs

Nach Kriegsausbruch erfasste eine Woge nationaler Begeisterung große Teile Europas. Viele Quellen geben davon Zeugnis, es gab aber auch Gegenstimmen. Auch war der Krieg nicht so schnell zu Ende wie erwartet. Je länger der Krieg andauerte, umso größer wurde die Kriegsmüdigkeit der Bevölkerung.

M 1 **Kriegsbegeisterte Jugendliche in Berlin,** Foto, 1. August 1914

M 2 Reaktionen bei Kriegsbeginn

a) Die Ausrufung des Kriegszustands führte in Deutschland zu unterschiedlichen Reaktionen. Die sozialdemokratische „Volkszeitung" aus Düsseldorf schreibt (31. Juli 1914):

In ganz ungeheuerlicher, unglaublicher Weise ist in den letzten Tagen die Bevölkerung planmäßig in eine Aufregung hineingehetzt worden, die zur Besinnungslosigkeit führt, führen soll, um die Volksmassen den Plänen gewisser Kreise gefügig zu machen. Mit gewissenlosen Hetzartikeln und erlogenen Nachrichten wird versucht, dem Volke die Meinung beizubringen, als ob es jeden Tag von Russland und Frankreich mit Krieg überzogen werden könnte. Dadurch soll die Bevölkerung hier in Deutschland in eine Kriegsstimmung hineingehetzt werden.

Volkszeitung Düsseldorf, 31.07.1914, S. 1.

b) Tagebuchnotiz eines Bremer Sozialdemokraten (1. August 1914):

Der ganze Bahnhof voll von Menschen. Die katzenjämmerlichste Stimmung herrschte, die ich je erlebt habe. Mütter, Frauen und Bräute und die übrigen Angehörigen bringen die jungen Männer zum Zuge und weinen. Alle haben das Gefühl: es geht direkt zur Schlachtbank. [...] Auf dem Bahnhof spielen sich unangenehme Abschiedsszenen ab. Die alte Mutter umarmt ihren Sohn, und beide verharren lange Zeit in dieser Stellung. Abfahrt.

Zit. nach: Wilhelm Eildermann (Hg.), Jugend im ersten Weltkrieg. Tagebücher, Briefe, Erinnerungen, Berlin: Dietz 1972, S. 61f.

c) Die regierungsnahe Presse berichtet aus Berlin (6. August 1914):

Was sich vom 30. Juli bis heute [6. August] in Berlin abspielte, ist eine Offenbarung des starken nationalen Empfindens, das in unserem Volke lebt. [...] Wer die Massen in den Straßen Berlins gesehen hat, wer fortgerissen mit ihnen marschierte, der wird Eindrücke bekommen haben, die sich ihm bis an das Lebensende nicht verwischen werden. [...] Welch ein großer Tag war das! Die Erregung stieg zu einer nicht beschreibbaren Höhe an. [...]
Man war brüderlich; der Arbeiter, der in der Bluse barhäuptig die Fahne trug, der Akademiker, der neben ihm schritt, Kaufleute, Wandervogelscharen [in Vereinen organisierte Jugendliche], Studenten [...], Soldaten, die, zum Teil schon in der grauen Felduniform, sich singend in die Reihen der Marschierenden eingegliedert hatten. Oft ging man Arm in Arm, in Reihen zu 30 und 40 Menschen.

Norddeutsche Allgemeine Zeitung, 06.08.1914, S. 1.

M 3 Soldatenabschied

Fotografie, Paris, August 1914

Info

Quellen zum Ersten Weltkrieg aus Hessen

Eine gute Quellensammlung, die auch eine Suche nach Orten in Hessen ermöglicht, findet sich unter:

https://www.lagis-hessen.de

Kriegsbegeisterung und „Burgfrieden"

Bei Kriegsbeginn gab es in der Bevölkerung neben Kriegsbegeisterung auch Kriegsangst. Offiziell wurde die Auseinandersetzung als Verteidigungskrieg dargestellt: Das eigene Land trage keine Schuld am Krieg. Sogar die Arbeiterparteien, die die Politik der Regierungen heftig kritisiert und Frieden sowie internationale Verständigung gefordert hatten, schlossen sich den nationalen Kriegsanstrengungen an. Auch die deutschen Sozialdemokraten stimmten im Reichstag der Bewilligung von Kriegskrediten zur Finanzierung des Krieges zu. Die Bereitschaft, angesichts der gefährlichen Lage auf innenpolitische Auseinandersetzungen zu verzichten, wurde als „Burgfrieden" bezeichnet.

Krieg in Europa

Ein vom Generalfeldmarschall Schlieffen 1905 entwickelter Plan sah vor, Frankreich innerhalb weniger Wochen rasch zu besiegen, bevor englische Truppen zur Unterstützung der französischen Armee eintreffen konnten. Nach Niederwerfung der Gegner im Westen sollten die Truppen die schwachen Kräfte an der Ostgrenze verstärken und gemeinsam mit der österreichischen Armee Russland in die Knie zwingen. Der russischen Armee unterstellte man in der deutschen Armeeführung,

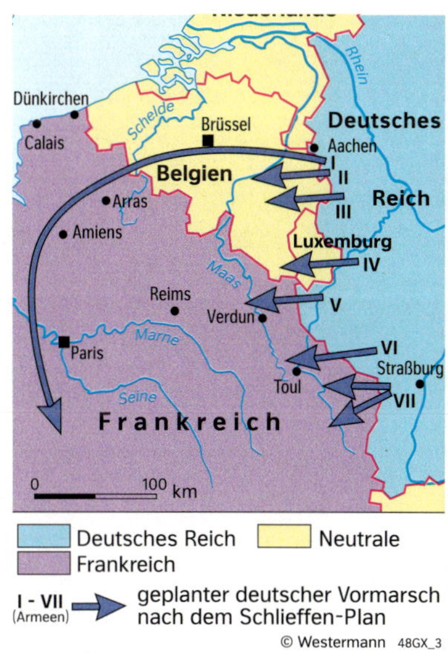

M 4 Der Schlieffenplan

Aufgaben

1. **„Augusterlebnis" – Quellen vergleichen und Perspektiven erkennen**
   a) Untersuche die vier Quellen (M1 und M2) in Bezug auf Autorenschaft, Adressaten, Publikationsform, unmittelbaren historischen Kontext, Wirkungsabsicht.
   b) Erläutere, welche Haltung zum Kriegsausbruch in den drei schriftlichen Quellen (M2) jeweils eingenommen bzw. deutlich wird. Berücksichtige dabei insbesondere die sprachliche Gestaltung der Aussagen.
   c) Überprüfe die Aussage: „Im August 1914 herrschte in Deutschland eine allgemeine Kriegsbegeisterung."
   d) Suche auf der oben im Infokasten aufgeführten Seite nach Orten deiner Heimatregion. Wie wurde hier auf den Kriegsausbruch reagiert?

→ M1 – M3, Text auf dieser Seite

dass sie von der Mobilmachung bis zur Kampfbereitschaft mindestens sechs Wochen Zeit bräuchte. Zur Durchführung des Schlieffenplans war es erforderlich, dass die deutschen Streitkräfte durch das neutrale Belgien und Luxemburg nach Frankreich vorstießen. Der deutsche Angriff im Westen kam nach Anfangserfolgen jedoch bereits in der Schlacht an der Marne Anfang September 1914, also schon nach vier Wochen, zum Stehen. Die Front erstarrte entlang einer Linie, die von der Nordsee bis zur Schweizer Grenze verlief, und veränderte sich in den folgenden Jahren nicht wesentlich. Beide Seiten hatten sich in einem System von Schützengräben verschanzt, die jeden Vorstoß vereitelten. Der Bewegungskrieg war zum Stellungskrieg geworden.

Im Osten gelang es der deutschen Armee unter den Generälen Hindenburg und Ludendorff, die russischen Truppen bei Tannenberg zu schlagen und die Front zu stabilisieren. Die österreichisch-ungarische Armee war jedoch durch Niederlagen so geschwächt, dass sie zunehmend deutscher Unterstützung bedurfte. Auch hier kam es in der Folgezeit zu keinen großen Veränderungen.

M 5 Deutscher Schützengraben bei Verdun
Foto, 1916

Der Seekrieg

Die überlegene britische Flotte sperrte den Ausgang der Nordsee und den Ärmelkanal und schnitt die Mittelmächte durch eine Blockade von überseeischem Nachschub ab. Die deutsche Hochseeflotte, in die man große Hoffnungen gesetzt hatte, griff nur einmal, im Mai 1916, ins Kriegsgeschehen ein. In der Schlacht am Skagerrak vor der dänischen Küste fügte sie der englischen Flotte zwar erhebliche Verluste zu, konnte die englische Blockade jedoch nicht durchbrechen. Die Hoffnung der deutschen Generäle ruhte nun trotz der damit verbundenen Gefahr eines Kriegseintritts der USA auf dem uneingeschränkten Einsatz von Unterseebooten.

Kriegserfahrung an der Front

Im August 1914 hatten sich viele junge Männer freiwillig zum „Dienst für das Vaterland" gemeldet. Als die Soldaten an die Front kamen, trugen hohe Verluste und das Grauen des Kriegs zur Ernüchterung bei. Die jeden Tag lauernde tödliche Bedrohung sowie Hunger und Erschöpfung bestimmten den Alltag des Frontsoldaten.

Versuche, Bewegung in den Stellungskrieg der Westfront zu bringen, blieben erfolglos. Sie scheiterten unter großen Verlusten in Minensperren und Drahtverhauen und unter dem Maschinengewehrfeuer aus tief gestaffelten Grabensystemen. Auch der Einsatz immer stärkerer Artillerie brachte keine Entscheidung in diesen Materialschlachten. In der Schlacht von Verdun Anfang 1916 versuchte die deutsche Heeresleitung, dem Krieg eine entscheidende Wende zu geben. Granaten aus Tausenden Geschützen verwandelten das Kampfgebiet in eine Mondlandschaft, über 300 000 Soldaten fanden den Tod. Doch führte die „Hölle von Verdun" zu keinem Ergebnis.

Ein globaler Krieg

Die Ursprünge des Weltkrieges lagen in Europa, und hier fanden auch die verlustreichsten Schlachten des Krieges statt. Da viele der beteiligten europäischen Staaten imperiale Mächte waren, wurde der Krieg jedoch auch im Nahen Osten, in Afrika und in Ostasien geführt.

Krieg in Europa – Eine Geschichtskarte erschließen

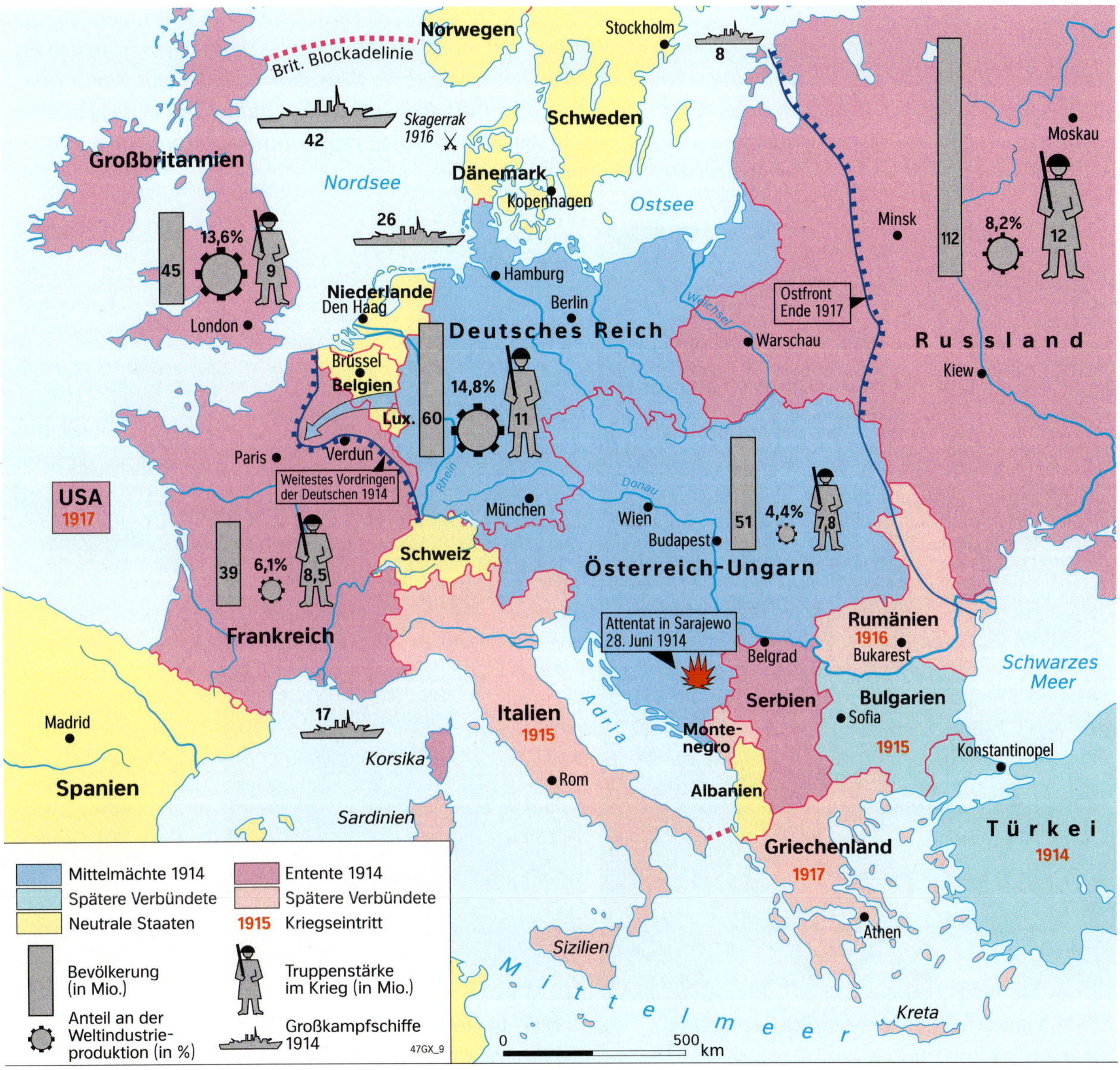

M 6 **Europa im Ersten Weltkrieg**

Aufgaben

1. Krieg in Europa – Eine Geschichtskarte erschließen

a) Erschließe die Karte M6. Verwende dafür den Trainingskasten auf Seite 32.

b) Beurteile anhand der Karte M6 das militärische und wirtschaftliche Kräfteverhältnis zwischen den beiden Kriegsgegnern.

c) Erarbeite mithilfe der Geschichtskarte M6 wichtige Einschnitte im Kriegsverlauf.

M6, Text auf den Seiten 191–192, Trainingskasten auf Seite 32

Eine neue Dimension des Krieges

WES-115614-602
Film über den Stellungskrieg

Im August 1914 zogen die meisten Soldaten aller kriegsführenden Nationen in Erwartung eines schnellen Sieges in den Krieg. Doch bereits nach wenigen Monaten kämpften sie in einem veränderten, einem „modernen Krieg". Die technischen Entwicklungen und ihre Auswirkungen auf die Kriegsführung, die sich bereits in den vergangenen Kriegen des 19. Jahrhunderts angedeutet hatten, trafen den einzelnen Soldaten nun mit voller Wucht: Der Krieg des Industriezeitalters war auf den Schlachtfeldern Europas angekommen.

M 1 **Französische Soldaten im Schützengraben**
Lothringen, Foto, Juni 1915

M 2 **Deutsche Soldaten im Schützengraben**
Nordfrankreich, Foto, um 1916

M 3 **Im Sumpf steckengebliebener britischer „Tank"**
Auf einem Schlachtfeld bei Ypern in Flandern, Foto, März 1918 („Tank" = gepanzertes und bewaffnetes Kettenfahrzeug, „Panzer")

Ein moderner Krieg

Bereits zu Beginn des Ersten Weltkriegs zeigte sich, dass die Angriffe der Infanterie an der Westfront im dichten Kugelhagel der Maschinengewehre des Gegners verlustreich stecken blieben. Der erwartete schnelle Sieg blieb aus und der Bewegungskrieg endete. Die Soldaten gruben sich auf beiden Seiten der Front ein. Die zunächst einfachen Schützengräben wuchsen bis zum Kriegsende 1918 zu weitverzweigten Stellungssystemen mit Stacheldraht, Minen, Verbindungsgräben, Stollen und Tunnel, Unterständen, Munitionslagern und Reservegräben an. Zwischen den feindlichen Gräben lag das „Niemandsland". Während es an den Fronten im Osten und Süden immer wieder phasenweise zum Bewegungskrieg kam, begann im Westen der sogenannte Stellungskrieg.

Um sich aus der festgefahrenen Situation wieder zu lösen, entwickelten die Militärs eine neue Vorgehensweise: die Materialschlacht. Mit einem über mehrere Stunden und Tage andauernden ununterbrochenen „Trommelfeuer" beschoss die eigene Artillerie die gegnerischen Stellungen, um dort die vorher aus der Luft fotografierten Schützengräben, Stacheldrahthindernisse und Verteidigungsstellungen zu zerstören. 1915 wurde erstmals Giftgas benutzt, um schon vor dem Angriff möglichst viele Gegner zu töten. Die folgenden Angriffe der Infanteristen wurden immer häufiger durch den Einsatz von Flammenwerfern und den ersten Panzern („Tanks") begleitet. Gelang der Einbruch in das feindliche Grabensystem, kämpften die Soldaten mit Handgranaten, Messern, Pistolen, Gewehren und Grabenkeulen (mit Stacheldraht umwickelte Stöcke) in den engen und verwinkelten Gräben einen brutalen Nahkampf. Meistens kam der Angriff nach wenigen Hundert Metern zum Stehen, da zu viele eigene Soldaten von den Verteidigern verwundet oder getötet worden waren. Nur selten konnten die eroberten Grabenabschnitte über einen längeren Zeitraum gehalten werden.

Der moderne Massenkrieg

Die im Ersten Weltkrieg genutzte Kriegstechnik setzte neue Maßstäbe in der Kriegsführung. Über Sieg oder Niederlage entschieden nicht nur die Soldaten an der Front. In den Bombenangriffen im Ersten Weltkrieg auf Lüttich, Antwerpen und London sind erstmals Zivilisten aus der Luft verwundet und getötet worden. Die Leistungsfähigkeit der Industrie und die Durchhaltefähigkeit der hungernden Bevölkerung und der kämpfenden Soldaten wurden für die Kriegsführung immer wichtiger. Der Krieg brachte alle beteiligten Nationen an den Rand der Erschöpfung und endete erst durch den Kriegseintritt der großen Wirtschaftsnation USA.

Der Stellungskrieg im Westen hatte durch jahrelanges Artilleriefeuer und Gasangriffe ganze Landstriche zerstört und in unbewohnbare Sumpflandschaften verwandelt. Der „moderne Krieg" zwischen 1914 und 1918 war ein Krieg der Massen und Maschinen.

WES-115614-603
Hörszene über Soldaten im Schützengraben

WES-115614-604
Hörszene über einen Soldaten auf Fronturlaub

M 4 **„Nur nicht drängeln, es kommt ein jeder ran."**
Deutsche Feldpostkarte, 1914

Aufgaben

1. Historische Fotos analysieren

a) Erkläre anhand der Fotos M1–M3 die Besonderheiten des Stellungskrieges und lege die Auswirkungen dieser Form der Kriegsführung auf die Soldaten dar.

b) Erläutere den Begriff „moderner Massenkrieg".

c) Diskutiere, ob die Bilder den Krieg realistisch darstellen können.

→ M1–M3, Text auf dieser Seite

2. Eine Feldpostkarte analysieren

a) Analysiere die Feldpostkarte M4. Beachte insbesondere die Entstehungszeit.

b) Arbeite die Erwartungen an den Kriegsausgang heraus, die sich in dieser Karte ausdrücken.

c) Beurteile, ob die Postkarte eine Verharmlosung des Krieges darstellt.

→ M4

Der „moderne" Krieg – Alltag der Soldaten an der Front im Spiegel von Briefen

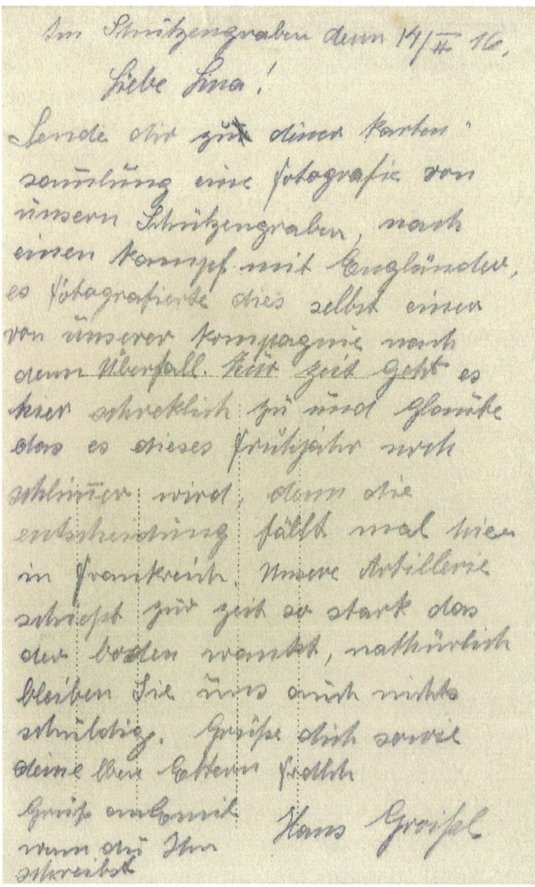

Im Schützengraben den 14/II 16,
Liebe Lina!
Sende dir zu deiner Karten-
sammlung eine fotografie von
unsern Schützengraben, nach
einen Kampf mit Engländer,
es fotografierte dies selbst einer
von unserer Kompagnie nach
dem Überfall. Zur zeit geht es
hier schreklich zu und glaube
das es dieses Frühjahr noch
schlimmer wird, denn die
entscheidung fällt mal hier
in frankreich. Unsere Artillerie
schießt zur zeit so stark das
der boden wankt, nathürlich
bleiben Sie uns auch nichts
schuldig. Grüße dich sowie
deine lben Eltern frdlch
Gruß an Emil wenn du Ihm schreibst
Hans Greißel

M 5 Feldpostkarte von 1916 – Vorderseite (oben) und Rückseite (links)

Folgender Text ist auf der Rückseite zu lesen:

„Im Schützengraben den[n] 14/II 16.
Liebe Lina!
Sende dir zu deiner Kartensammlung eine Fotografie von unsern Schützengraben, nach einem Kampf mit Engländern, es fotografierte dies selbst einer von unserer Kompagnie nach dem Überfall. Zur zeit geht es hier schreklich zu und glaube das es dieses Frühjahr noch schlimmer wird, denn die entscheidung fällt mal hier in Frankreich. Unsere Artillerie schießt zur zeit so stark das der boden wankt, nathürlich bleiben Sie uns auch nichts schuldig.
Grüße dich sowie deine lben Eltern frdlch

Gruß an Emil wenn du Ihm schreibst
Hans G."

M 6 Feldpostbriefe von Gerhart Nauhaus

a) Der Erfurter Gerhart Nauhaus (1894–1915) meldete sich im August 1914 als Kriegsfreiwilliger. Nach einer Ausbildung in Darmstadt wurde Nauhaus an die Westfront verlegt und berichtete seinen Angehörigen:

12. Oktober 1914, Gel[iebte] Mutter u. Brüder!
Wo man doch hinkommt! Diese Karte schreibe ich auf einem Strohsack in einer Kaserne in Metz, wo wir für kurze Zeit einquartiert sind. Nach 20stündiger Fahrt (nachts) sind wir hier angekommen. Am Sonntag war in Griesheim zum letzten Male Regimentsappell [...] Nachm.[ittags] fuhren wir weg, mit allem Feldgepäck, auch mit 150 scharfen Patronen versehen. Selbst die „Totenmarken" [Erkennungsmarken] fehlen nicht. Jetzt wirds Ernst. Hier hört man den Kanonendonner fast fortwährend. Die Franzosen sind 30–40 km nur entfernt. Bald werden wir dem Gesindel gegenüberstehen. Der Oberst hat gesagt, das Oberkommando hätte uns für würdig befunden, in die vorderste Feuerlinie zu kommen. Hurrah! [...] In herzl. Liebe Euer Gert. Hier ists viel schöner als im Lager.

b) Erschüttert hatte Nauhaus von seinem ersten Gefecht Ende Oktober 1914 seiner Familie berichtet. In einem Antwortschreiben bat ihn sein älterer Bruder Paul, über seinen Gesundheitszustand zu berichten:

8. November 1914, L. Paul! [...] Du möchtest, daß ich mich mal offen über meinen Gesundheitszustand ausspreche. Da muß ich gestehen, daß ich in Griesheim immer gut mitgekonnt habe, daß es mir aber in Metz wegen eines furchtbaren Katarrhs [Durchfalls] oft sauer gefallen ist. [...] Die 8 Tage u. Nächte im Schützengraben hatten mich sehr mitgenommen, noch 1 Tag länger, u. ich wär zusammengebrochen. Nun melde ich mich nicht mehr so viel zu den gefährlichsten Patrouillen u. a., ich bin ja nun zum Gefreiten vorgeschlagen. [...] Jedoch seelisch wirkt der Krieg noch viel schlimmer. Ich habe in den paar Tagen fast das Lachen verlernt. Fortwährend die Greuel sehen, brennende Häuser, verwüstete Fluren, jammernde Bewohner, Verwundete, Tote, u. dann selbst auf Menschen, die meine Brüder sein könnten, schießen müssen – das macht mich ganz verrückt. Nachts muß ich mich zwingen, die grauenvollen Bilder zu vertreiben. Wie oft, wie oft gehen in solchen Stunden die Blicke aufwärts, wo der Friede wohnt, u. heimwärts. Da finde ich Trost.

Gerd Nauhaus (Hg.), „Unser Vaterland ist in Gefahr". Briefe aus dem Ersten Weltkrieg von Gerhart Nauhaus (1894–1915); in: Verein für die Geschichte und Altertumskunde von Erfurt e. V. (Hg.), Mitteilungen des Vereins für die Geschichte und Altertumskunde von Erfurt (Neue Folge) MVGAE 76 (= N. F. Heft 23), Erfurt: 2015 (ISSN 0943-299X), S. 289–375.

Gerhart Nauhaus wurde an die Ostfront versetzt und geriet am 27. Mai 1915 nach dem Sturm auf eine russische Stellung bei Dolina in Galizien mit seinem Regiment unter gegnerischen Beschuss. Er wurde fünffach getroffen, unter anderem in Bauch und Brust. Das Regiment musste sich zurückziehen – und den verwundeten Nauhaus zurücklassen. Nauhaus erlag am folgenden Tag seinen Verletzungen.

Aufgaben

1. Feldpostbriefe auswerten

a) Versuche, die Schrift auf der Feldpostkarte M5 zu entziffern.
b) Stelle Vermutungen über mögliche Gründe dafür an, dass Soldaten solche Feldpostbriefe nach Hause schickten.
c) Prüfe anhand des vorliegenden Beispiels (M5), welche Informationen solche Karten enthielten und welche nicht.
d) Schildere, mit welchen Erwartungen sich Gerhart Nauhaus (M6) im August 1914 freiwillig für den Krieg gemeldet haben könnte.
e) Nauhaus meldete sich freiwillig für besonders gefährliche Operationen im Kriegsgebiet. Stelle Vermutungen an, welche Motive jeweils dahinter gestanden haben könnten.
f) Arbeite heraus, wie sich Nauhaus über die gegnerischen Soldaten äußerte.

→ M5, M6

2. Als Forscher im Feldpostarchiv arbeiten – Medienbildung

Erstelle eine Präsentation zum Thema „Feldpostkarten im Ersten Weltkrieg". Gehe dabei wie folgt vor:

a) Verwende eine geeignete Internetseite – wie z. B. die unten aufgeführte – und entscheide dich für eine Feldpostkarte, die du genauer präsentieren willst.
b) Begründe deine Auswahl.
c) Ordne deine ausgewählte Karte in eine Phase des Krieges ein.
d) Trage die Informationen über den Verfasser der Karte zusammen.
e) Die Feldpostkarten unterlagen einer Zensur, d. h. die Inhalte wurden regelmäßig kontrolliert. Überlege, was unter diesen Umständen nicht geschrieben werden durfte.
f) Beurteile abschließend die Brauchbarkeit solcher Karten für die historische Forschung.

→ Internet, z. B. www.digada.de

Der „Weihnachtsfrieden 1914“

Das Foto M1 entstand am Weihnachtstag 1914 unweit des Ortes Ploegsteert an der belgischen Westfront und zeigt britische und deutsche Soldaten. Entstanden ist es während einer Verbrüderung im Niemandsland. Über die Entstehungsumstände informiert der Brief M2.

M 1 Ein Foto als Quelle

Einige Soldaten konnten identifiziert werden: links: Ein britischer Soldat namens Andrew, 3. v. r.: Ein Soldat der „London Rifle Brigade“, die anderen Soldaten sind aus den sächsischen Regimentern 104 und 106, 2. v. l.: Der Pionier Arno Böhme.

Fotograf ist der britische Soldat Turner, Aufnahmedatum ist der 25.12.1914.

M 2 Ein Brief als Quelle

In einem Brief vom 26. Dezember 1914 beschreibt der englische Soldat Grigg seine Teilnahme an einem „Weihnachtsfrieden“ an der Westfront und die Entstehung des Fotos:

Nach Einbruch der Dunkelheit am 24. stellten die Deutschen Laternen auf ihren Schützengräben auf und begannen zu singen, und das Schießen hörte praktisch auf. Von dort aus konnten wir nicht alle Melodien unterscheiden, aber wir wissen von den Soldaten, die damals in den vorgeschobenen Schützengräben waren, dass sie zusätzlich zu ihren eigenen Liedern „Home, Sweet Home“, „God save the King“ und „Tipperary“ auf einem Blasinstrument spielten. Das Feuer wurde auf beiden Seiten eingestellt und sowohl die Deutschen als auch die Engländer wagten sich aus ihren Gräben. Nach Tagesanbruch am Weihnachtstag wagten sich kleine Gruppen auf beiden Seiten vor ihre Schützengräben, alle unbewaffnet, und wir hörten, dass ein deutscher Offizier herüberkam und versprach, dass sie nicht schießen würden, wenn wir es nicht täten. Offenbar verbrüderten sich im Laufe des Vormittags kleine Gruppen von Deutschen und Engländern zwischen den Schützengräben, die an dieser Stelle etwa 200 Meter voneinander entfernt sind, und als Turner und ich und einige unserer Kumpel nach dem Abendessen aus den Reservegräben heraufspazierten, fanden wir eine Menge von etwa 100 Soldaten jeder Nationalität vor [...].

Ich kramte etwas von meinem eingerosteten Deutsch hervor und plauderte mit einigen von ihnen. Keiner von ihnen schien eine persönliche Feindseligkeit gegen England zu haben und alle sagten, sie wären froh, wenn der Krieg vorbei wäre. Turner machte ein paar Schnappschüsse mit seiner Taschenkamera [...].

Ich erhielt einen Knopf, etwas deutsche Munition und eine deutsche Feldpostkarte, auf die der Spender seinen Namen und seine Adresse geschrieben hat. [...]

Einer der Deutschen, der Englisch sprechen konnte, erzählte [...], dass er Kellner im Savoy gewesen sei, und ein Friseurgehilfe aus dem [Londoner] West End wurde ebenfalls aufgetan. In der Nähe, wo wir standen, wurde ein toter Deutscher begraben, der von einigen Engländern gebracht worden war. Ein deutscher Offizier sagte „Wir danken unseren englischen Freunden, dass sie unsere Toten hereingebracht haben.“ und dann in gebrochenem Englisch „Ein frohes Weihnachtsfest und ein glückliches neues Jahr“. [...]

Nach einer kleinen Weile riefen die deutschen Offiziere ihre Männer herein und wir gingen zurück.

Imperial War Museum, London, Grigg J Selby (MR) Collection, Document 3881, übersetzt von Christian Bunnenberg.

M 3 **Ein Bild in der britischen Presse**

Das Bild stammt aus der Zeitung „The Illustrated London News" vom 09.01.1915 und ist ein Beispiel für eine idealisierte Darstellung der Ereignisse in der britischen Presse.

M 4 **Eine Darstellung**

Die Historikerin Sylvia Paletschek untersuchte 2008 in einem wissenschaftlichen Aufsatz die europäische Dimension der Erinnerung Weihnachtsfrieden:

Am ersten Weihnachtstag 1914 kam es vor allem an den Frontabschnitten in Flandern rund um Ypern zu massenweisen Verbrüderungen von deutschen mit englischen, französischen sowie belgischen Soldaten. [...] Diese Weihnachtsfrieden waren den Zeitgenossen bekannt – über Feldpostbriefe und Zeitungsartikel, die vor allem in Großbritannien, hier sogar mit Photographien als Beleg, erschienen waren. Doch auch deutsche Zeitschriften berichteten von dem Ereignis [...]. Mit der Verhärtung der Fronten in der Nachkriegszeit verblasste die Erinnerung an das Ereignis. [...]
Dass die Fachwissenschaft, wie es [seit den 2000er Jahren] in Zeitungsartikeln hieß, dieses Ereignis nicht genügend gewürdigt oder sogar völlig übersehen hatte [...] stimmte nur teilweise. So fanden sich in einer 1994 erschienen Quellensammlung Texte zum Thema [...]. Doch kam diesem Ereignis, sicher nicht nur wegen mangelhafter Quellenlage – dies gilt besonders für Deutschland und Frankreich – keine besondere Bedeutung zu. Es war lange nicht an die den akademischen Diskurs beherrschenden Fragestellungen anschlussfähig [...]. Dass der Weihnachtsfrieden von der populären Geschichtsproduktion zuerst in größerem Stil wieder entdeckt wurde lag daran, dass er eine wundersame Geschichte des so Unvorhersehbaren und nicht zu Vermutenden, des „trotz alledem" erzählt. Die Geschichte hat eine hohes Emotionalisierungspotenzial, in der die Menschlichkeit der „kleinen Leute" triumphiert und die sich als Fabel für die Begegnung unterschiedlicher Nationen im Leid und als Baustein einer gemeinsamen europäischen Verständigungsgeschichte gut eignet.

Sylvia Paletschek, Der Weihnachtsfrieden 1914 und der erste Weltkrieg als neuer (west-)europäischer Erinnerungsort: Epilog, in: Korte, Barbara (Hrsg.): Der erste Weltkrieg in der populären Erinnerungskultur, Essen 2008, S. 213–221.

Aufgaben

1. Der „Weihnachtsfrieden 1914"

a) Beschreibe die Situation, in der 1914 das Foto (M1) entstanden ist. Nutze dazu den Brief (M2).

b) Ordne die durch das Foto (M1) und den Brief (M2) dokumentierten Ereignisse in den Verlauf des Ersten Weltkrieges ein.

c) Vergleiche das Foto (M1) mit der Abbildung aus der britischen Zeitung (M4). Kannst du Abweichungen von dem dokumentierten Ereignis feststellen?

d) Die Historikerin Sylvia Paletschek (M4) bewertet die Weihnachtsfrieden als eine passende Erzählung für eine europäische Versöhnungsgeschichte. Nimm Stellung zu dieser Aussage und beurteile, ob eine solche Verwendung dem Ereignis gerecht wird.

→ M1 – M4

Eine Gesellschaft im Krieg

Der moderne Massenkrieg veränderte nicht nur die Situation auf den Kriegsschauplätzen, sondern auch in den Heimatländern der Soldaten. Die Zivilbevölkerungen wurden auf verschiedene Weise Teil dieses Krieges.

M 1 „Sehnsucht nach Frieden“

Richard Erfurth (1869–1949) war ein Pädagoge und Heimatschriftsteller und lebte in der Lutherstadt Wittenberg. Neben seiner Tätigkeit als Lehrer an der Lutherschule schrieb er zahlreiche geschichtswissenschaftliche und belletristische Werke in und über Wittenberg. Den Ersten Weltkrieg erlebte er als Lehrer in seiner Heimat, da er aufgrund des Alters keinen Kriegsdienst leisten musste. Seine Eindrücke hielt er in einem ausführlichen Kriegstagebuch fest, 3. August 1914:

[...] Vom Gastwirt Frebe in der Mittelstraße sind z. B. 4 Söhne und 3 Schwiegersöhne einberufen worden. Die Haltung unserer Einwohner ist musterhaft – ernst, aber gefasst. Nach dem ersten Schrecken ist auch die Besorgnis wegen Sicherheit der Spareinlagen, Annahme der Banknoten, Mangel an Lebensmitteln geschwunden. Im Felde steht eine reiche Ernte, bei dem Mangel an Pferden und an Erntearbeitern ist sie schwer heimzubringen. Zwar ist das Korn wohl zum größten Teil reingebracht, aber noch bleibt genug zu tun übrig. [...] Um 8 ¾ Uhr setzte sich das Bataillon [eine militärische Einheit] in Bewegung, voran die Regimentsmusik in Bewegung, welche die „Wacht am Rhein“ erklingen ließ, die Hunderte auf der Straße stimmten begeistert mit ein in das Kampflied. Hände, Hüte und Tücher wurden geschwenkt und berauschendes Hurra erfüllte die Luft und begleitete die Krieger bis zum Bahnhof, wo sie den Sonderzug bestiegen und unter den Klängen von „Deutschland über alles“ hinausfuhren in den Kampf gegen den deutschen Erzfeind [gemeint ist Frankreich]. [...]

14. März 1916:

Die Stimmung ist in den letzten Tagen hier recht gedrückt. Die Preise für Lebensmittel, Kleidung und alle anderen Dinge steigen fortgesetzt. [...] Dazu herrscht an vielen Lebensmitteln und anderen wichtigen Dingen Mangel. Hinzukommt, dass seit längerer Zeit auf dem östlichen Kriegsschauplatz kein Fortschritt zu verzeichnen ist, ebensowenig wie auf dem Balkan und der österreichisch-italienischen Kampffront. Gegen Verdun tobt der Kampf nun schon tagelang und mit höchster Spannung sind die Blicke dorthin gerichtet, wo mit dem 20. Infanterieregimente so viele Söhne unserer Stadt, die zum III. Armeekorps gehören, im heißen Ringen liegen. Die Sehnsucht nach Frieden wird immer heißer. [...]

29. Juli 1916:

Vor dem Geschäfte des Kaufmannes Maiwald in der Judenstraße kam es heute Nachmittag bei der Verteilung von Butter unter die dort aufgestellten Frauen zu Unruhen. Der dort aufgestellte Polizeibeamte Gartenmann, welcher Ordnung schaffen wollte, wurde von den erregten Frauen angegriffen, sodass er sich genötigt sah, sich mit dem Säbel zu verteidigen. [...]

11. Februar 1917:

Die ungewöhnlich strenge Kälte der vergangenen Tage (bis –25 Grad) hat manchen Schaden verursacht. [...] Der Frost [ist] vielen nicht genügend zugedeckten Kartoffeln- und Rübenmieten verderblich geworden. Selbst im Inneren der Häuser ist Gemüse, Früchte und dergl. erfroren. [...] Dazu kam der empfindliche Kohlemangel, der mehrere Fabriken zwang, ihren Betrieb einzustellen und viele Einwohner der bitteren Kälte aussetzte. [...] Die Not ist im Innern sehr hoch gestiegen. Hunger und Kälte, diese Schreckgespenster, sind in vielen Familien eingekehrt. Obgleich die Witterung milder geworden ist, fehlt es infolge von Transportschwierigkeiten – die Eisenbahnwagen sind zum größten Teil für Heereszwecke beschlagnahmt – noch immer an Kohlen. [...] Infolge des Kohlemangels mussten die sämtlichen Schulen 14 Tage lang geschlossen werden. Aus dem gleichen Grund ist die Beleuchtung erheblich eingeschränkt worden. [...] Abends um 10 muss das Licht gelöscht werden. [...] Die Straßenbeleuchtung ist bis auf wenige Laternen an gefährlichen Stellen eingestellt, sodass die Straßen nachts im tiefen Dunkel liegen. Recht böse sieht es auch mit den Lebensmitteln aus. Sie sind zum weitaus größten Teil „rationiert“. Aber was man gegen Marken oder Kontrollbuch erhält, ist nicht ausreichend (z. B. 55–62 ½ g Butter die Woche). Für das, was im freien Handel oder „unter der Hand“ zu erlangen ist, werden Wucherpreise verlangt. [...] Und doch wird gekauft und bezahlt, was verlangt wird, denn Hunger tut weh. [...] Wohl kann man viel Klagen und Seufzer hören, viel Tränen sehen – aber noch ist unser Volk bereit, trotz aller Not und Opfer durchzuhalten bis zu einem ehrenvollen Frieden, der freilich heiß ersehnt wird.

Auszüge aus dem Tagebuch von Richard Erfurth, 1914–1918, Wittenberg, unveröffentlichtes Manuskript, Tagebuch im Familienbesitz.

M 2 **Arbeit von Frauen in einer Munitionsfabrik**
Foto, 1917/18

WES-115614-605
Film zum Alltag der Zivilbevölkerung

M 3 **Nachricht vom Soldatentod**
Lithografie von Käthe Kollwitz, 1921

M 4 **Oberste Heeresleitung**
Kaiser Wilhelm II. (Mitte) mit den Generälen Paul von Hindenburg (links) und Erich Ludendorff, Foto, 1917

Krieg an der „Heimatfront“

In Deutschland war niemand auf einen mehrjährigen Krieg vorbereitet. So musste die Wirtschaft rasch auf die Kriegsproduktion umgestellt werden. Da die meisten Männer an der Front kämpften, mussten Frauen, Jugendliche und Invaliden an ihre Stelle treten. Ungelernt oder nur rasch angelernt hielten sie die Produktion am Laufen. Die Herstellung kriegswichtiger Güter beeinträchtigte die Produktion von Lebensmitteln. Diese wurden zusehends rationiert, sodass die Bevölkerung Hunger litt. Besonders in den Städten entstanden Schwarzmärkte, deren hohe Preise sich nur Wohlhabende leisten konnten.

Bei schlechten Ernten wie 1916 bildeten minderwertige Futterrüben oft die Grundlage der Ernährung. Ersatzstoffe wie Kunsthonig sollten dem Mangel abhelfen. Aus Brennnesseln wurden Stoffe hergestellt, Stahlfedern ersetzten bei Fahrrädern den Gummireifen.

Der Staat forderte die Bevölkerung auch auf, Edelmetalle zur Finanzierung des Krieges zu spenden, sogar Kirchenglocken wurden eingeschmolzen. So bestimmte die Kriegssituation das zivile Leben: Es entstand eine „Heimatfront“.

Die Diktatur der Obersten Heeresleitung (OHL)

Trotz der schwierigen Situation hielten die Parteien den „Burgfrieden“ ein. Doch die politischen Verhältnisse in Deutschland änderten sich, da die Oberste Heeresleitung unter den Generälen Hindenburg und Ludendorff immer mehr Vollmachten erlangte. Schließlich übten die beiden Militärs eine fast diktatorische Macht aus. Sowohl der Kaiser als auch der Reichstag verloren angesichts der Notsituation des Krieges an Einfluss.

Aufgaben

1. **Die „Heimatfront“**
   a) Beschreibe anhand der Tagebuchauszüge (M1) die Auswirkungen des Krieges auf das Leben der Zivilbevölkerung in Wittenberg.
   b) Analysiere die Quellenauszüge M1 in chronologischer Reihenfolge hinsichtlich der Einstellung zum Krieg und der beschriebenen Stimmung in der Bevölkerung.
   c) Erkläre mithilfe des Schulbuchtextes auf dieser Seite den Begriff „Heimatfront“.
   ↝ M1, Text auf dieser Seite

Die „Heimatfront“ – Quellen auswerten

M 5 **„10 Kriegsgebote“**

Ein amtlicher Aufruf, Frankfurt 1915

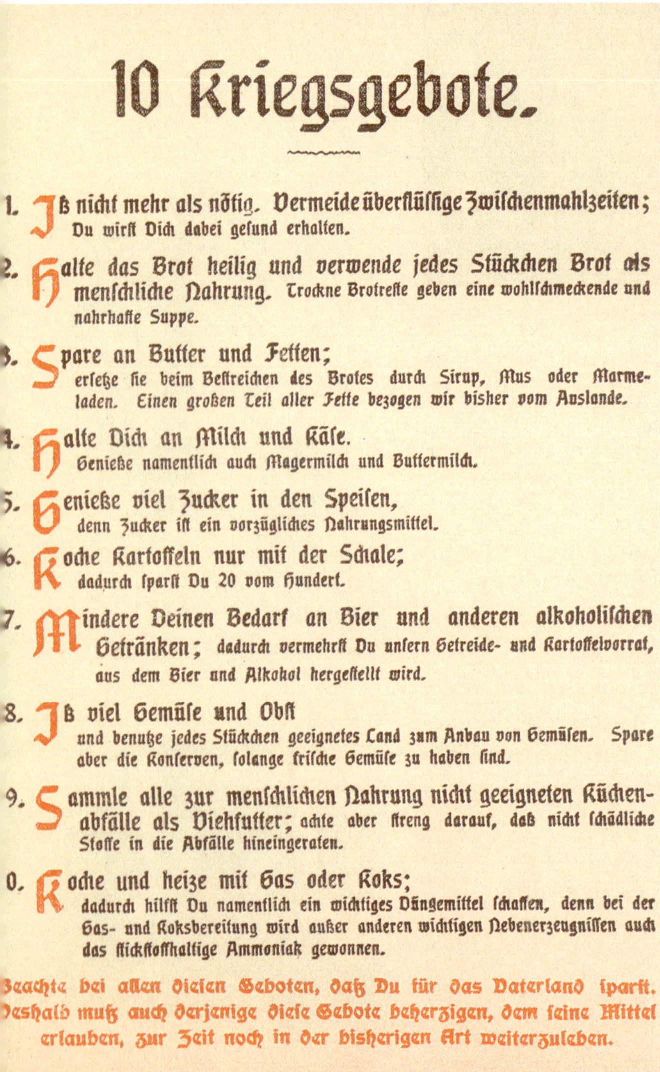

10 Kriegsgebote.

1. **Iß nicht mehr als nötig. Vermeide überflüssige Zwischenmahlzeiten;** Du wirst Dich dabei gesund erhalten.
2. **Halte das Brot heilig und verwende jedes Stückchen Brot als menschliche Nahrung.** Trockne Brotreste geben eine wohlschmeckende und nahrhafte Suppe.
3. **Spare an Butter und Fetten;** ersetze sie beim Bestreichen des Brotes durch Sirup, Mus oder Marmeladen. Einen großen Teil aller Fette bezogen wir bisher vom Auslande.
4. **Halte Dich an Milch und Käse.** Genieße namentlich auch Magermilch und Buttermilch.
5. **Genieße viel Zucker in den Speisen,** denn Zucker ist ein vorzügliches Nahrungsmittel.
6. **Koche Kartoffeln nur mit der Schale;** dadurch sparst Du 20 vom Hundert.
7. **Mindere Deinen Bedarf an Bier und anderen alkoholischen Getränken;** dadurch vermehrst Du unsern Getreide- und Kartoffelvorrat, aus dem Bier und Alkohol hergestellt wird.
8. **Iß viel Gemüse und Obst** und benutze jedes Stückchen geeignetes Land zum Anbau von Gemüsen. Spare aber die Konserven, solange frische Gemüse zu haben sind.
9. **Sammle alle zur menschlichen Nahrung nicht geeigneten Küchenabfälle als Viehfutter;** achte aber streng darauf, daß nicht schädliche Stoffe in die Abfälle hineingeraten.
10. **Koche und heize mit Gas oder Koks;** dadurch hilfst Du namentlich ein wichtiges Düngemittel schaffen, denn bei der Gas- und Koksbereitung wird außer anderen wichtigen Nebenerzeugnissen auch das stickstoffhaltige Ammoniak gewonnen.

Beachte bei allen diesen Geboten, daß Du für das Vaterland sparst. Deshalb muß auch derjenige diese Gebote beherzigen, dem seine Mittel erlauben, zur Zeit noch in der bisherigen Art weiterzuleben.

M 6 **Hungerjahr 1916**

Aus einem anonymen Flugblatt aus Berlin von 1916:

Was kommen musste, ist eingetreten: Der Hunger!

In Leipzig, in Berlin, in Charlottenburg, in Braunschweig, in Magdeburg, in Koblenz und Osnabrück, an vielen anderen Orten gibt es Krawalle der hungernden Menge vor den Läden mit Lebensmitteln.

Und die Regierung des Belagerungszustandes hat auf den Hungerschrei der Massen nur die Antwort: verschärften Belagerungszustand, Polizeisäbel und Militärpatrouillen.

Herr von Bethmann Hollweg [der Reichskanzler] klagt England des Verbrechens an, den Hunger in Deutschland verschuldet zu haben [...].

Indessen, die deutsche Regierung hätte wissen müssen, dass es so kommen musste: Der Krieg gegen Russland, Frankreich und England musste zur Absperrung Deutschlands führen. [...]

Der Krieg, der Völkermord ist das Verbrechen, der Aushungerungsplan nur eine Folge dieses Verbrechens.

Die bösen Feinde haben uns „eingekreist“, plärrten die Kriegsmacher. Warum habt ihr eine Politik gemacht, die zur Einkreisung führte?, ist die einfachste Gegenfrage. [...]

Auf das Verbrechen der Anzettelung des Weltkrieges wurde ein weiteres gehäuft: Die Regierung tat nichts, um dieser Hungersnot zu begegnen. Warum geschah nichts? Weil den Regierungssippen, Kapitalisten, Junkern, Lebensmittelwucherern der Hunger der Massen nicht wehe tut, sondern zur Bereicherung dient. [...]

Deshalb hat man die Volksmassen mit Siegestriumphgeheul betäubt und sie gleichzeitig den agrarischen und kapitalistischen Lebensmittelwucherern ausgeliefert. [...]

Was soll werden?

Man kann noch ein halbes Jahr, vielleicht ein ganzes Jahr Krieg führen, indem man die Menschen langsam verhungern lässt. Dann wird aber die künftige Generation geopfert. Zu den furchtbaren Opfern an Toten und Krüppeln der Schlachtfelder kommen weitere Opfer an Kindern und Frauen, die infolge des Mangels dem Siechtum verfallen.

Zit. nach: Ernst Drahn/Susanne Leonhard, Unterirdische Literatur im revolutionären Deutschland während des Weltkrieges, Berlin-Fichtenau: Verlag Gesellschaft und Erziehung 1920, S. 52 ff.

Aufgaben

1. Die „Heimatfront“ – Quellen auswerten

a) Beurteile die im Aufruf aus Frankfurt (M5) genannten Kriegsgebote auf ihre Realisierbarkeit und stelle Vermutungen über die Wirkung des Aufrufes auf die Bevölkerung an. Verwende dafür auch den Trainingskasten auf Seite 203.

b) Fertigt in Partnerarbeit eine Liste mit den im Flugblatt von 1916 (M6) aufgeführten Kritikpunkten. Verfasst dann ein eigenes Flugblatt mit politischen Forderungen, die sich daraus ergeben.

↝ M5, M6

M 7 Forderung nach Gleichberechtigung

Die sozialdemokratische Zeitschrift „Die Gleichheit. Zeitschrift für Arbeiterfrauen und Arbeiterinnen" veröffentlichte am 8. November 1918 den folgenden Brief und einen Aufruf:

Die großen Organisationen der deutschen Frauen fast aller Parteirichtungen haben am 25. Oktober [1918] den folgenden Brief an den Reichskanzler und seinen Stellvertreter und zugleich zur Kenntnisnahme an sämtliche Staatssekretäre und Unterstaatssekretäre gerichtet:
„In rascher Entwicklung vollzieht sich im Deutschen Reich die Umbildung der Regierung in eine parlamentarisch-demokratische Mehrheitsregierung[1]. Sie stellt sich die Aufgabe, die volle Demokratisierung des öffentlichen Lebens zur Durchführung zu bringen, allen Bevölkerungsklassen politische Freiheit und Selbstbestimmung zu sichern.
Den Forderungen der Frauen aber, die auch in Deutschland bereits seit Jahrzehnten um politische Gleichberechtigung kämpfen, hat diese Entwicklung bisher noch keinerlei Rechnung getragen. [...]
Doch jetzt ist die Stunde da, in der wir Frauen nach unseren Staatsbürgerrechten laut verlangen müssen. Sollen wir keinen Teil haben an dem, was jetzt wird? Haben wir Frauen nicht auch in vollstem Maße unsere schweren Pflichten erfüllt? Es ist bitter, immer wieder von neuem aufzählen zu müssen, warum auch wir uns zur vollbewussten Teilnahme am Leben des Volkes berechtigt fühlen. Wir sind Staatsbürgerinnen und wollen als solche behandelt sein; gebt uns Frauen daher das Wahlrecht! [...]
Jetzt ist der Zeitpunkt gekommen, da die Frauen laut, nachdrücklich und unermüdlich verlangen müssen:
Gebt uns unser politisches Recht! Gewährt uns die politische Gleichstellung mit den Männern! Gebt uns das Frauenwahlrecht!"

1 gemeint ist hier die demokratische Umbildung der Reichsverfassung in eine parlamentarische Monarchie unter dem Reichskanzler Prinz Max von Baden.

Die Gleichheit. Zeitschrift für Arbeiterfrauen und Arbeiterinnen, Nr. 3., 29.Jg., 8.11.1918, hg. von Marie Juchacz, Stuttgart: J. H. W. Dietz 1918, S. 17f.

Training

Erklärung des Operators „Beurteilen"

Du hast zu einem historischen Thema umfangreiche Informationen erarbeitet, z. B. unterschiedliche Perspektiven von beteiligten Zeitgenossen und Erkenntnisse von Historikerinnen und Historikern. Nun sollst du selbst eine eigene Beurteilung formulieren. Diese musst du mit passenden Argumenten begründen und durch ebenfalls passende Fakten oder Beispiele belegen.

Der Operator „beurteilen" fordert dich auf, ein historisches **Sachurteil** zu fällen. Das bedeutet, dass du einen historischen Sachverhalt beurteilen sollst: Aus welchen Gründen, mit welchen Absichten und mit welchen Folgen haben die Menschen in der Vergangenheit so gehandelt? Ist die Sichtweise des Textes auf den historischen Sachverhalt zutreffend? In welchen Punkten kann ich zustimmen und in welchen eher relativieren?

Formulierungshilfen

Ich gelange zu dem Urteil, dass ...
Abschließend/Insgesamt lässt sich sagen/beurteilen, dass ...
Ein Grund dafür ist, dass ...
Ein Argument, das für meine Position spricht, ist, dass ...

Aufgaben

1. **Frauenwahlrecht im Kaiserreich**
   a) Fasse die zentralen Forderungen des Artikels zum Frauenwahlrecht (M7) zusammen.
   b) Arbeite die Begründungen für die Forderungen heraus.
   c) Erkundige dich im Internet, wann in Deutschland das Frauenwahlrecht eingeführt wurde.
   → M7, Internet

Das Epochenjahr 1917 – Wendejahr des Krieges

An allen Fronten konnten keine entscheidenden Siege errungen werden. Anfang 1917 sah es so aus, als ob dieser Krieg bis zur völligen Erschöpfung aller beteiligten Mächte andauern würde. Im Laufe des Jahres vollzogen sich jedoch entscheidende Entwicklungen.

M 1 „Der Untergang der Lusitania",
der britische Passagierdampfer „Lusitania" wurde am 7. Mai 1915 auf der Fahrt von den USA nach Liverpool von einem deutschen U-Boot versenkt. Unter den rund 1200 Todesopfern befanden sich auch 124 amerikanische Staatsbürger, zeitgenössisches Aquarell.

M 2 „I Want You For U.S.Army",
Propagandaplakat zur Mobilmachung, 1917

M 3 Der Revolutionär Lenin bei seiner Ankunft aus dem Schweizer Exil in Petrograd 1917,
der Zug fuhr mit Genehmigung der deutschen Regierung auch durch Deutschland, Foto, 3. April 1917.

M 4 „Sturm auf das Winterpalais in St. Petersburg (Petrograd) im Oktober 1917",
Gemälde (Ausschnitt) von Surikow, 1917

Epochenjahr 1917: Kriegseintritt der USA und Russische Revolution

Anfang 1917 schien der Krieg einen toten Punkt erreicht zu haben, denn keine Macht konnte auf einen entscheidenden Sieg hoffen. Die englische Seeblockade hatte zu wachsender Not in Deutschland und zu Versorgungsschwierigkeiten an der Front geführt. Die Oberste Heeresleitung nahm den uneingeschränkten U-Boot-Krieg wieder auf.

Die USA treten in den Ersten Weltkrieg ein

Beim Ausbruch des Ersten Weltkrieges im August 1914 waren die USA wirtschaftlich, politisch und militärisch bereits eine Weltmacht. Auch wenn die Vereinigten Staaten zunächst ihre Neutralität erklärten, lagen die Sympathien der meisten Amerikanerinnen und Amerikaner und auch der Regierung bei den demokratisch verfassten Staaten Großbritannien und Frankreich, die man politisch und wirtschaftlich unterstützte.

Bereits am 2. November 1914 hatte die britische Admiralität die gesamte Nordsee völkerrechtswidrig zum Kriegsgebiet erklärt und damit die Versorgungswege der importabhängigen Mittelmächte empfindlich gestört. Ebenso völkerrechtswidrig versenkte im Mai 1915 ein deutsches U-Boot den britischen Passagierdampfer „Lusitania“, der sich auf dem Weg von New York nach Europa befand und außer Passagieren auch Munition transportierte. Unter den Todesopfern waren auch amerikanische Staatsbürger. Das Ereignis rief internationale Proteste hervor und führte die USA ein erstes Mal an den Rand einer Entscheidung zum Kriegseintritt. Um dies zu verhindern, beendete Deutschland zunächst seine U-Boot-Angriffe. Im Februar 1917 nahm das Deutsche Reich den U-Boot-Krieg aber wieder auf, woraufhin es im Kongress, dem amerikanischen Parlament, zu einer

M 5 Landung amerikanischer Truppen in Saint-Nazaire (Nordfrankreich)
Foto, 1917

Aufgaben

1. Das Epochenjahr 1917 – Fragen stellen und beantworten

a) Beschreibe die Bildquellen M1–M4 und sammle Fragen, die sich hieraus für dich über das Jahr 1917 ergeben.

b) Suche Antworten auf deine Fragen im Text auf den Seiten 205–206.

c) Diskutiere die Frage: Wie bedeutsam sind die Veränderungen im Jahre 1917 auf der politischen, militärischen, sozialen und ökonomischen Ebene für die USA, Russland und Europa?

→ M1–M4, Text auf den Seiten 205–206

M 6 **Zar Nikolaus II.**
mit seiner Frau und seinem Sohn und Thronfolger Alexei, Foto, um 1900

M 7

Der Friede von Brest-Litowsk
- Grenze Russlands 1914
- Mittelmächte und Verbündete
- Frontverlauf 1918
- Russische Verluste im Frieden von Brest-Litowsk (3.3.1918)
- 3.11.1918 Unabhängigkeitserklärungen
- Russische Sozialistische Föderative Sowjetrepublik (seit 1917)

heftigen politischen Debatte kam. Am Ende entschied sich die Mehrheit der Abgeordneten für einen Kriegseintritt der USA. Der amerikanische Präsident Woodrow Wilson formulierte das Motiv für diese Entscheidung so: „to make the world safe for democracy". Der Kriegseinsatz sollte also zur Ausbreitung der Demokratie beitragen.

Obwohl sie nach dem Ende des Ersten Weltkriegs zunächst versuchten, sich wieder zurückzuziehen, sind die USA seither eine bzw. die bestimmende Macht in der Weltpolitik.

Ein epochales Ereignis: Die russische Oktoberrevolution von 1917

Die Oktoberrevolution des Jahres 1917 wird allgemein als epochales Ereignis betrachtet, verhalf sie doch einem völlig neuen gesellschaftlichen System zum Durchbruch, das mit sozialistisch-kommunistischen Zielen und dem Anspruch auf eine gerechte Gesellschaftsordnung in Russland antrat: der Kommunismus.

Das ökonomisch rückständige Russland war dem ressourcenzehrenden Ersten Weltkrieg kaum gewachsen, sodass sich die Versorgungslage im Inneren katastrophal verschlechterte. Schwere Niederlagen an der Front führten zu einer zunehmenden Kriegsmüdigkeit der russischen Bevölkerung. Mitte März (nach dem in Russland noch gebräuchlichen Kalender: Ende Februar) 1917 widersetzten sich Truppen in St. Petersburg dem Befehl, auf demonstrierende Arbeiter zu schießen. Das alte Regime brach zusammen, Zar Nikolaus II. trat wenige Tage später zurück.

Lenin, der mit Genehmigung der deutschen Regierung in einem Zug durch Deutschland im April aus dem Schweizer Exil zurückgekehrt war, rief zum Sturz der Regierung auf, die sich nach dem Sturz des Zaren gebildet hatte. Am 7. November (alter Kalender: 25. Oktober) 1917 stürmten die Bolschewiki deren Sitz und verhafteten die anwesenden Mitglieder. Als erste Sowjetregierung wurde unter dem Vorsitz Lenins ein Rat der Volkskommissare eingesetzt. Ein „Dekret über den Frieden" sollte die Basis für den Austritt Russlands aus dem Krieg sein, und mit der Umsetzung des „Dekrets über den Grund und Boden", das die Enteignung der Großgrundbesitzer vorsah, wurde der jahrhundertealte Wunsch der russischen Bauern nach Land befriedigt.

Die Sowjetmacht führte unmittelbar nach der Machtübernahme weitreichende Maßnahmen zur Herrschaftssicherung durch. So wurden Industrie und die Banken verstaatlicht und die Pressefreiheit aufgehoben. Der Handel kam in den Verantwortungsbereich des Staates. Außerdem wurde schrittweise jegliche Religionsausübung verboten und der gesamte Kirchenbesitz eingezogen. Im Dezember 1917 wurde unter der Führung Feliks Dzierzynskis die neue Geheimpolizei „Tscheka" gegründet, die die Verfolgung Andersdenkender als ihre Hauptaufgabe ansah. Mit der seit Januar 1918 bestehenden Roten Armee verfügte die Sowjetmacht außerdem über eine eigene Armee.

Der Friede von Brest-Litowsk

Nach der russischen Oktoberrevolution von 1917 drängten die neuen kommunistischen Machthaber auf einen schnellen Frieden, um die inneren Probleme besser bewältigen zu können. Russland schied somit aus der Entente aus und schloss mit den Mittelmächten im März 1918 den „Frieden von Brest-Litowsk", der für Russland harte Bedingungen vorsah: Es verlor ein Drittel seiner Bevölkerung und mehr als ein Drittel seiner Industrie, seiner Agrarproduktion und seiner Ressourcen an Öl, Eisen und Kohle.

Zusatzmaterial: Woodrow Wilsons 14 Punkte von 1918 – Eine Rede analysieren

M 8 Ein politisches Programm

Trotz der Kriegserklärung an Deutschland bemühten sich die USA noch immer, eine Vermittlerrolle einzunehmen. Die in seiner Ansprache vor dem Kongress am 8. Januar 1918 vorgestellten 14 Punkte als Grundlage einer neuen Friedensordnung stellen den Höhepunkt der Friedensbemühungen von Woodrow Wilson dar:

Abermals, wie verschiedentlich zuvor, haben die Wortführer der Mittelmächte [Deutschland und seine Verbündeten] den Wunsch ausgedrückt, die Kriegsziele und die möglichen Grundlagen eines allgemeinen Friedens zu erörtern. Was wir in diesem Krieg verlangen, ist nichts für uns Besonderes. Die Welt soll geeignet und sicher gemacht werden, um in ihr leben zu können; besonders aber soll sie für jede friedliebende Nation sicher gemacht werden, welche, wie unsere eigene, ihr eigenes Leben zu leben, ihre Einrichtungen selbst zu bestimmen wünscht und sich darauf verlassen möchte, dass ihr von den übrigen Völkern der Welt eine gerechte und anständige Behandlung zuteil werde und dass sie gegen Gewalt und selbstsüchtigen Angriff geschützt sei.
Alle Völker der Welt sind daran interessiert, und wir für unser Teil sehen sehr klar, dass, wenn anderen gegenüber Gerechtigkeit nicht geübt wird, sie auch uns gegenüber nicht geübt werden wird. Das Programm des Friedens der Welt ist daher unser Programm, und dieses Programm, das unseres Erachtens einzig mögliche Programm, ist folgendes:

1. Öffentliche Friedensverträge, die in öffentlicher Verhandlung zustande gekommen sind; künftig soll es keine geheime internationale Abmachung irgendwelcher Art geben; die diplomatischen Verhandlungen sollen immer offen und im Lichte der Öffentlichkeit sich vollziehen.
2. Vollkommene Freiheit der Schifffahrt auf dem Meere außerhalb der territorialen Gewässer, im Frieden sowohl wie im Kriege […].
3. Beseitigung aller wirtschaftlichen Schranken und Schaffung gleicher Handelsbedingungen für alle Nationen, die sich zum Frieden bekennen und sich zu seiner Aufrechterhaltung zusammenschließen.
4. Ausreichende Garantien dafür, dass die Rüstungen der Länder bis zu dem Mindestmaße, das mit der eigenen inneren Sicherheit noch vereinbar ist, eingeschränkt werden.

[…]

Wir sind nicht eifersüchtig auf Deutschlands Größe, und in diesem Programm ist nichts, das ihr zu nahe tritt. Wir missgönnen ihm keine Leistung, keine hervorragende Tat der Wissenschaft oder friedlichen Unternehmung, die es zu einem sehr glänzenden und sehr beneidenswerten Rang erhoben haben. Wir beabsichtigen nicht, es zu schädigen oder seinen berechtigten Einfluss oder seine berechtigte Machtstellung irgendwie zu hemmen. Wir wünschen nicht, es mit Waffen oder feindlichen Handelsabkommen zu bekämpfen, wenn es bereit ist, sich uns und den anderen friedliebenden Nationen der Welt mit Abkommen zuzugesellen, die sich auf Gerechtigkeit, Gesetz und Wohlverhalten gründen.

Übers. zit. n.: Thilo Koch (Hg.), Nordamerika: Texte – Bilder – Dokumente, München/Wien/Basel: Desch 1972, S. 82 ff.

M 9 Woodrow Wilson (1856–1924)

28. Präsident der Vereinigten Staaten von Amerika von 1913 bis 1921, undatiertes Porträtfoto

Aufgaben

1. **Woodrow Wilsons 14 Punkte von 1918 – Zusatzaufgabe**
   Analysiere das politische Programm Wilsons für die Nachkriegszeit (M8). Finde für jeden der folgenden Stichpunkte ein passendes Zitat (mit Zeilenzahl):
   - Kriegsziel,
   - Verhältnis der Völker zueinander,
   - Wege zum dauerhaften Frieden,
   - politische Zielvorstellung (Nachkrieg),
   - wirtschaftliche Zielvorstellung (Nachkrieg),
   - Rolle der USA in der Welt.

   → M8

Das Ende des Ersten Weltkrieges

Die ereignisreichen Tage des 9. bis 11. November 1918 markieren das Ende des Ersten Weltkrieges. Das Foto unten zeigt ein Ereignis vom 10. November 1918.

M 1 Der Kaiser geht ins Exil in die Niederlande

Wilhelm II. (der 4. von links) an der Grenze zwischen Belgien und den Niederlanden, 10. November 1918

M 2 Opfer des Krieges – Zwei Darstellungen

a) Der englische Historiker John Keegan schreibt (2000):

Der Streifen britischer Soldatenfriedhöfe, der sich von der Kanalküste bis zur Somme und darüber hinaus erstreckt, bildet zugleich eine idealisierte Gedenkstätte für alle auf den Schlachtfeldern des Großen Krieges [= Erster Weltkrieg] Gefallenen, derer nicht gedacht wird. Ihre Zahl ist gewaltig. [...] Berechnet man den prozentualen Anteil der jüngeren Jahrgänge, dann überschreiten die Zahlen bei weitem das, was emotional verkraftet werden konnte. Zwischen 1914 und 1918 war die männliche Sterbeziffer in Großbritannien sieben bis acht Mal, in Frankreich (wo 17 Prozent des Heeres fielen) zehn Mal so hoch wie in Friedenszeiten. Die Verluste bei den jüngsten Altersgruppen in Deutschland waren ähnlich hoch: Zwischen 1870 und 1899 wurden etwa 16 Millionen Knaben geboren; nahezu alle wurden im Krieg eingezogen und rund 13 Prozent fielen. [...]
Kein Wunder, dass man im Deutschland der Nachkriegszeit von einer „verlorenen Generation" sprach, dass deren Eltern durch den gemeinsamen Schmerz verbunden waren, dass die Überlebenden das Gefühl hatten, auf unerklärliche Weise dem Tod entronnen zu sein, und oft eine Spur von Schuld, manchmal Wut und Rachegelüste empfanden.

John Keegan, Der Erste Weltkrieg. Eine europäische Tragödie (übers. v. Karl u. Heidi Nicolai), Reinbek bei Hamburg: Kindler (Rowohlt) 2000, S. 586.

b) Der Historiker Michael Epkenhans schreibt (2015):

Auch die Zahl der zivilen Toten, sei es durch unmittelbare Kriegshandlungen, Kriegsverbrechen, Hunger oder die große Grippewelle, erreichte mit 5,9, vielleicht sogar 7,8 Millionen Opfern bisher nie gekannte Größenordnungen. Bei der Betrachtung der Zahlen gilt es zugleich zu berücksichtigen, wie schwer diese Verluste die Nachkriegsgesellschaften belasteten. Trotz geringerer absoluter Zahlen wogen die militärischen und zivilen Toten in Frankreich mit seiner erheblich geringeren Bevölkerung im Vergleich zum Deutschen Reich höher. Dies galt erst recht für die Balkanstaaten, die prozentual die größten Verluste zu verzeichnen hatten.

Michael Epkenhans, Der Erste Weltkrieg 1914–1918, Paderborn: Ferdinand Schöningh 2015, S. 250 f.

Aufgaben

1. Das Ende des Krieges

a) Beschreibe das Foto M1 vom 10. November 1918 und formuliere Fragen zum Bild.

b) Finde mithilfe des Textes auf Seite 209 Antworten auf deine Fragen.
→ M1, Text auf Seite 209

Sieg- oder Verständigungsfrieden?

Im Laufe des Krieges geriet der „Burgfrieden“ im Deutschen Reich ins Wanken. Die Hungersnot im Winter 1916/17 verstärkte die Kriegsmüdigkeit und Friedenssehnsucht in der Bevölkerung. Die Krise wurde offenbar, als der Reichstagsabgeordnete Matthias Erzberger seine Zweifel an der Wirksamkeit des U-Boot-Krieges äußerte und das Zentrum, die Liberalen und die SPD in einer Friedensresolution forderten, Deutschland solle seine Bereitschaft zu einem Verständigungsfrieden bekunden. Diese Friedensbemühungen blieben aber ebenso erfolglos wie die Initiativen des Papstes Benedikt XV. und des neuen österreichischen Kaisers Karl I., der dem 1916 verstorbenen Franz Joseph I. auf dem Thron gefolgt war.

Dem Zusammenbruch entgegen und Beginn der Novemberrevolution

Am 8. Januar 1918 entwarf der amerikanische Präsident Woodrow Wilson in 14 Punkten ein politisches Programm, das eine stabile demokratische Weltordnung garantieren sollte. Zwar setzte Deutschland den Krieg fort, doch führte die wachsende Überlegenheit der Alliierten, die von den USA mit Kriegsmaterial und Soldaten unterstützt wurden, an allen Fronten zum Scheitern.

Ab Juli 1918 zeigte sich eine nachhaltige Erschöpfung des Heers und die Oberste Heeresleitung gestand – endlich, aber viel zu spät – Ende September 1918 Deutschlands Niederlage ein. Sie drängte die Regierung zum sofortigen Waffenstillstand. Im Oktober 1918 kam es zu einer Verfassungsänderung, die das deutsche Kaiserreich zur parlamentarischen Monarchie machte. Der neue liberale Reichskanzler Max von Baden übermittelte dem amerikanischen Präsidenten unverzüglich das deutsche Waffenstillstandsgesuch. Hierin erkannte er Wilsons Friedensprogramm als Verhandlungsgrundlage an.

Als dennoch die Seekriegsleitung am 28. Oktober 1918 der Hochseeflotte den Befehl zum Auslaufen gab, führte das zur Meuterei der Matrosen in Wilhelmshaven und Kiel. Diese weitete sich schnell zu einer Revolution aus, die ganz Deutschland erfasste und wenig später zum Ende der Monarchie führte.

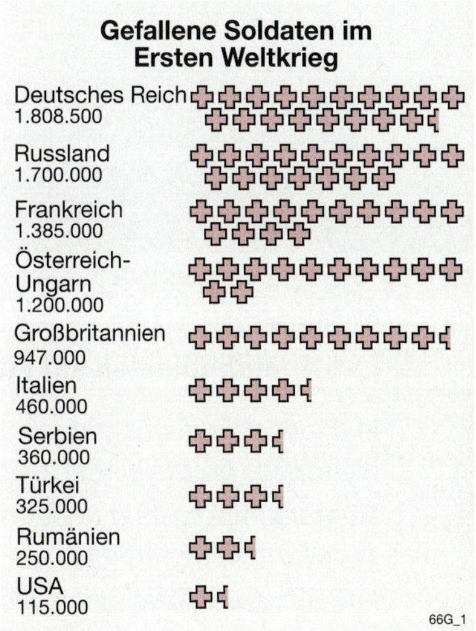

M 3

Training

Erklärung des Operators „Erläutern“

Du sollst einen komplexen, vielschichtigen Inhalt (ein Phänomen, ein Ereignis, ein Problem, ein Modell, ein Schaubild usw.) in wesentliche Einzelheiten/Bestandteile zerlegen und deren Zusammenhänge deutlich machen. Deine Erklärung muss für jemanden verständlich und nachvollziehbar sein, der dazu keine Kenntnisse hat. Erläutern heißt erklären mit zusätzlichen Informationen, z. B. mit (eigenen) Beispielen, die deine Erklärung veranschaulichen.

Formulierungshilfen

Der Grund für ... / eine Bedingung/eine Voraussetzung ist, dass ... Das hängt damit zusammen, dass ...
Eine Ursache für ... ist, dass ...
Das Phänomen/das Problem lässt sich damit erklären, dass ... Es ist zu erkennen, dass ...
Daran/es wird deutlich/ersichtlich, dass ...
Das hat zur Folge, dass ...
Daraus folgt/daraus ergibt sich, dass ... Dies zeigt sich ...

Aufgaben

1. Opfer des Krieges – Zwei Darstellungen

a) Nenne anhand der Ausführungen des Historikers John Keegan (M2a) die Altersgruppe der Soldaten, die von den Verlusten besonders betroffen war.

b) Erläutere den Begriff „verlorene Generation“. Verwende dafür den Trainingskasten auf dieser Seite.

c) Gib die Grundaussage des Historikers Michael Epkenhans (M2b) zu den zivilen Opfern mit eigenen Worten wieder.

M2, M3, Text und Trainingskasten auf dieser Seite

Erinnerung an den Ersten Weltkrieg

Mit dem Ende des Ersten Weltkrieges am 11. November 1918 begann eine Verarbeitung dieses weltgeschichtlichen Ereignisses, die sich in den einzelnen Ländern auf sehr unterschiedliche Art und Weise entwickelte. Im Folgenden werden Beispiele aus Großbritannien gezeigt.

M1 Mohnblumen auf Flanderns Feldern

In Großbritannien steht die Mohnblume für den Ersten Weltkrieg. Im November tragen viele Briten künstliche Mohnblumen an ihrer Kleidung. Seinen Ursprung hat dieses Ritual in dem Gedicht „In Flanders Fields", dass der kanadische Offizier John McGrae (1872–1918) 1915 für einen gefallenen Kameraden bei Ypern (einer belgischen Stadt in Flandern) geschrieben hat. Es ist heute eines der bekanntesten englischsprachigen Gedichte:

In Flanders Fields

In Flanders fields the poppies blow
Between the crosses, row on row,
That mark our place; and in the sky
The larks, still bravely singing, fly
Scarce heard amid the guns below.

We are the dead. Short days ago
We lived, felt dawn, saw sunset glow,
Loved, and were loved, and now we lie
In Flanders fields.

Take up our quarrel with the foe:
To you from failing hands we throw
The torch; be yours to hold it high.
If ye break faith with us who die
We shall not sleep, though poppies grow
In Flanders fields

M2 Stilisierte Mohnblume aus Papier
Foto, 2018

Auf Flanderns Feldern

Auf Flanderns Feldern blüht der Mohn
Zwischen den Kreuzen, Reihe um Reihe,
Die unseren Platz markieren; und am Himmel
Fliegen die Lerchen noch immer tapfer singend
Unten zwischen den Kanonen kaum gehört.

Wir sind die Toten. Vor wenigen Tagen noch
Lebten wir, fühlten den Morgen und sahen den leuchtenden Sonnenuntergang,
Liebten und wurden geliebt, und nun liegen wir
Auf Flanderns Feldern.

Nehmt auf unseren Streit mit dem Feind:
Aus sinkender Hand werfen wir Euch
Die Fackel zu, die Eure sei, sie hoch zu halten.
Brecht Ihr den Bund mit uns, die wir sterben
So werden wir nicht schlafen, obgleich Mohn wächst
Auf Flanderns Feldern.

Nachdichtung/Übersetzung zit. nach: https://politik-mv.de/2020/11/11/heute-ist-mohnblumentag/ [letzter Zugriff: 18.03.2022].

Aufgaben

1. **„In Flanders Fields"**
   Das Gedicht „In Flanders Fields" (M1) entstand im Frühjahr 1915 an der Westfront. John McCrae sah Mohnblumen (M2) auf dem frischen Grab eines gefallenen Freundes wachsen.
   a) Beschreibe, wie die Beziehung zwischen den Toten und den Lebenden dargestellt und welche Perspektive in dem Gedicht eingenommen wird.
   b) Ordne das Gedicht in den historischen Zusammenhang des industrialisierten oder „modernen Krieges" ein.
   c) Erörtere, warum sich das Gedicht und die Mohnblumenblüte als Symbole für eine Erinnerungskultur an den Ersten Weltkrieg anbieten. Berücksichtige dabei, dass die Toten in dem Gedicht als namenlose Gruppe dargestellt werden.
   ⤳ M1–M2

M 3 Friedhof in Douaumont nahe Verdun

Bei den zweijährigen Kämpfen um das Gebiet bei Verdun starben etwa 700 000 Soldaten. Im Inneren des sogenannten Beinhauses sind die Gebeine von geschätzten hunderttausend Toten aufbewahrt, die nicht mehr identifiziert werden konnten, aktuelles Foto.

Erinnerungen an den Ersten Weltkrieg

Der Erste Weltkrieg war ein Krieg zwischen Nationen. Die Motive für den Kriegseintritt waren sehr verschieden, ebenso die Wahrnehmung des Krieges insgesamt. Diese Unterschiede spiegeln sich auch in den national-geprägten Erinnerungskulturen der Nachkriegszeit ab 1918.

Erinnerungskultur

Mit dem geschichtswissenschaftlichen Begriff der „Erinnerungskultur" beschreiben Historikerinnen und Historiker den bewussten Umgang einer gesellschaftlichen Gruppe mit ihrer Vergangenheit und Geschichte. Erinnerungskulturen dienen vor allem Zwecken der jeweiligen Gegenwart.

Die Erinnerung an ausgewählte Ereignisse oder Personen kann der Vergangenheit einen Sinn zuweisen, einer Gesellschaft Gemeinschaftsgefühle geben oder Identitäten stiften. Sichtbar wird die Erinnerung beispielsweise in Texten, Bildern, Filmen, Denkmälern, politischen Reden, Symbolen oder Jahrestagen. Erinnerungskulturen können sich stetig verändern; sie können bestimmte Aspekte der Geschichte betonen oder auch wieder weglassen: Der Umgang einer Erinnerungsgemeinschaft mit der Vergangenheit ist immer abhängig von ihren aktuellen Bedürfnissen.

National geprägte Erinnerungskulturen

Dass der Erste Weltkrieg bis heute vor allem mit Schützengräben, Maschinengewehren, Gasangriffen, dem Trommelfeuer der Artillerie und Orten wie Verdun, Ypern, Passchendaele oder Arras in Verbindung gebracht wird, liegt an der Dominanz der belgischen, französischen und britischen Erinnerungskulturen. In Frankreich und Großbritannien ist die Erinnerung an den „Grande Guerre" bzw. den „Great War" seit 1918 ungebrochen und mit festen Ritualen in der Gesellschaft verankert. Seit Kriegsende finden rund um den 11. November unter breiter öffentlicher Anteilnahme Erinnerungszeremonien mit Kranzniederlegungen statt. Viele

M 4 **Gedenken in London**

Der Tower in London mit etwa 900 000 Mohnblumen aus Keramik. Dies entspricht der Zahl der im Ersten Weltkrieg Gefallenen des Empire, Foto, 11. November 2014.

Briten tragen rote Mohnblüten als Zeichen der Erinnerung an ihrer Kleidung. Entlang des ehemaligen Frontverlaufs in Frankreich und Belgien sind die zahlreichen Soldatenfriedhöfe, Denkmäler und Museen seit Jahrzehnten vielbesuchte Ziele von Nachkommen Gefallener, aber auch von Schulklassen und Schlachtfeldtouristen. Darstellungen des Ersten Weltkrieges in der populären Erinnerungskultur – in Sachbüchern, Spielfilmen, Dokumentarfilmen oder Comics – halten die Erinnerung über die Generationen hinweg lebendig.

In Deutschland und Russland fiel das Kriegsende mit revolutionären Umbrüchen zusammen. Hinzu kam, dass sowohl Deutschland als auch Russland den Krieg verloren hatten. Die neuen politischen und gesellschaftlichen Ordnungen erschwerten in beiden Ländern die Entwicklung von Erinnerungskulturen mit gesamtgesellschaftlicher Wirkung. Die sozialistische Sowjetunion distanzierte sich vom Ersten Weltkrieg und erinnerte stattdessen an die Revolution von 1917 als identitätsstiftendes Ereignis.

In der Weimarer Republik fand die Erinnerung an die gefallenen Soldaten dezentral statt: In fast jeder Ortschaft entstanden Denkmäler, an denen seit 1925 am Volkstrauertag Kränze niedergelegt wurden. Die nationalsozialistische Gewaltherrschaft, der Zweite Weltkrieg und der Holocaust überlagerten nach 1945 dann die Erinnerung an den Ersten Weltkrieg in Deutschland. Der 100. Jahrestag seines Ausbruchs setzte 2014 jedoch neue Impulse der Erinnerungskultur. Im geeinten Europa der Gegenwart sind sich die ehemaligen Kriegsgegner sehr nahe und suchen nach Verbindungen zwischen ihren Erinnerungskulturen, um eine gemeinsame Geschichte des Ersten Weltkrieges erzählen zu können.

Aufgaben

1. **„Blutgetränkte Länder und rote Meere“**
   Zum 100. Jahrestag 2014 gab es in London die künstlerische Installation (M4) „Blood swept Lands and Seas of Red“ (Blutgetränke Länder und rote Meere). 888.246 Mohnblumen aus Keramik sollten am Remembrance Day an die Gefallenen des Vereinigten Königreiches und des Commonwealth erinnern. Trotz öffentlicher Zustimmung gab es auch Kritik – die Aktion wurde in der britischen Presse u. a. als „falsch, banal und selbstbezogen“ bezeichnet.
   a) Setze dich mit der Kritik an der Kunstaktion als Teil der britischen Erinnerungskultur auseinander und formuliere Argumente für und gegen diese Form der Erinnerung an den Ersten Weltkrieg.
   b) Beurteile, ob die nationalen Erinnerungskulturen an den Ersten Weltkrieg in einem vereinten Europa noch zeitgemäß sind.
   c) Entwickle Ideen für eine europäische Erinnerung an den Ersten Weltkrieg.
   → M1 – M4, Text auf den Seiten 211 – 212

870 | 1875 | 1880 | 1885 | 1890 | 1895 | 1900 | 1905 | 1910 | 1915 | 1920

Zeitalter des Imperialismus

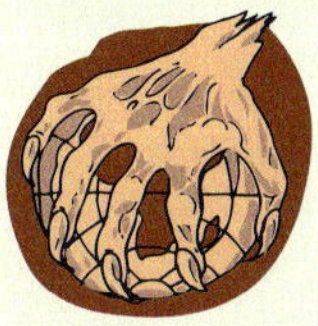

Deutsche Flottenpolitik

Attentat in Sarajewo (28.6.1914)

Erster Weltkrieg (1914–1918)

1917: Kriegseintritt der USA und Russische Revolution

Anlass und Ursachen des Ersten Weltkrieges

Das Attentat von Sarajewo war der Anlass für die „Urkatastrophe" des 20. Jahrhunderts. Im Hinblick auf die Kriegsursachen lassen sich kurz- und langfristige Ursachen unterscheiden. Während sich zum Beispiel die diplomatischen Verwicklungen im Zusammenhang mit der Julikrise 1914 den kurzfristigen Ursachen zuorden lassen, zählen beispielsweise folgende Aspekte zu den langfristigen Ursachen: das europäische Bündnissystem, Konflikte auf dem Balkan und das europäische Wettrüsten.

Der Erste Weltkrieg

Der Krieg zeigte die Verwendung moderner technischer Kampfmittel und bezog die Zivilbevölkerung in ungeahntem Maße in das Kriegsgeschehen mit ein. Europa stellte den Hauptkriegsschauplatz dar – Kämpfe fanden jedoch auch im Nahen Osten, in Afrika und in Ostasien statt.

Das Epochenjahr 1917

Das Jahr 1917 gilt als Wendejahr des Ersten Weltkrieges. Ein entscheidendes Ereignis dieses Jahres war der Kriegseintritt der USA, der die Kräfteverhältnisse zwischen den Kriegsparteien weiter verschob.

In Russland war es bereits im Februar 1917 zu einer Revolution gekommen, die die Zarenherrschaft endgültig stürzte. In der Oktoberrevolution desselben Jahres übernahmen schließlich die Kommunisten unter der Führung von Lenin die Macht.

Die Folgen des Ersten Weltkrieges

Über zehn Millionen Menschen wurden zu Opfern des Krieges. Am Ende stand der Zerfall des alten europäischen Staatensystems und der Verlust einer ganzen Generation. Die Folgen des Krieges bestimmten die politischen und wirtschaftlichen Entwicklungen für Jahrzehnte.

DATEN

1914–1918:
Erster Weltkrieg

Epochenjahr 1917:
Kriegseintritt der USA und Russische Revolution

1918:
Novemberrevolution in Deutschland, 9. November: Abdankung des Kaisers und Ausrufung der Republik

BEGRIFFE

Julikrise

Schlieffenplan

Erster Weltkrieg

Stellungskrieg

Materialschlachten

Heimatfront

Oktoberrevolution

Fragebogen zum Thema: Der Erste Weltkrieg

Hinweis: Die folgende Tabelle dient der Selbsteinschätzung deiner erworbenen Kenntnisse, Fähigkeiten und Kompetenzen. Die Auflistung erhebt nicht den An-

Ich kann ...	Ich bin sicher. ☺	Ich bin ziemlich sicher. 😐	Ich bin noch unsicher. 😕	Ich habe große Lücken. ☹
... zwischen Anlass und Ursachen des Ersten Weltkriegs unterscheiden.				
... Motive und Handeln der Politiker während der „Julikrise" beurteilen.				
... Auswirkungen der „modernen" Kriegsführung auf die Art der Kampfhandlungen erläutern.				
... Auswirkungen der „modernen" Kriegsführung auf das Leben der Zivilbevölkerung beschreiben.				
... den Zäsurcharakter der Ereignisse des Jahres 1917 erörtern.				
... auf der Grundlage von massenkultureller Erzeugnisse Ziele und Mittel der Propaganda und Mobilisierung analysieren.				
... Verlauf und Ende des Ersten Weltkriegs beschreiben.				
... Erinnerungsorte, Symbole und Rituale des Gedenkens an die Opfer des Ersten Weltkrieges bewerten.				
... die Gründe für die Bezeichnung des Ersten Weltkriegs als „Urkatastrophe des 20. Jahrhunderts" benennen.				
... eine Geschichtskarte analysieren.				
...				
...				
...				

ACHTUNG:

bitte nicht beschreiben!

Du findest eine Kopie dieser Seite zur Bearbeitung unter dem Webcode

WES-115614-606

spruch, vollständig zu sein. Es handelt sich um eine Auswahl, die ggf. erweitert werden kann. In der rechten Spalte findest du Hinweise, wie du eventuell vorhandene Lücken oder auch Unsicherheiten beseitigen kannst.

Auf diesen Seiten kannst du in HORIZONTE nachlesen	Empfehlungen zur Übung, Wiederholung und Festigung
186–189	Notiere in einer Tabelle Ursachen und Anlässe für den Ersten Weltkrieg.
186–189	Fasse in Stichworten die Motive und Handlungen der Politiker zusammen.
190–193 194–197	Skizziere in einem Cluster die Besonderheiten der Kriegsführung und ihre Auswirkung auf die Soldaten.
200–203	Werte eine Quelle zur Heimatfront aus.
204–207	Erkläre den Begriff „Zäsur“ und benenne die wichtigsten Ereignisse des Jahres 1917.
185	Analysiere das Plakat auf der Auftaktseite (Seite 185 M7: „Destroy this made brute – enlist“) und weise nach, dass es sich um Propagander handelt.
190–193 200–203 204–207 208–209	Erstelle einen Zeitstrahl zum Verlauf des Ersten Weltkrieges.
210–212	Stelle ein Beispiel der Erinnerung an den Ersten Weltkrieg vor.
208–209	Erläutere drei Ereignisse im 20. Jahrhundert, die ursächlich als Ergebnisse des Ersten Weltkrieges zu betrachten sind.
32	Erschließe mithilfe des Trainingskastens auf Seite 32 „Erschließung von Geschichtskarten“ die Geschichtskarte M6 auf Seite 193.

Antisemitismus. Abneigung oder Feindseligkeit gegenüber Juden. Bezeichnung für völkisch-rassistische Anschauungen, die sich auf soziale, religiöse und ethnische Vorurteile stützen. Derartige Vorstellungen spielten eine zentrale Rolle in der Ideologie der Nationalsozialisten und wurden mit ihrem Machtantritt 1933 in Deutschland politisch wirksam. Sie führten zur Ausgrenzung der jüdischen Bevölkerung aus dem politischen, wirtschaftlichen und gesellschaftlichen Leben (Nürnberger Gesetze, 1935), steigerten sich mit dem Pogrom vom 9./10. November 1938 („Reichskristallnacht") und mündeten schließlich in eine systematische Massenvernichtung. Mit dem Angriff auf die Sowjetunion im Juni 1941 begann der systematische Massenmord, der ab 1942 auch in Vernichtungslagern verübt wurde. Fast sechs Millionen Menschen wurden ermordet.

Bauernbefreiung. Reformen des 18. und 19. Jh., durch welche die Bauern aus der Leibeigenschaft und Erbuntertänigkeit befreit wurden und die Grundherrschaft endete.

Bolschewismus, Bolschewiki (russ. = Mehrheitler). Bezeichnung für die radikalen sozialdemokratischen Anhänger Lenins, die seiner revolutionären Taktik (Leninismus) auf einem Parteitag 1903 zustimmten. Die bei dieser Abstimmung Unterlegenen akzeptierten für sich den Namen Menschewiki (= Minderheitler). Nach Lenins Theorie muss die Proletarische Revolution von einer straff geführten Kaderpartei getragen werden. Sie ist die bestimmende Kraft auf dem Weg zum Sozialismus und muss durch Parteifunktionäre alle nachgeordneten gesellschaftlichen Gruppierungen beherrschen. In der Sowjetunion erzwang Stalin die Umgestaltung von Staat und Gesellschaft nach bolschewistischen Prinzipien, was nach 1945 von allen Staaten innerhalb des sowjetischen Machtbereichs übernommen wurde.

Bourgeoisie (frz. bourgeois = Bürger). Im 19. Jh. abwertende Bezeichnung für das Besitz- u. Bildungsbürgertum. Der Marxismus definiert sie als herrschende Klasse der kapitalistischen Gesellschaft im Gegensatz zur Arbeiterklasse.

Bundesstaat. Zusammenschluss selbstständiger Staaten zu einem Gesamtstaat, wobei die Gliedstaaten einen Teil ihrer Hoheitsrechte auf den Gesamtstaat übertragen (z. B. Deutschland, USA, Schweiz). Dieses Gestaltungsprinzip nennt man Föderalismus.

Bürger. Ursprünglich die Bewohner eines Ortes im Schutze einer Burg. Später die freien Einwohner der mittelalterlichen Städte. Sie erkämpften sich von ihren adligen Stadtherren zahlreiche Rechte, sodass manche Städte schließlich nur noch dem Kaiser untertan waren (Reichsstädte). Die Macht besaßen zunächst die reichen Kaufmannsfamilien (Patrizier), später auch die Zünfte der Handwerker.

Bürgertum. Ein vielschichtiger Begriff, der sowohl den Dritten Stand in der Ständegesellschaft des Absolutismus als auch die mittleren Schichten im Zeitalter der Industrialisierung bezeichnet. Der Begriff B. wird eingegrenzt, indem man z. B. vom Groß- und Kleinbürgertum oder vom Bildungs- und Besitzbürgertum spricht. Im Marxismus wird das B. als Bourgeoisie bezeichnet, die das Proletariat ausbeutet. Heute spricht man eher von sozialen Schichten.

Code civil. Von Napoleon geschaffenes bürgerliches Zivilgesetzbuch (1804), das die Grundgedanken der Französischen Revolution (persönliche Freiheit, Gleichheit vor dem Gesetz, Trennung von Staat und Kirche) verankerte. Der Code civil (auch: Code Napoleon) beeinflusste die europäische Rechtsprechung erheblich.

Demokratie. Staatsform, in der die Staatsgewalt vom Volke ausgeht. Man unterscheidet allgemein die repräsentative und die plebiszitäre Form der Demokratie. Am Ende des 20. Jh. hat sich die Demokratie als globales Legitimationsprinzip durchgesetzt. Auch Diktaturen verzichten nur selten auf eine demokratische Fassade.

Deutscher Bund. 1815 auf dem Wiener Kongress gegründeter loser Staatenbund, dem 34 souveräne Fürsten, 4 Freie Städte sowie 3 ausländische Staaten angehörten. Einziges Organ war der Bundestag (Bundesversammlung) in Frankfurt/M., wo die Gesandten unter Vorsitz Österreichs tagten. Er zerbrach 1866 am preußisch-österreichischen Dualismus.

Deutscher Zollverein. 1834 unter Preußens Führung gegründete Vereinigung 18 deutscher Staaten, der nach und nach alle Staaten Deutschlands (außer Österreich) beitraten. Ziel war die Schaffung eines einheitlichen deutschen Wirtschaftsraums ohne Binnenzölle.

Deutsches Kaiserreich. Das mittelalterliche Kaiserreich, das ab dem 16. Jahrhundert als Heiliges Römisches Reich Deutscher Nation bezeichnet wurde, erlosch im Jahr 1806 nach einer mehr als 800-jährigen Geschichte. Das D. K. wurde nach dem Krieg gegen Frankreich 1871 im Spiegelsaal des Schlosses von Versailles ausgerufen. Nur 47 Jahre bis zum Ende des Ersten Weltkrieges hatte dieses sog. Zweite Reich Bestand. Der Staat Adolf Hitlers wurde später als „Drittes Reich" bezeichnet.

Diktatur. Der Begriff entstammt dem römischen Staatsleben und bezeichnete dort die (zeitlich begrenzte) unbeschränkte Gewalt im Zeichen eines Staatsnotstands. Daraus wurde im Laufe der Geschichte eine Herrschaftsform, die in sehr unterschiedlichen Zusammenhängen stehen kann (z. B. faschistische Diktatur, nationalsozialistische Diktatur, kommunistische Diktatur, Militärdiktatur, Diktatur des Proletariats).

Dolchstoßlegende. Nach dem Ersten Weltkrieg von deutschen Nationalisten verbreitete Behauptung, dass nicht das Militär und die kaiserliche Führung für Deutschlands Niederlage verantwortlich seien, sondern Sozialisten und demokratische Politiker. Diese Propaganda diente nationalistischen und antidemokratischen Kräften zur Diffamierung der Weimarer Republik.

Dreiklassenwahlrecht. Von 1849 bis 1918 gültiges Wahlrecht in Preußen für die Wahl zum Abgeordnetenhaus. Nach der Höhe ihrer Steuerleistung wurden die Wähler in jedem Wahlbezirk in 3 Klassen eingeteilt, die jeweils 1/3 des Steueraufkommens erbrachten. Jede Klasse konnte über Wahlmänner die gleiche Zahl von Abgeordneten wählen. Die wenigen Höchstbesteuerten in Preußen stellten somit die gleiche Zahl von Abgeordneten wie die große Masse der Bürger mit geringem Steuereinkommen.

Emanzipation. In der Aufklärung wurzelnde Bewegung, welche die rechtliche und gesellschaftliche Gleichstellung aller Bürger anstrebte. Dazu zählen Bauernbefreiung, Judenemanzipation oder Frauenemanzipation.

Frauenrechtsbewegung. Organisierter Kampf der Frauen für politische und soziale Gleichberechtigung. Während der Französischen Revolution setzten erste Reformbestrebungen ein, die sich seit der Industriellen Revolution im 19. Jh. verstärkten. Die Hauptforderungen zielten auf die Erlangung der vollen politischen und bürgerlichen Rechte sowie auf Zugang zu allen Berufen und Bildungsinstituten. 1865 wurde der „Allgemeine Deutsche Frauenverein" gegründet, 1897 entstand der „Internationale Frauenbund" als übernationale Organisation.

Gewaltenteilung. Teilung der Staatsgewalt in eine gesetzgebende (legislative), gesetzesvollziehende (exekutive) und rechtsprechende (judikative) Gewalt. Sie entspringt der Aufklärung und soll einen Missbrauch staatlicher Macht verhindern. Dem Prinzip der Gewaltenteilung entsprechen die voneinander unabhängigen Verfassungsorgane Parlament, Regierung und Gerichte.

Gewerbefreiheit. In vorindustrieller Zeit unterlag das Gewerbe einer Preis- und Produktionskontrolle durch die Zünfte. Dieser Zunftzwang wurde im 19. Jh. aufgehoben und die Gewerbefreiheit eingeführt. Jeder konnte nunmehr einen Gewerbebetrieb mit beliebigen Produkten eröffnen.

Gewerkschaften. Zusammenschlüsse von Arbeitnehmern zur Wahrung ihrer wirtschaftlichen Interessen. In England organisierten sich Arbeiter erstmals Ende des 18. Jh. (Trade Unions), in Deutschland entstanden seit 1848 zahlreiche lokale Arbeiterverbände. Nach 1890 (Aufhebung des Sozialistengesetzes) entwickelten sich die Gewerkschaften zu breiten Massenorganisationen.

Girondisten. Politische Gruppe von Abgeordneten während der Französischen Revolution, deren wichtigste Führer aus dem Departement Gironde stammten. Sie spalteten sich von den Jakobinern ab und verfolgten als Vertreter des Bürgertums eine gemäßigte republikanische Richtung.

Heilige Allianz. 1815 veröffentlichte Erklärung der Monarchen von Russland, Österreich und Preußen, der sich später zahlreiche europäische Fürsten anschlossen. Ziel der Allianz sollte eine Politik sein, welche die Prinzipien der christlichen Religion und des Friedens verfolgte. Tatsächlich diente sie der Unterdrückung nationaler und liberaler Bewegungen und wurde – obwohl politisch weitgehend folgenlos – zum Symbol der Reaktion.

Imperialismus. Das Streben eines Staates, seine Herrschaft auf andere Länder und Völker auszudehnen. Als Machtmittel dienen Eroberungen oder wirtschaftliche Beherrschung aufgrund ökonomischer Überlegenheit. Als Epoche des Imperialismus gilt besonders die Zeit 1880–1914, in der die Großmächte ihre Kolonialreiche ausbauten und die Welt in Einflusssphären aufteilten.

Industrielle Revolution. Einschneidender wirtschaftlicher und gesellschaftlicher Umwälzungsprozess, ausgelöst durch die um 1760 in England einsetzende Industrialisierung. Sie erreichte um 1840 Deutschland und breitete sich später weltweit aus. Zu ihren Voraussetzungen zählte vor allem der Einsatz von Maschinen, was neue industrielle Produktionsweisen nach sich zog (Massenfabrikation, Arbeitsteilung, Fabriken). Besonders in ihrer Anfangsphase war sie mit sozialer Verelendung verbunden, zugleich entstanden neue Klassengegensätze aufgrund sozialer Probleme der Arbeiterschaft (Soziale Frage).

Islam (arab. = Unterwerfung unter Gott). Eine der großen Weltreligionen, die der Prophet Mohammed im 7. Jh. begründete. Seine Anhänger, die Muslime, bekennen sich zu einem einzigen Gott (Allah) und betrachten den Koran, das heilige Buch, als Glaubens- und Lebensgrundlage. Die Ausdehnung des islamischen Herrschaftsbereichs führte zur Verbreitung der Religion in Asien, Afrika und Europa.

Jakobiner. Die Mitglieder eines politischen Klubs während der Französischen Revolution, benannt nach ihrem Tagungsort, dem Pariser Kloster St. Jakob. Nach Abspaltung der Girondisten Bezeichnung allein der radikalen Republikaner.

Judentum. Juden sind Angehörige des jüdischen Volkes und der jüdischen Religion. In ihrer Frühzeit durchzogen sie als Nomadenstämme Vorderasien und siedelten ab etwa 1250 v. Chr. in Palästina. Dort gründeten sie um 1000 v. Chr. ein Reich mit der Hauptstadt Jerusalem. Es zerfiel später in die Staaten Juda und Israel. Die Eroberung Jerusalems durch die Römer 70 n. Chr. zerstörte den jüdischen Staat. Es kam zur Zerstreuung der Juden in alle Länder.

Karlsbader Beschlüsse. Die auf den Karlsbader Ministerkonferenzen 1819 beschlossenen Maßnahmen gegen nationale und liberale Bewegungen. Anlass war die Ermordung des Dichters August von Kotzebue. An den Beschlüssen, die auf Initiative Metternichs zustande kamen, wirkten Österreich, Preußen sowie acht weitere deutsche Staaten mit.

Kolonie. Ein abhängiges Gebiet in Übersee. Mit den Entdeckungen und Eroberungen der Portugiesen und Spanier begann das Kolonialzeitalter. Europäische Staaten besetzten dank ihrer überlegenen Waffen überseeische Gebiete, unterwarfen die dortige Bevölkerung, besiedelten das Gebiet und beuteten es wirtschaftlich aus. Je nach Schwerpunkt unterscheidet man Wirtschaftskolonien, Siedlungskolonien, Militärkolonien und Strafkolonien.

Kommunismus. Von Marx und Engels begründete Ideologie, die im „Kommunistischen Manifest" 1848 zusammengefasst wurde. Er enthält die Vorstellung einer klassenlosen Gesellschaft, in der das Privateigentum an Produktionsmitteln abgeschafft und in Gemeineigentum überführt worden ist. Der Begriff wird oft auch für die sozialistische Gesellschaft gebraucht, die erstmals durch die Oktoberrevolution 1917 in der Sowjetunion errichtet wurde und durch die Diktatur der Kommunistischen Partei gekennzeichnet war.

Konservatismus. Geistige und politische Haltung, die auf Bewahrung überlieferter Werte abzielt. Reformen werden nicht abgelehnt, wohl aber Neuerungen, die auf unüberprüfbaren Theorien oder Ideologien beruhen. Er entstand in der Auseinandersetzung mit den Ideen der Französischen Revolution und wurde im 19. Jh. zum Verbündeten der Restauration gegen den Liberalismus.

Konstitutionelle Monarchie. Regierungsform, in der die Gewalt des Monarchen an eine Verfassung (Konstitution) gebunden ist, die eine Mitwirkung der Volksvertretung bei der Gesetzgebung vorsieht.

Kontinentalsperre. Von Napoleon 1806 gegen Großbritannien verhängte Wirtschaftsblockade, die den europäischen Kontinent abriegelte.

Leibeigenschaft. Eine Form persönlicher Abhängigkeit. Der Leibeigene war unfrei, aber kein privatrechtliches Eigentum wie der Sklave. Er gehörte zum Gesinde eines Herrenhofes, musste seinem Leibherrn eine jährliche Kopfsteuer zahlen und Frondienste leisten. Auch sein Privatleben war unfrei: Er durfte nicht ohne Genehmigung heiraten und nach seinem Tod hatten die Erben dem Leibherrn besondere Abgaben zu zahlen.

Liberalismus. In der Aufklärung wurzelnde politische Bewegung, die im 19. Jh. Bedeutung erlangte. Im Zentrum steht das Recht des Einzelnen auf freie Entfaltung gegenüber staatlicher Bevormundung. Zu seinen Forderungen zählen Glaubens- und Meinungsfreiheit, Sicherung der bürgerlichen Grundrechte sowie Beteiligung an politischen Entscheidungen. Der wirtschaftliche Liberalismus fordert einen freien Wettbewerb ohne staatliche Eingriffe und Zollschranken.

Manufaktur (lat. manu facere = mit der Hand machen). Ein Betrieb, in dem vorwiegend Handarbeit geleistet wurde. Die Arbeit fand allerdings im Gegensatz zum traditionellen Handwerksbetrieb in großen Produktionsräumen mit vielen Arbeitern statt. Zur Steigerung der Produktion teilte man die Herstellung z. B. eines Gewehrs in Einzelschritte auf (Arbeitsteilung). Im Zeitalter des Absolutismus gründeten viele Landesherren Manufakturen, um den Bedarf an Waffen und Uniformen zu decken oder durch andere Produkte Handel und Wirtschaft zu beleben.

Marxismus. Bezeichnung für die von Karl Marx und Friedrich Engels im 19. Jh. begründete Theorie des wissenschaftlichen Sozialismus. Zentrale Grundlage ist der „Historische Materialismus", der in der Notwendigkeit einer sozialistischen Gesellschaftsordnung mündet, die das Ergebnis der sozialen und wirtschaftlichen Entwicklung ist (Klassenkampf, Kommunismus). Weiterhin die „Kritik der politischen Ökonomie", in der Marx die kapitalistischen Produktionsweisen und ihre Auswirkungen auf die gesellschaftlichen Verhältnisse untersucht (Kapitalismus).

Mediatisierung. Beseitigung der Selbstständigkeit kleinerer weltlicher Reichsstände (z. B. Grafschaften, Reichsritter) und ihre Unterwerfung unter die Landeshoheit anderer Territorien. Sie erfolgte seit 1803 (Reichsdeputationshauptschluss) zur Entschädigung jener Fürsten, deren linksrheinische Gebiete an Frankreich gefallen waren.

Menschenrechte. In der Aufklärung entstandene Überzeugung, wonach jeder Mensch unantastbare Rechte besitzt, die der Staat achten und schützen muss. Hierzu zählen das Recht auf Gleichheit, Unversehrtheit, Eigentum, Meinungs- und Glaubensfreiheit, Widerstand gegen Unterdrückung. Diese Rechte wurden erstmals in die amerikanische Unabhängigkeitserklärung (1776) und die französische Verfassung von 1791 aufgenommen und sind seitdem Bestandteil vieler Verfassungen.

Merkantilismus (lat. mercator = Kaufmann). Die staatlich gelenkte Wirtschaftsform des Absolutismus. Um die Macht des Staates zu vergrößern und die Mittel für das Stehende Heer, die Beamten und den höfischen Prunk aufzubringen, musste durch intensiven Handel möglichst viel Geld ins Land kommen und möglichst wenig das Land verlassen. Die Regierung erhöhte daher die Ausfuhr von Fertigwaren und erschwerte durch hohe Zölle die Einfuhr ausländischer Produkte. Durch eigene Kolonien kam man an billige Rohstoffe. Die Regierung förderte Unternehmer und qualifizierte Arbeiter, die in den neuen Manufakturen Exportwaren produzierten. Im Inland beseitigte der Staat Handels- und Gewerbeschranken durch Ausbau der Verkehrswege (insbesondere Kanäle), durch einheitliche Währung, Maße und Gewichte sowie durch Beseitigung von Zöllen und Zunftordnungen.

Nation. Als Merkmal einer Nation gelten gemeinsame Abstammung, Sprache, Kultur und Geschichte sowie das Zusammengehörigkeitsgefühl der in einem Gebiet zusammenlebenden Menschen. Die Begriffe „Nation" und „Volk" sind nicht eindeutig voneinander abzugrenzen und werden häufig synonym gebraucht. Ein Nationalgefühl entwickelte sich bereits im Mittelalter, vor allem in den westeuropäischen Staaten (England, Frankreich, Spanien). Im 19. Jh. verstärkte sich diese Tendenz, besonders bei jenen Völkern, die keine politische Unabhängigkeit erlangt hatten (z. B. Polen, Südslawen, Griechen) oder aufgrund ihrer Geschichte in zahlreiche Einzelstaaten zersplittert waren (z. B. Deutschland, Italien). Sie erhoben die Forderung nach einem Nationalstaat, der ein politisch geeintes Volk umfassen sollte.

Nationalismus. Meist negativ besetzter Begriff für ein übersteigertes Nationalgefühl und die Überbewertung der eigenen Nation.

Oktoberrevolution. Bolschewistischer Umsturz in Russland am 25. Oktober (nach westlicher Zeitrechnung: der 7. November) 1917, der eine gewaltige politisch-soziale Umwälzung einleitete. Der wirtschaftliche und militärische Zusammenbruch des Zarenreichs als Folge des Ersten Weltkriegs schuf Mitte 1917 die Voraussetzungen für die Revolution. Bolschewistische Truppen und Arbeitermilizen besetzten die wichtigsten Gebäude von St. Petersburg und erstürmten den Regierungssitz. Unter Führung Lenins übernahm der „Rat der Volkskommissare" die Regierung, die bei Bauern und Soldaten Rückhalt fand. Sofort erlassene Dekrete enteigneten den Großgrundbesitz zugunsten der Bauern, verstaatlichten Banken und Industrie, beseitigten die Pressefreiheit und bereiteten den Friedensschluss mit den Mittelmächten vor.

Parlament. In demokratischen Staaten die aus freien Wahlen hervorgegangene Volksvertretung. Sie entscheidet als oberstes Staatsorgan über die Gesetze und kontrolliert die Regierung (Gewaltenteilung).

Partei. Organisierter Zusammenschluss politisch gleichgesinnter Bürger, die Einfluss auf die Gestaltung des Staats nehmen wollen. Die modernen Parteien entwickelten sich Anfang des 19. Jh. aus lockeren Vereinigungen angesehener Persönlichkeiten (Honoratioren-Parteien). Getragen von der Arbeiterbewegung bildeten die sozialistischen Parteien erstmals den Typ der Massenpartei, dem später häufig auch katholisch-konfessionelle Parteien (Zentrum) entsprachen. Mit der Durchsetzung des Parlamentarismus erhielten die Parteien im 20. Jh. staatstragende Bedeutung.

Proletariat. Im antiken Rom die unterste Bevölkerungsschicht ohne Besitz. Im 19. Jh. ein durch den Marxismus geprägter Begriff für die im Kapitalismus entstandene Klasse der abhängigen Lohnarbeiter. Nach Marx hat der Proletarier allein seine Arbeitskraft zu verkaufen und ist daher von der Bourgeoisie abhängig, die die Produktionsmittel besitzt und ihn ausbeutet. Erst der Klassenkampf und die „Proletarische Revolution" können die Unterdrückung beenden.

Protestanten. Bezeichnung für alle Christen, die nicht zur römisch-katholischen Kirche oder zur orthodoxen Ostkirche gehören. Nach einem Reichstagsbeschluss von 1529 sollten alle kirchlichen Reformen verboten werden und die Anhänger Luthers der Reichsacht verfallen. Dagegen protestierten die reformierten Fürsten und Städte aus Gewissensgründen. Von dieser „Protestation“ leitet sich der Begriff her. Die von Luther gebrauchte Bezeichnung „evangelisch“ setzte sich nur langsam durch.

Rassismus. Biologistische Ideologie, die die Qualität eines Menschen nach seiner rassischen Zugehörigkeit bewertet. Der Rassismus leugnet das Gleichheitspostulat und legitimiert Diskriminierung und aggressive Handlungen gegenüber fremden und andersartigen Menschen. Die Rassenideologie, auch in Form des Antisemitismus, wurde im Dritten Reich durch den Nationalsozialismus zum Rassenkampf gesteigert und zum Ausgangspunkt für den Völkermord.

Reichsdeputationshauptschluss. Beschluss eines Reichstagsausschusses von 1803, durch den jene weltlichen Fürsten entschädigt wurden, die von der Abtretung des linken Rheinufers an Frankreich betroffen waren. Dadurch wurden fast alle geistlichen Gebiete des Reichs säkularisiert, zahlreiche weltliche Reichsfürsten, Reichsstädte und alle Reichsritter mediatisiert.

Restauration. Bemühungen, frühere Zustände wiederherzustellen. Der Begriff wird auf die Epoche zwischen 1815 und 1848 angewandt und umfasst die Bestrebungen der Politik, den vor der Französischen Revolution geltenden Ordnungsprinzipien erneut Geltung zu verschaffen.

Revolution. Umsturz der bestehenden Ordnung, der zu tief greifenden politischen und gesellschaftlichen Veränderungen führt. Sie wird von breiten Bevölkerungsschichten getragen, im Gegensatz zum Staatsstreich oder Putsch, wo nur eine neue Führungsgruppe die Macht an sich reißt. Typische Beispiele sind die Französische Revolution 1789 und die Russische Revolution 1917.

Rheinbund. 1806 erklärten 16 Reichsfürsten ihren Austritt aus dem Reich und gründeten unter dem Schutz Napoleons den Rheinbund. Der Habsburger Franz II. legte daraufhin die römisch-deutsche Kaiserwürde nieder und nannte sich künftig Kaiser von Österreich. Nach Napoleons verlorenem Russlandfeldzug löste sich der Rheinbund rasch auf.

Säkularisation. Überführung von Kirchengut in weltlichen Besitz. Zu einer umfassenden S. kam es in Frankreich durch die Französische Revolution, vor allem aber in Deutschland aufgrund des Reichsdeputationshauptschlusses 1803.

Soziale Frage. Bezeichnung für die ungelösten sozialen Probleme der Arbeiter im 19. Jh., die aufgrund der Industrialisierung (Industrielle Revolution) entstanden waren. Hierzu zählten: Verelendung aufgrund niedriger Löhne und hoher Arbeitslosigkeit, extrem lange Arbeitszeiten und unzumutbare Arbeitsbedingungen, menschenunwürdige Wohnverhältnisse, schwere Frauen- und Kinderarbeit. Hinzu kam die fehlende Absicherung bei Krankheit, Arbeitsunfällen, Invalidität und im Alter. Versuche zur Lösung der Sozialen Frage kamen von einzelnen Unternehmern, der Kirche, vor allem jedoch durch die vom Staat seit 1883 eingeleitete Sozialgesetzgebung. Die Arbeiter selbst bemühten sich im Rahmen von Gewerkschaften und Arbeiterparteien um eine Durchsetzung ihrer Interessen und schufen verschiedene Selbsthilfeorganisationen.

Sozialismus. Im 19. Jh. entstandene politische Bewegung, die bestehende gesellschaftliche Verhältnisse mit dem Ziel sozialer Gleichheit und Gerechtigkeit verändern will. Im Marxismus ist er das Übergangsstadium vom Kapitalismus zum Kommunismus. Seit Ende des 19. Jh. bildeten sich gemäßigte und radikale sozialistische Richtungen, deren Ziele von einer Reform der kapitalistischen Wirtschaftsweise bis zum Umsturz der auf ihr bestehenden Gesellschaftsordnung reichen (Klassenkampf).

Sowjet (russ. = Rat). In der russischen Oktoberrevolution von 1917 bildeten sich – wie schon zuvor in der Revolution von 1905 – spontane Arbeiter-, Soldaten- und Bauernräte. Sie gerieten rasch unter den Einfluss der Bolschewisten, die mit dem „Rat der Volkskommissare“ unter Lenin die Regierungsgewalt übernahmen. 1917 wurde die Russische Sozialistische Föderative Sowjetrepublik gegründet, 1922 konstituierte sich die Union der Sozialistischen Sowjetrepubliken (UdSSR). Dem Staatsaufbau lag seither das Rätesystem (Räterepublik) zugrunde, dessen Spitze der Oberste Sowjet bildete. Dieses Parlament wurde alle vier Jahre gewählt, wobei die Bevölkerung lediglich den Kandidaten der Kommunistischen Partei und Vertretern der von ihr beherrschten Organisationen zustimmen konnte.

Verfassung (Konstitution). Die politische Grundordnung eines Staates, die alle Regelungen über die Staatsform, die Herrschaftsausübung und die Bildung und Aufgaben der Staatsorgane enthält. Eine demokratische Verfassung wird durch eine verfassunggebende Versammlung (Nationalversammlung) entworfen und direkt dem Volk oder aber seinen gewählten Vertretern (Parlament) zur Abstimmung vorgelegt. Sie enthält das Prinzip der Gewaltenteilung und das Mitbestimmungsrecht des Volkes.

Volkssouveränität. Im Gegensatz zur Souveränität des Monarchen sieht die V. die oberste Gewalt im Volk verankert. Aufgrund dessen gilt die Wahl der Regierenden durch das Volk als Ausdruck der V. Neben der Gewaltenteilung kennzeichnet die V. den modernen demokratischen Staat. Der große Theoretiker der V. in der Neuzeit war J. J. Rousseau. Er legte in seinem Werk über den „Gesellschaftsvertrag“ ihre Grundlagen dar.

Vormärz. Die Zeit vom Wiener Kongress 1815 bis zur deutschen Revolution vom März 1848. Kennzeichnend für diese Epoche sind äußerer Friede und innenpolitische Ruhe, erzwungen durch die Beschränkung von Bürgerrechten (Karlsbader Beschlüsse). Dennoch entwickelte sich im Vormärz eine liberale, demokratische und nationale Bewegung, getragen von einem Bürgertum, das schließlich politische Mitsprache beanspruchte.

Wiener Kongress. Konferenz europäischer Fürsten und Staatsmänner, um die politische Neuordnung Europas nach Napoleons Sturz zu beraten (1814/15). Den Vorsitz führte der österreichische Außenminister Fürst Metternich, der den Kongress in weiten Teilen prägte. Die Teilnehmer des Wiener Kongresses verfolgten die Prinzipien der Restauration und Legitimität.

Wohlfahrtsausschuss. Regierungsorgan des französischen Konvents und Terrorinstrument der jakobinischen Diktatur. Der Ausschuss bestand aus zwölf Exekutivkommissaren, führendes Mitglied war Maximilien de Robespierre.